JN090731

Minerva Shobo Librairie

統合広告論

〔新版〕

実践秩序へのアプローチ

水野由多加
［著］

ミネルヴァ書房

　３年生のＴ君に「テレビ見ないんですが，どこがおもしろいんですか？」と聞かれたり，他学部４年のＧ君に「広告っていったい何を研究するんですか？」と真顔で聞かれたりするのが2020年代の広告論担当の大学教員である。あれだけ20世紀には「広告に寛容」で，「興味を示していた」ものもあった日本社会の中で，まるで地滑りを起こすように広告への関心が崩れた。とりわけ「人のココロに棹差そう」とする広告には根本的な崩壊と言えないか。

　著者はこの２つの世紀をまたいで「広告の研究と教育」に関わる巡り合わせにある。「広告を研究・教育することで世に『職』を許されている」。

　初版以来20年が経過し，本書の書名「統合広告論」が当初目指した「統合」は，デジタル広告，とりわけ2010年代半ばからの運用型ターゲティング広告の出現によって「短期の経済営為への統合」を怖しいまでに実現した。広告表現の制作者の恣意的な活動を，ネット通販が象徴するように（もちろん短期の）経済合理性に強力に統合させた。この面では「広告を販促化」させてしまった功罪がある。罪とは「広告とは，今，すぐ，購買させる／登録させること」以上ではない，という痩せた認識の蔓延である。

　その延長線でもある「社会への統合」は，信じられないほど，逆に決定的に悪化した。冒頭の学生の頭の中の広告とは「スマホの中，アプリの中のうざいもの」である。忌避，回避，拒絶（飛ばす，バッテンを押す，ブロックする）対象なのである。届かない７兆円の「日本の広告費」はどぶに捨てられ，遅かれ早かれ縮小する。

　とはいえ，Instagram の画像や動画は，人はそれを「広告とは呼ばない」のも半面の事実であるとしても，すべからく広告である。広告の名のない広告である消費情報である。「広告とは呼ばれない広告」と，届かない無駄な広告は溢れるのが21世紀の状況なのだ。スマホのお陰で一日一人当たりの接触広告物の数（スマホ外も込みで）は「万単位」にも届くだろう（20世紀末，数千と数えられていた）。運用型ターゲティング広告の個人情報利用も，社会的に合意がなされたとは言えない。ネット広告における違法／非倫理的／反社会的な広告の出現頻度や実施はマス広告と比べられない。

こうした混乱期に拙書の「新版」への改版は，正直言って「荷が重い」。

しかし，それでもせめても筆者にできること，とは何か。

戦争に喩えれば，AIを使用し無人化（ゲームのように操作される爆弾を抱いたドローンがウクライナでも報じられる）する戦争の問題点は，（当然と言えば当然だが）「そうしたデジタル技術の問題ではなく，それを使うかどうかのヒトの問題である」と国連でも議論されると聞く(2)。問題の核心は可能となった技術にはなく，その使用についての判断をするヒト，組織，ルールである。「武器（つまり技術）を，シビリアンコントロールする」問題なのである。むろん，シビリアン（ここでは文系と仮置きして）にも，新しい技術によって何が結果するのか，つまりは「ヒトの命（広告では生命，身体，財産の消費被害につながる情報環境を形作る）を奪うこと」について知るべきことは多い。

もしそうならば，デジタル化している広告実践に対して「思考する人間性のある本質」にとって決定的に大事ながら等閑視される「適切なシビリアンコントロール」を言う必要がある。この混乱期に拙書の「新版」が（初版時にも奇しくも言ったように）蟷螂の斧を振るおうとするのは，真に「社会への統合」を希求すること，これである。

新たな議論が生まれるきっかけになれば斧を挙げる蟷螂の筆者の望外の喜びです。

2023年12月

　　　　　　　　　　　　　　　　　　　　　　　　　筆　者

注

（1）　水野（2022）では，1993年のギャラップ・インターナショナルによる統計調査結果を引き，イギリス，ドイツ，イタリア，スイス，オランダ，ベルギー，デンマーク，フィンランド，ブルガリア，トルコ，エジプト，オーストラリア，韓国，日本の14ヵ国比較で日本が「『最も』広告に好意的」で，20世紀の日本の広告の発展が「広告に対する寛容な人々の受容性」に支えられて来たことの確認がある。それに比して四半世紀後の2017年の吉田秀雄記念事業財団の公表する調査結果では，「広告の肯定的な見方」が決定的に悪い層と「マス広告への接触度合い（の自己判定である）」の低い層が重なり，「広告が希薄で肯定的に捉えられていない」こと，その傾向はスマホによるテレビ離れ（希薄化）と強く連関していると考えられることを述べている。

（2）　（デジタル化する兵器・武器の使用も従来と同様に）思考する人間性のある仕事である

こと。AI 等による作業も使用，利用を人間がいかに判断するのかの問題であること。近年の AI の戦争利用においてもこの点が国連での論点であると国連の軍縮部門トップを務める中満泉事務次長が2021年 7 月11日放送の NHK スペシャル「2030 未来への分岐点(5)「AI 戦争 果てなき恐怖」」番組内で強調した。技術者だけに任せブラックボックス化できないことである。広告を仕事として考えるこの件については第 4 章，第 5 章，第 6 章を参照のこと。

統合広告論［新版］
──実践秩序へのアプローチ──

目　次

はじめに

第6章　広告と社会 ……………………………………………… 211

第1章　広告の構造と過程

1　広告とは何か

広告とは何だろうか。

アメリカ・マーケティング協会の定義は，公式サイト上にあり，遡って変化の観察がしにくいが，2023年現在の参照可能な定義は以下である。

> Advertising is the placement of announcements and messages in time or space by business firms, nonprofit organizations, government agencies, and individuals who seek to inform and/or persuade members of a particular target market or audience regarding their products, services, organizations or ideas.

20世紀の定義にはたいていあった「有料の非・人的媒体（メディア）」がない。それに相当するのは「時間と空間（in time or space）」だけなのである。20世紀に世界的に支配的であり，広告の主たるマス・メディアであったテレビ，新聞，雑誌，ラジオがインターネットに（「日本の広告費」を手掛かりに言えば）半分置き換わったから，もはやコンテンツ同様に広告も，特定のデバイスを離れて，スマホにでも，タブレットにでも，ウエアラブルデバイスにも，PCモニターにでも「媒体を問わず」「時間と空間（in time or space）」に露出される（the placement of announcements and messages）こととなった。音声付きの動画広告はどこにでもあるし，（リツイートやシェアも含めて本来は）リアルの「口（クチ）コミ広告」や，人的媒体であるインフルエンサーも広告である。

つまり，「時間と空間の中」に偏在（あまた・どこにでも存在する）するのが広告，ということになれば，酸素かウイルスか，花粉か宇宙からの電磁波か，ヒトすら含まれるのならば，いったい何に喩えればピンとくる（make sense）のか，訳が分からないという状況なのである。

またこの定義とは別途，社会全体の広告総体，そのコミュニケーションの制度自体や特定の集合（企業，メディアなど）を広告と呼ぶ呼び方も英語，日本語ともに存在している。

　こうした定義についての認識は重要ではあるが，さらに重要なことは，広告を学ぶ人や広告の受け手も含めて，広告に関係する人は誰も「この種の定義を頭において」広告を語らない，という事実である。

　本章では，こうした経緯からまず「広告の送り手」の視点から広告の構造を考える。注意深い認識が巷間の常識や，既存の実践，また研究視点を相対化させることを確認する。

2　IMC の一側面

　マーケティング，少なくともその研究領域では当然のこととなっているものの見方が，その一部とも位置づけられることの可能な広告においては当然ではないことがある。

　例えば，そもそもマーケティングとは何か，という議論を見れば，嶋口・石井（1995）の言うように「将来の成長の仕組み作り」という解題が分かりやすく送り手の知識として共有されている。すなわち，戦略的マーケティングは製品やプロモーションという4P の個別具体の「物理的な存在」あるいは「目にみえる行動」には還元されない市場志向の経営戦略を指すものだとされるからである。行動主体の意図に基づく戦略形成のコンテクストにおいて初めて了解される「考え方」だからである。これがブランド論やサービス・ドミナント・ロジックなどの現代的なマーケティングに関する知見を豊かにし，現代化させている認識であることもまた了解されやすい。

　一方，広告とは何か，という議論ではこの点に関してはどのような解題があったのであろうか。advertising は先に述べたように遍在的で，ある企業の広告活動全体やさらにマクロな市場情報の伝達を担う制度（社会の期待）を指す言葉であって advertisement が個々の表現された広告物であるから前者は物理的な存在ではなく，後者が物理的な存在である，とは大学での広告論の授業や教科書の中で一応触れられ，認識の二次元が示唆される。ただ，その区分なり認識の二つが具体的な広告計画の中でいかなる意味を持つかは往々にして「広告」という言葉が様々な意味の広がりを持つこと（商品パッケージ，POP からイベント，PR，企

業コミュニケーションに至るまでが「広告」の範疇に入る場合がある）と，その遍在性から曖昧なままにおかれ，マーケティングの認識においてみられたような知的生産とその効用の享受に至ってはいなかったのではないだろうか。

では，広告が物理的存在であるか，物理的な存在ではないかという観点で議論，区分を行うことがいったいどのようなメリットをもたらすのであろうか。これが本章の第一の論点である。

第二に，唱えられつつも，今一つ関係者にとっては英略語以上の扱われかたがなされにくい IMC（統合マーケティング・コミュニケーション）（デジタルに限ればトリプルメディアである）という認識が広告にどのような新たな解題を突きつけてきていたか，を第一の広告認識との関連で考えたいと思う。というのは IMC の目的を「顧客を基盤としたブランドエクイティ形成」（Keller, 1996）と考えるならば，広告の認識に物理的なものを無自覚に引きずることが議論を容易にさせない。Keller の議論では IMC，広告の諸努力は心理的な結果をもってブランドエクイティ形成上の意味を持つので，同じ結果を生じさせる様々な媒体，手法，手段はその区別がない（Keller によれば identical）とされていたのである。つまり IMC とは字義どおりには様々なマーケティング・コミュニケーション手段の統合と解されるが，真の意味するところはさらにすすんで心理的な結果（シュルツら（1993）によれば perception の変化の結果）を唯一の目的とした一点であろう。

「図と地」のたとえを行えば，その結果をもたらした IMC，広告認識が「図」で，単なる広告の物理的な露出が「地」と考えられ，すなわち本来の広告足り得た広告と何らの心理的結果も及ぼさない広告が各々排他的に位置づけられる。**何らの心理的結果も及ぼさない広告は広告となりえていない（いわば広告未然），というラジカルな広告認識をもこの視点は導くのである**（水野，1999a）。

こうした広告の今日的ではあるが根源的な側面を切り口に本章では議論し，今後の実りあるマーケティング・コミュニケーション認識にアプローチしてみたいと考えた。

3　広告が非物理的であるという認識

• 広告の認識所作　教科書にある広告の定義はともかくも，具体的な議論の中に見る広告はいかなる認識のもとに扱われてきたのであろうか。例えば「広告の調査・研究」と言えば，「広告の効果に関する実証調査」がまず伝統的であった。

この場合多くは独立変数があるブランドの広告量または広告費と使用広告媒体やその出稿パターンであり，従属変数がそのブランドの販売量または販売金額と位置づけられるような実証研究である。昨今ではPOSデータや広告接触データなどのビッグ・データと呼ばれるデータを元にメディアプランニングが精緻化していることや広告のアカウンタビリティなる言葉やエビデンス，データドリブン等の言葉が実務上当然となったのもこの流れにある。

　デジタル広告，とりわけ直接反応広告（direct response advertising）やCTA（call to action）広告と呼ばれる，タップなりクリックなりをさせることを目的とする広告では，広告の送り手は何種類かの「広告素材（広告物）」を作っておいて，反応の良い方を選ぶABテストと呼ぶ手法も21世紀には一般化した（20世紀にも印刷メディアでスプリットラン，CATVでの配信コントロールはあったからロジック自体は新しいものではない）。

　これらの場合「広告物に接触すること」つまり「モノとしての広告との接触経験」がすなわち広告とされていることがわかる。

　では「企業広告」「比較広告」等に関する研究や調査ではいかなる広告認識があるだろう。もちろんそれらのマーケティングや企業コミュニケーション等，背景にある戦略形成が分析され論じられることもある。しかしながら議論の出発にある広告認識に関してはいずれも広告表現物の訴求テーマ，ないしは形式によって決まる「○○広告とは何か」を前提として議論が組み立てられていることは明らかだろう。つまり広告表現物を見て「企業広告」か否か，「比較広告」か否か，をモノとして外側から判定出来ることを議論は暗に前提としているからである（例えば，この比較広告の認識は表現上は他ブランドとの比較を行っていないにもかかわらず実質的に比較効果を持つ広告表現を関心の中から追い出している。水野（1994）参照）。

　こうした「広告接触経験」なり広告の外的判定なりが意味することは，ここで扱われている広告があくまでも物理的な広告物をベースにした認識だということである。

　もちろん，実務家にとっては広告はまず何よりも実践であり，したがって調査・研究は具体的個別的である。またその実践はクリエイティブという広告物である操作対象にどうしても目がゆく。その一方で非物理的な象限，ないしは次元から関心がそれがちだったという点をまず素直に確認したい。

関連事例1

　1993年から約30年も続く JR 東海の「そうだ京都行こう。」キャンペーンのシリーズは，主として関東の京都旅行見込み客に対して行われているテレビ，雑誌，新聞，駅張りポスターなどで展開されている旅行促進 IMC である。季節ごとにフィーチャーされる寺社仏閣の美しい映像が，テレビ CM では映画『サウンド・オブ・ミュージック』中の1曲，「マイ・フェイバリット・シングズ」の有名な一節に載せて現れる。怖いこと辛いことがあっても「お気に入りの京都のことを思い浮かべるだけで我慢できる」と言っているのであろうか。少なくとも関東の京都旅行見込み客は「マイ・フェイバリット・シングズ」の一節を聞くと「そうだ京都行こう。」と思い浮かべることが出来るようになって久しい。こうした人にとっては京都の認知の構造，「マイ・フェイバリット・シングズ」の認知の構造がそれ以前と比して決定的に変化した事例である。（出所：仁科（2001））

・**図書館情報学からの示唆**　図書館情報学，と突然にここで言及するのもいぶかしく思われる向きもあろう。だが，コンピュータ・サイエンス，情報科学などよりもずっと本来的に「情報」に関して，正面の課題としていた専門の学が図書館情報学である，といえよう。この観点での「情報」に関して合意されている「定義」を見てみると実に驚かされる。

　図書館情報学においては，「受け手の知識の構造に変化を与えるもの」「受け手の内部に形成される新しい構造」「作用の過程」の三つの定義のうち，特に「受け手の知識の構造に変化を与えるもの」が最も「広く認められた」定義であるという。これを知った際の筆者の驚きは忘れられない。つまり，その機能的な見方の徹底ぶり，結果による判定への全面的な依存についてである。情報の受け手の知識の構造にとって何等の変化も及ぼさないものは情報ではない，ということになるから，利用されない資料，利用していない人にとっての図書はいずれも情報足り得ていないこととなる。背景にあるものとして，Buckland（1988）はこの分野のドミナントな見方のひとつのようで，それによれば「情報とは，材料（モノ，

5

stuff）ではなく，過程（process）である。知識を獲得し知るようになる過程である。この定義にしたがえば，情報検索システムでは情報を検索していない。それらは，信号，データ，文献といった物的なものを検索しているにすぎない。」とされるのである。

つまり，テキストデータ，メモリーなどのモノが情報から，定義の段階で除かれるのである。なんたる過激さ（ラジカルさ）であろうか。ここでは決定的な「情報でないか情報であるか」の基準を受け手の「知識の獲得（becoming informed）」の有無に置いているのである。

筆者は図書館情報学の門外漢ながら，おそらく図書館という公共的・社会的機関がその投資，資産，パフォーマンスを単に蔵書数の大小で競うのではなく，利用者の役に立てたか否か，社会的サービスにまで届いたか否かを努力の目的として焦点づけた，そういった図書館とは何を行なうところか，ということについての根幹を支える議論がここにはあった，と考えられるのである。

この過激で根本的な認識を（当然ながら）コストの掛かった情報のひとつである広告にあてはめると，**広告とは「広告の受け手の知識の構造に変化を与えるもの」「広告の受け手の内部に形成される新しい構造」「広告の作用の過程」**ということになる。それらの機能を持たないものは広告ではなく，その結果を生じさせなかったものも広告ではなく，材料は広告ではない，ということとなる。⁽³⁾

この観点は「読まれざる小説は小説ではない」し「通じない電話は電話ではない」という他の情報領域では平明な定義に通底するものである。しかしながら，こと広告においては，少なくとも広告の送り手が「広告」であると決めればそれが「広告」になってしまっていた，という局所的なそしていわば不可解な定義状況がむしろあったのではないか。

したがって，そもそもあるテレビ CM が「広告であるかどうか」，さらにその「広告表現（クリエイティブ）技術が高いかどうか」は両方ともに，その広告物だけ（例えば特定の飲料メーカー A 社の B ブランドの15秒 CM 1本）を見ていても決定，判定出来ない，ということになる。広告（少なくともその機能を果している広告）とは既に物理的な存在ではなく，広告表現技術とはその結果的な心理的変化をどの程度効果的さらには効率的に引き起こしうるか，という議論に移らざるを得ない。

・広告の超長期記憶研究　広告が広告になりえているかどうかは結果として判定

されるものである。とはいえ，広告実務が通常一期の損益計算の中のマーケティングコストとして支出，処理され，効果は受け手の心の中のこととしても販売成果として回収されなければならないのでいきおい物理的ではない広告は「短期の販売に結びつくインパクトを求められる広告印象」のこと，と整理されかねない。

世界的にも広告研究として類を見ないと考えられる岸・田中・水野・丸岡（1999）の広告の超長期記憶研究では，10年以上最大30年以上もの間，ある特定の広告表現の記憶が，一般に存在する可能性を実証的に確認している。心理的な広告は何も一期の会計年度で回収されない。むしろ正確には，移ろいゆくものが大多数である一方，一生（lifetime）の過半保持される頑強な記憶にまで至る画期的成功ケースもある，という事実であろう。この大きな差が正確に評価されているだろうか。

したがって，ブランド論が「心の中」にその存在の認識を焦点づけたことで新しい議論や実践の地平を開いたように，広告もそうした心理的次元といった，非物理的次元にその存在を仮定して見ることで新しいより生産的な議論や実践が当然ながら考えられるのではないだろうか。

広告の認識所作，図書館情報学，超長期記憶の以上 3 点を見，提起するのが「広告の非物理的認識」という本章の問題意識である。

4　広告の構造についての議論の精緻化

• 三つの水準，二つの次元　ここで設定した物理的，非物理的の二つの次元を広告計画のサイクル（plan-do-check-action）に当てはめてみると，広告等表現物の制作と実施（do）が物理的次元となるので，結果として広告においては都合 2 回のその間の架橋（橋渡し：bridge）を行うということ，またその前段階の計画，その後の結果としての受け手の心理的次元という，合計三つの異なる水準を導いたことを図 1-1 に図示し確認しておく。物理的次元である広告表現（真ん中の次元）はその上の次元である受け手の心理的な結果という非物理的次元に至るための手段（矢印 A）と位置づけられる。最下段の計画次元は，上の二次元をいかにコントロール，マネージするかという認識水準である。

表現物制作に絞って考えると，まず広告クリエイティブ（作品と呼ばれることのある物理的次元，真ん中の水準）が受け手の心理的な次元，水準に繰り上がるとは，一見単純な認識である。しかしながらその過程（架橋）には「異次元」と

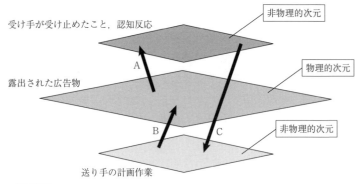

図1-1　広告の構造

受け手が受け止めたこと，認知反応

非物理的次元

物理的次元

露出された広告物

A

B　　　C

非物理的次元

送り手の計画作業

筆者作成。

しか言いようのない不確実な不連続性が横たわっている。様々な攪乱的な力がその間には働く。表1-1にその力を例示する。

　例えば，広告主は様々なことを（商品，サービスの取引に限って考えれば）取引の事前に広告を通じ対価反対給付内容を「約束」しようと試みる，と考えることが出来る。要するに「仮に買って頂ければあなたはこうしたベネフィットが入手出来ますよ」という約束である。

　しかし受け手は一般にまず「広告は約束などしてくれるものではない」と思っている。特に日本の生活者は「テレビ広告は単なるエンタテインメントであって，それを通じて商品を売ろうとしているのではない」と考える人さえいる（広告に関する先有傾向）。また，マス・メディアの根底には「我が社のCMを見てくれたらテレビ番組を無料で放映します。我が社の広告を読んでくれたら新聞や雑誌の購読料をサービスします。」という暗黙の取引があると内田（1997）は言う。さらに，広告は自社に都合の良いことを言い，商品を販売しようとしたりする目的を持ってやっている，という意図の見抜き，とも言える枠組みの中で行われている（広告のメタ・メッセージ性）。

　さらに，ある商品を入手することで，広告を通じて「約束」されたことが果たして達成されるのだろうか，という問題もある。広告の映像・画像は，一般に実際よりも，番組や編集面よりも明らかに「良く」出来ている。限られた秒数，カットの映像や写真を撮るために，何百何千ものテイク，カットから選ぶし，そもそも完璧なライティングとCG技術を駆使した撮影がなされ，昨今はコンピュー

表1-1　広告クリエイティブと受け手の心理的な次元への架橋をめぐる力（例）

力の説明	内容（例）
広告に関する先有傾向	広告を受け取る以前に受け手は自覚するかどうかは別として様々な「広告」に対する価値前提を持っている
広告のメタ・メッセージ性	広告がメッセージである前に「広告である」という額縁を持ち，好むと好まざるとにかかわらずメッセージと一緒に受け取られる
広告の非現実性	広告表現は何らかの「非現実性」を持たざるをえない
広告の情報源効果	媒体，広告主，番組，登場人物，等様々な「送り手」が広告メッセージと一緒に受け取られる
広告の規範との関係	広告メッセージは受け取られる社会の持つ文化的，規範的な価値に照れされて解釈される
広告の意図の多面性	広告は単一の意図だけによって解釈されない
広告の社会的な文脈性	広告メッセージは露出される様々な文脈によって様々に受け取られ解釈される
広告の遍在	無視される広告が実は大部分である

タ処理（撮影後という意味では後処理）が編集で当然行われる。「食べものの湯気」ひとつ，「容器の水滴」ひとつとっても CG である。したがって，広告映像の中のタレント，場所は実際のそれよりもはるかに魅力的で，商品はベストショットで写される（広告メッセージの持つ本質的な非現実性）。

　その情報内容に対する誠実さの確認も厳しい。信じるという危険性に対し疑い，防御の目が広告の受け手にはある。例えば，著名な大企業がヤフーのトップページで述べる「地球環境に配慮します」という広告メッセージは，地域にしか展開していない中堅企業が自社の敷地内の看板や自社車両の車体にしるす同じ広告メッセージと同じ受け取られ方をされない。こうした（広告主，媒体，登場人物など様々な）情報源特有の干渉効果もある（情報源効果）。また，「地球環境」関係の約束は「送り手の受け手への妥当性要求」という強い圧力がある。もし反対出来ないのならば……という圧力であり，単なる「約束」を越える。それに対して僭越な，という広告を見た際の受け手の心理的な反応もありうるだろう（規範との関係）。

　さらに，広告の「約束」には「宣言」「陳述」の面もあるので（意図の多面性），「地球環境に配慮します」というメッセージでさえも，なぜ，今，初めて，わざわざ，その主体が，その言い方で，言うのか，という様々な良い悪い両面の広告

を見た際の受け手の心理的な反応（認知反応），とりわけ推論，疑念を生みうる（広告の社会的な文脈性）。

そして，何よりも99％の広告は無視されているのである。

このように単純なベクトルとしての理解をはばむ様々な攪乱的な力が掛かるがゆえに，その架橋は難しいのであり，異なる論理がその上の水準にはあるという意味でも異次元と呼ぶにふさわしい。

・アカウントプランニングの意義　図1-1の最下段の計画水準は，一期の損益論理，製品マーケティング論理，販売促進論理などが形作る広告主企業内部の「意図」の水準であり，計画という意味で非物理的な次元であろう。ここから広告クリエイティブという真ん中の次元への架橋もまた，様々な力の働く難しい作業である。この点にも様々な解題があるが，ここでは以下に広告計画の中のアカウントプランナー（ストラテジックプランナー）と冗長度（性）についてのみ触れる。

合理的な計画作りにおいては，目的，目標のシンプルさが重要とされ「二兎追うもの」を戒める。伝統的には広告表現の開発のためには「広告コンセプト」や「伝達内容」と呼ばれる "What to say"（何を言うか）を絞って発注者からオリエンテーションするか，または受注側と合意することが広告実務では重要とされていた。

職業人的，つまり職種専門的な試みとして，20世紀末以降広告業全体で盛んに導入（英米からの移入である）が試みられた「アカウントプランナー（またはストラテジックプランナー）」の意味するところのひとつは，このオリエンテーションの精緻化にある。小林保彦（1993）ではクリエイティブとマーケティングを結び付け，クリエイティブを経営戦略の視点からとらえる「クリエイティブ・ブリーフ（Creative Brief, 広告戦略企画書）」を作成することにアカウントプランナーの職務（job description）はある，とされる。また「クリエイティブブリーフ」とは水野由多加（1997a）に「欧米の大手広告主，大手広告会社で『広告表現企画』の基本的な戦略記述書式として各社が標準的に用意し，実際のクリエイティブ作業においても個々個別の『広告表現』を導く論理の枠組み，組織決定ルールを現すフォーマット」と整理される。これには一般にターゲット，ベネフィット，"What to say"，広告に接触する前後の望まれる心理的な変化などが記述される。

しかしながら，言語的な情報でシンプルに客観化される「クリエイティブブ

リーフ」の計画次元と，もともと非言語的なものも含めた冗長性（その冗長性が耳目を惹き，広告に接した際の反応を生み，まとまりのある記憶を形成する鍵となる場合が多い）を含む広告クリエイティブの制作・実施次元は異次元である。さらに昨今の低関与での広告接触では "What to say" よりも "How to say"（いかに言うか；表現演出要素群）自体が広告効果を形成する鍵となっている。タレントや音楽，情景や演出・編集技術などは全て "How to say" である（"What to say" と "How to say" との二つであらゆる広告表現は成り立っていて，その二つ以外の要素はない，とこの言葉の用法ではなされる）。"How to say" とは "What to say" から見れば単なる冗長にすぎないが，この冗長部分が独立して効果を発揮するのである（栗木（1999）に詳しい）。トーンアンドマナー（Tone and Màn-ner）と実務では定式化されたことである。

　また一期，一事業の広告表現といえども，先に見たように場合によっては30年もの期をまたがり，また企業全体にその繰越し効果，波及効果をプラスにもマイナスにも生じさせるのが，広告コミュニケーションである（企業広告か否かを物的，外的に判定できるか，結果として企業広告効果性を持つと考えるべきか，で言えば後者である，という解題）。単純な矢印が含意するようにはベクトル関係にはない異次元架橋が企画・計画水準と表現・制作水準の間にもあるのである。

5　IMC マネジメントへのインプリケーション

• マネジメントの要請される領域　広告が物理的でないという水準で認識を仮定するならば，具体的にはどのようなメリットがそこから出てくるのであろうか。次に広告クリエイティブ，広告調査，広告倫理の3点においてその認識によって初めて見出される成果を概観してみようと思う。

　1）　広告クリエイティブという磁場の相対化

　確率として，広告主企業の経営者は広告宣伝の実務経験を持たない場合が多いので，「広告宣伝の部署には表現のこと，（造形）デザインのことが分かる人材が必要なのに我が社にはそういう人材が少ない」と認識する大企業の経営者さえある。

　また大手広告主の広告宣伝の部署では，広告会社からのプランの提示に際し「とにかく理屈はいいから早く表現を見せてよ」と表現そのものにのみプランの骨子を見ようとするマイオピア（近視眼）状況もある。多くのプランを比較しよ

表1-2　広告における異次元架橋の意味

表1-2　広告における異次元架橋の意味

段階 ベクトル	コミュニケーションの実施		企　　画		マーケティングの実施
矢印A	広告物の効果	矢印B	オリエンテーション	矢印C	IMC効果把握
矢印Aの逆	効果の検証	矢印Bの逆	プレゼンテーション	矢印Cの逆	戦略の発動意図

うとする際，いきおいタレント比べの様相を呈していることとこの不幸な態度は密接に関係し，タレント広告の全盛を支える一因となっている。

　さらに，表現プランの採否にあたっては「ルールなき裁量領域」と決めつけ，特定個人の恣意が結果を左右する場合がある。たしかに判断としか言いようのない高い次元での採否はあるものの，合理的議論を無視する決定が横行したと周囲から認識される場合，関係者の広告マネジメント認識は実に不幸な前近代的状況，努力疎外状況に放置される。この際「誰」に効果があると判定するべきかに関しての議論が容易に欠落する。決定者の好き嫌いに全ての作業が奉仕，従属する場合がある，と言いかえれば理解されるだろうか。

　いずれの例も関係者の「広告表現イコール広告」とする物理的なことへの強い磁場がその広告認識の前提にあり，仕事の合理的な遂行を難しくし，真の「広告上手」「効果的な広告活動」への道を閉ざしている，と言うと言い過ぎだろうか。

　2）　広告調査の努力の方向の交通整理

　図1-1に触れた矢印を再度，具体的な広告計画の作業プロセスとして解題すると，それぞれの矢印は表1-2のような意味を持つと整理できる。

　広告の調査は，矢印Cと認識され，矢印Aの検証（矢印Aがはたして本当に何を成果としえたか）としての機能を隠されている。実は矢印Aとは「届いた場合の矢印」であり，実際は「もっとも『無視』が多い」から，矢印Aは「それた矢」なのである。であることも加味して，スマホの中の広告は「ポップアップ」するし，急に動き出したり，なかなか消えなかったり，同じものが出続けたりする。この章の最後で触れる「21世紀の過酷な広告過剰」状況が，矢印Aを「単に『注意（attention）』だけを狙うかのように広告を歪めている」。本来は，ビジュアルと広告コピーの中の「なにがしかの要素」が記憶の中に残る，と考えるのがまともな広告なのである。仮に伝わっていたとして，Keller（1996）の認

識で言う advertising retrieval cue（広告記憶検索手掛かり；この言葉にこうい
う生硬な訳しか与えられず，アカデミックな広告研究者の間でしか使用されてい
ないこと自体，我が国の広告認識においてそれが隠されていたことの証拠であ
る。）の確定，機能評価にほとんど関心が払われていない。具体的には，現実の
完成広告表現テストでは，当該ブランドイメージの中の「高級な」等という SD
法スケールでの事前事後スコア変化には関心があるが（矢印 C），特定の演出要
素（タレント，音楽，場景，コピーフレーズなど）の記銘，思い出されやすさが
成り立って当該ブランド記憶にどの程度付け加わったり，望ましくない連想を改
善できたか，という具体的な矢印 A，つまり advertising retrieval cue の直接の
同定検証は，いわく「広告クリエイターの領分」と腫れ物を触るかのごとく避け
ようとする場合が目に付く。この調査では明らかにコストに見合った成果を上げ
ていない（cue になり得ていない）「表現演出要素」が指摘されうるからである。

　もちろん異次元架橋という行為は，前述のようにここで言うような単純な要素
還元主義的な理解をはばむダイナミズムを持っている。しかしながら，一方，
「調査は表現の役に立たない」などと言う当事者は，自分の表現至上磁場の暗黙
の前提を自覚していない自らの調査観（自分自身の考えている「調査とはこうい
うものだ」という自分にとっての常識）をこそ反省するべきであることもまた指
摘できよう。

　PCDC サイクル（plan-do-check-action-cycle）は，21世紀の広告ビジネス界で常
識となったが do を check して plan を check しないことが実は多数を占める，
とはこのことである。

　3）　広告倫理の所在

　広告倫理の高揚は広告実務諸団体が等しく自らの設立目的や趣旨にうたう。一
方，しかしながら広告の倫理はある特定の広告表現における表示の適法性，自主
規制や広告取引におけるガイドライン作り，というレベルで理解されているよう
である。例えば多くの広告監査，審査団体において「広告モニター」とは問題の
ある広告表現物の収集を指し，苦情に至らずとも「誤った製品性能を受け手が抱
く（Rosso, 1981）」という「結果としての心理的危険の拡大未然予防」のためのモ
ニター（人間）とは解されない。「誰」が問題があると判定するべきかに関して
の議論が欠落している。すなわち前者の監査，審査が対象としているのは広告物
であり，後者の受け手への倫理責任の自覚は非物理的広告認識による。アメリカ

では後者の観点からも広告倫理が語られ，我が国ではほとんど無視されていた課題領域である（水野，1998a）。

　以上，クリエイティブ，調査，倫理の三つの論点で見たように，広告認識において三つの異なる水準を設定し，物理的か非物理的かの二つの次元で理解を行う意味は，その三つの水準が各々異なる論理を持ち，他には還元しにくい別個の場であるという認識によって初めて開かれる視野がある，という実践的有用性にある。

・ IMCの今日性　四半世紀経って，IMCは大手広告主の作業に関わる送り手の「広告業界人」には，「当然視される」に至るも，あまりに「当たり前」と扱われる言葉となっている。広告費を出す広告主の視点から「手法・メディア」にこだわらず，最適（最速・最廉価）な「目的達成／課題解決」を行おうとするから，理の当然と言えば理の当然となったのだろう。いわば論を待たない扱われ方かもしれない。PESO（paid, earned, shared, owned）認識もIMCのデジタル版のことである。

　しかしながら，本章の示唆は次のような構造的な議論のとば口を拓く。

　ひとつには，図1-1で示した「広告の構造」における「広告効果」が（送り手から見て）充分に挙がっていること，とは「1階で望ましいと思われた状態が3階で実現している状態」である，という認識が可能な点である。つまり「うまく行（い）っている」「効果の挙がっている」状態とは，あらたに（わざわざ，追加的に）「2階を行わなくとも良い」状況とも言えるのだ。たとえば，iPhoneは次の新モデル（1モデル毎に世界で3億台売ると言われる）について，なにがしか「リークす（わざと漏らす）」れば，たちまちに世界中のメディアやファンが「待ち望むモード」に入るから，新モデルの新登場IMCが行われるよりも先に，既に「1階と3階」（＝ファンの期待の醸成）が出来上がっている。いわば「空気投げ」のような広告効果（IMC効果）が「既に挙がっている」状態なのである。

　むろん，この状態は「iPhoneブランド」におけるIMCの観点，目的から見たそれであって，新モデルの短期の販売・購買促進といった観点，目的からはIMCは必要とされよう。目的次第でタスク（するべきこと）が変わるのはIMCの本義であることが確認できる。

　とはいえ，定評ある人気ブランドと商品を思い浮かべれば軒並み，1階と3階

が出来上がっている，この「空気投げ」状態がよく分かる。スタバの「クリスマス・ブレンド」，ユニクロの次シーズンの推しアイテム（フリースだったり，ヒートテックだったりする），東京ディズニーリゾートの新アトラクション。大人の女性にとっては資生堂の次シーズンの推しアイテム，千疋屋の新スイーツ，エルメスの新柄スカーフ，大人の男性には，テスラの日本本格上陸車，ネット系証券会社の新しい金融商品，サントリーかアサヒの新サプリメント，と言えばいずれかに「3階の良い状態」が理解されると思う。

　そうなれば，「はたして広告は，必要のない場合，うまく行（い）っているのか」という不可思議な問いに逢着することになる。

　この点に関しては3章の「効果」の後述に委ねる。

　そしてもうひとつには，図1-1の3階建てで言えば，（送り手にとって）すべての広告は3階建ての設計のはずであるにもかかわらず，99.99％の広告は，2階までしか建っていない，という峻厳な事実である。20世紀末，一日一人当たりいくつ広告に接するのか，という推計があって数千，と言われていたが，寝る間も惜しんでスマホ片手に生きている今日の人間にとって，（消費情報という意味で）一日一人当たり万のオーダーの接触があってもおかしくない。ところが，これもまた必然だが，99.99％の広告は「無視されている」。それが言い過ぎならば「自覚の中にはない」のである。（大学生の立場に立てば，テレビは見ない，新聞雑誌はもちろん見ない状況で）今日どんな広告を見たか，と尋ねられても，自分の興味のあるゲームの広告がひとつ，あるいはカラコン（カラーコンタクト）の広告ひとつ，といった場合，万に一つ，ということになるから，絵空事ではないのである。

　今日の広告とは「ほとんど届かない」。

　しかしながら，「届かせるために（3階まで，である）」送り手は創意，工夫を凝らす。あるいは，「届いたらばXXXと思ってもらいたい」と，計画，目論見を巡らせる。

　つまり，この「あらかじめ振られることを前提とした片思いの恋文」といった過酷な宿命の中，今日の広告は社会現象，あるいは経済現象として行われているのである。

　ならば，この「過酷な宿命の恋文」をいかに記述するのか。

　答えのないような問いに逢着することになる。

本書の通奏低音であり，解きようもない問いとは，図1-1の構造によって，このように位置付けられる。

　注
（1）　もっとも広告の定義は数多く存在する。Richardsら（2002）は数多くの広告の定義に関して，有識者デルファイ法のサーベイを行い，様々な意見を収集した。その後，2023年の『日経広告研究所報』（327号）の中で，日本広告学会会長の石崎徹専修大学教授は，「パラダイムがシフトすることによって，同じ人の中でも『広告』の捉え方が変わって」くることを確認している。広告の定義はそれ自体が今なお研究の余地のあることの証左である。次章に定義認識をとりあげる。
（2）　日本図書館学会用語辞典編集委員会編（1997）「情報」の項。
（3）　広告とは，と定義を試みながらも，述語の中に「広告の受け手の知識の構造に変化を与えるもの」「広告の受け手の内部に形成される新しい構造」「広告の作用の過程」と「広告」が再度登場する。これは論理的な定義の形式としては不完全である。トートロジー，あるいは自己言及となる叙述であるからである。しかしながら，仮に「受け手の知識の構造に変化を与えるもの」「受け手の内部に形成される新しい構造」「作用の過程」と述語から「広告」を取り去れば，会話から教育，宗教といった種々雑多なコミュニケーションが全てあてはまる定義となってしまう。もちろんそうした多くのコミュニケーションと広告は原初的にも，また現代の現象的にも重なり合う部分がある。結論を先取りすれば「広告」を「広告」足らしめることは，送り手の「意図」の存在と，（本章の言う）受け手の「知識の構造に変化を与えること」の2点であり1点では繋ぎ止らない。北田（2000）においても，受け手にとって表象（受容）空間の中で「広告を見る」ことが他の社会的行為（「歌舞伎を見る」「戯作を読む」など）と分離・自律することと，送り手の側が「受け手を町人・遊興者としてではなくもっと抽象化された『可能的購買者』として捉え」広告の持つ広告ならではの機能・役割を特定化しようとする思考の回路が把握されること，の2点で「広告の誕生」を理解している（北田，2000, pp. 48-49）。もっとも北田の誕生する広告認識は「広告物の誕生」である。詳しくは水野（2009a）。

第**2**章　くまモンは広告か？
——「広告の定義的認識」の背後

はじめに

　「くまモン」（ゆるキャラと呼ばれる地域キャラクターの代表的な事例，図2-1-1参照）は広告だろうか。本稿はそれをきっかけに今日的で妥当で有効な「広告の定義」を考察したい。その後，ゆるキャラを含めた「日本語として自然な広告」を一般化し可能性を探ることで，21世紀的な広告の混迷状況のブレーク・スルーを考えようとする。未だ確定しない「あるべき21世紀的広告」を送り

図2-1-1　くまモン

枻出版社編集部（2013）の表紙。

手側の「広告」と「生活者（マス広告の受け手と非マス広告のユーザー）」についての認識の問題として捉え，現実の実践とは違う位相で「新しい広告」にアプローチする議論を試み，第1章を別角度から補完する。これが本章の概要である。

 ## ゆるキャラは広告である

　本章の主張は，（もちろんながら）「ゆるキャラは広告である」。
　ところが，その肯定を許さない論理が先行文献にはある。したがって，以下（1）ゆるキャラが広告である根拠や証拠を挙げ，次に（2）ゆるキャラが広告でない，とする見方の論拠を点検し，その上でより現代的な現実に妥当する（3）新たな「広告の定義」への方向性から見れば実践はどのように批判されるのか，を考察したい。

1　ゆるキャラが広告である根拠

　キャラクターというビジュアル・コミュニケーションの高い効果性は，マス広告が追及してきたことの延長線上にある。このことを「いかに近年の広告と連続して捉えることが可能か」その経緯あるいは歴史を確認してみたい。
　くまモンの詳細は，その送り手主体が著した熊本県庁チームくまモン（2013）などの数多い関連書に譲るが，みうらじゅん（2004）の命名による地域キャラ「ゆるキャラ」，ひこにゃん（彦根市）誕生の2007年という00年代を経て，もはや何体のゆるキャラが全国各地に存在するのか分からないほどの社会現象となった。20世紀にはそのような地域キャラは存在しなかったことが忘れられがちである。
　この経緯を若干，広告研究として解釈すれば，1980年代のいわゆるCIブームが思い浮かぶ。企業コミュニケーションの中で，一瞬の判別がなされやすい「単純な図像によるパターン認識」ががぜん注目を浴びた。水野（2004）では，20世紀的な「認知や再生」といったリジッドな広告効果指標を超え（ロゴ・マークに正確な認知や再生はあてはまらない）ながらも，言語情報よりも早いスピードで効果が達成されることに着眼した。[(1)]
　その後2000年前後には「NOVAうさぎ」「ぴちょん君」「ホクトのキノコ」と

関連事例 2

地域のキャラクター（ゆるキャラとも）のひとつの代表的存在が熊本県のキャラクター「くまモン」である。2013年に「ゆるキャラナンバー・ワン」とされたそのPR的な成功は，単純な造形デザインや感情をどうとでも推し量ることの出来る無表情さや県が使用料を一定条件で「無料（不要）」としたことにことの中心はない。要は，当初考えられないほど，多くの人々がこれを「かわいい」と見るようになったことと熊本と結びつけて記憶されたことが重要である。左は公式HP，右は2013年からローソン店舗内に設置された大阪市内の熊本県産品小売施設（筆者撮影）。

いう3大広告キャラクター成功事例が相次いで登場し，擬人化された「かわいい」という注目・関与をともなったパターン認識のパワーがそれまでにはなく注目された。いわばCIというビジュアル・コミュニケーションのキャラクター化だったのである。

　その後，さらに十数年を経過し，今度は地方自治体への転用がなされ，ゆるキャラグランプリといったPRイベントも2010年以降毎年催され，ひこにゃん（第一回），くまモン（第二回），バリィさん（第三回，愛媛県今治市），さのまる（第四回，栃木県佐野市）と歴代のグランプリが重なった。

　以下，このようなビジュアル・コミュニケーションの近過去30数年の展開は，アテンション（注目）と関与を得る方法（表現），広告リテラシーではなく広告パターン認識（効果），漢字とカナやローマ字を同時に処理するマンガ的伝統と能力（文化），供給過多環境の中での情報伝達（コミュニケーション），デバイスのデジタル化高精細化アイコン化（メディア）といった文脈で各々フィットし，今に至ったことが分かる。まさに今日の広告過多状況に環境適応しようとして工夫された「広告コミュニケーション的な」現象なのである。

2　ゆるキャラが広告でないとする論拠

　従来からの「広告の定義にあてはまらない」からゆるキャラが広告ではない，というのならば，むしろ定義の方を検討すべきではないかと考えた。

　右記の表2-1-1は，本稿で参照したい主要な論者（見方）の「広告の定義」的認識のうち比較的近年に出版され，現代の広告環境とまだしもかけ離れてはいない時期のいくつかである。以下の言及の容易さのため，ここでは区分した「A～C」のタイプも併記した。

　日欧米にわたって広告研究を深める小林（2000, 2004）が，近年に至るまで実務家向けに整理するように，英語のadvertisingは日本語の広告とイコール関係にはない。したがって，海外事情を表す「代表として」日本では参照される「英文」文献のadvertisingを，日本語，あるいは日本の社会状況の中にある「広告」と自動的に置き換えて議論することの陥穽が指摘できる。

　この小林の「アメリカのadvertisingはマス広告のみ」認識は，著名な広告研究者によるテキストであるWellsら（1998）の言う「識別可能な広告主によるマスメディアを通じた，オーディエンスに説得または影響を与える有料の非人的コミュニケーション」やO'Guinnら（2000）のシンプルな広告の定義「有料のマス媒体を通じた説得の試み」という認識によっても裏付けられる。またAMA（American Marketing Association）のBennettによる1995年の定義の中にもマス・メディアは明示されていた（その後なくなったのは本書第1章冒頭の確認通りである）。

　また，実務的にも言われるAbove the line（ATL）とは，コミッションの伴うマス広告枠の取引のことであり，Below the line（BTL）は，それ以外の販売促進など，Fee収益の非マス取引を指す（とりわけ英語を用いる外資系広告主取引においては常識である）ことも，この線（line）と報酬制度を巡って「広告取引構造」が20世紀と21世紀の激変した差異を示し，小林の認識と整合する。つまりアメリカではATLが広告であり，BTLは広告ではないが広告会社が行うことだったのである。

　つまりAタイプと括ったのは，欧米の輸入概念ではない，いわば日本の社会言語としての広告に平明に，あるいはオリジナルの体系による広告認識であるからである。このAタイプの広告の定義的認識に立てばゆるキャラは広告であり，優れた今日的なクリエイティブ要素，と何の問題もなくそうなる。

表2-1-1　広告の定義についての記述

出所・論者	ポイント	本稿での種別
室井鐵衞（1998）(2)	・社会に向けて広く告げ訴える活動	Aタイプ
小林保彦 （2000，2004）	・広告行為はコミュニケーション（訴求）についての全体認識 ・コミュニケーション（訴求）は非経済的訴求である宣伝（プロパガンダ）と経済的訴求であるIMCに分類される ・さらに経済的訴求は全経営的訴求（PR）と販売訴求（マーケティング・コミュニケーション）に分かれる ・さらに販売訴求（マーケティング・コミュニケーション）はマス広告とパーソナル・セリングやワン・トゥ・ワンに分かれる	
亀井昭宏（2005）(3)	・「クチコミ広告」…送り手である広告主のコントロールのもとに置くことがあまり期待し得ないところから「広告」に対する学問的な考察の場合には対象外。 ・本来的な広告とはマス（コミ）媒体による「マス（コミ）広告」に限定。プロモーションないし販売促進と重複している広告（看板類，屋外広告，交通広告など）を「SP広告」と呼んで，使用される媒体のタイプによって広告を区分する理解も存在することに付言。	Bタイプ
電通広告事典プロジェクトチーム （2008）	・不特定多数の対象者 ・有料または寄与された媒体を通じて行う表現活動 ・POP媒体（店頭広告／ノベルティなど），サンドイッチマン，呼び込み人	
猪狩誠也（2011）	・組織の理念・方針が明確でかつ公開していて，行動・結果も明らかにしていること，外部の意見を聴いて，それを取り入れるシステムとなっていること，それが広報・PRを意味あらしめる必要条件であり，情報操作，プロパガンダにならない条件	Cタイプ

　ところがBタイプでは，マス媒体が広告の定義の中に入っていた。この理由は背後に英文の定義の中にあるマス媒体のコントロールが中心に置かれるからであった。しかし電通広告事典プロジェクトチームは，実務上の要請からSP広告というカテゴリーで多くのものを掬い取る。要は自社営業範囲だからである。亀井も基本にこだわりつつもその「SP広告」という理解が存在することは否定はしない。この場合，ゆるキャラという着ぐるみは，あきらかにSP広告によって広告である，とされる。ただしその位置づけは，あくまでも「収益となる」か「理解が存在する」といった欧米的な広告とは違う（BTLである）のだが，といった非体系的な躊躇が伴いつつ，記述がなされた。

　それらに対してCタイプは，PRの理念的な定義である。ただし猪狩は「パブ

リック・リレーションズは，日本などでは実際には広告・宣伝などと同列の意味で理解されるケースがむしろ多い」とも記し，「現世を忘れぬ久遠の理想」を地で行く感がある。当然，ゆるキャラそのものを定義から排除するような形の定義ではない。

　本章では，日本社会にヴァナキュラー（vernacular, ある土地に固有の／口語的な）で借り物ではない広告のパワーを21世紀的な状況でも貫き通す底流の問題意識がある。これは価値負荷とも言えるけれども，輸入概念では現在の広告状況は理解出来まい。その上で，向社会性（prosociality）や昨今はソーシャル・グッドなどとも呼ばれる機能を自覚しないと，現代社会の広告はもはや市民権も得られないくらい「何かがずれた」のである。テレビは録画再生視聴時に必ず飛ばされる。広告はスマホの中のうざいものである。それが20世紀型広告の21世紀での扱われ方である。したがってＡタイプのチカラとＣタイプの理念を併せ持った中で，ゆるキャラが承認されることを確認したい。

　しかし方やアメリカでも，21世紀的な環境変化への呼応も見られる。Richardsら（2002）が行ったデルファイ法による広告の定義探索研究によれば，有識者に繰り返し回答をフィードバックし，議論を重ねて行くにつれて，（1）有料と説得が中心となり，（2）「識別された広告主（identified sponsor）」が「識別され得る情報源（identifiable source）」に代替され，（3）マス媒体が定義の中から抜け落ちて行った。つまりアメリカですら何らかの合意に向かって有識者が検討すれば，Ｂタイプの定義認識からは離れつつあるのである。第1章冒頭で見たアメリカ・マーケティング協会の「空気のような遍在」を言う現在の定義に至る論理がある。

　したがって，ゆるキャラが広告であること，またむしろ日本的で将来にも通じる展望，が確認できるのである。

3　日本語の「広告」にゆるキャラを含めていいのか

　以上みたように「日本社会における『広告』あるいは『広告類似行為』」は，欧米社会の advertising とは，背景も，経緯も，文脈も異なると考える方としても本来的であることが強く示される。とりわけ，本章のモチーフ，日本の「キャラクター」は，Cool Japan と呼ばれるマンガやアニメともきわめて近い存在である。欧米社会・文化の中の advertising とおのずと違う「社会言語」としての

「広告」（あるいは「広告類似行為」）が再検討されなければ，現実との妥当性・実践的な有用性のある新たな「広告の定義」とは言えない[4]。

　さらに，本章の「広告の定義」は，別段いわば「神学論争」的な，純粋に理論的な議論を行いたいためではない。むしろ，マス・コミュニケーションのマス・マーケティング利用のピークが実質的に終わり，未だ見通せない「21世紀的広告」の混迷のブレークスルーを考えたい。定義の「現実との妥当性・実践的な有用性」とは，「広告のより有効な変化の方向性」を取り込み，あるいは再活性することと同義なのだ，と考える。

　したがって，大いに間遠だけれども，まず「日本の社会的言語」として使われるようになった明治期以降の「広告」を（ここでは象徴的事例だけだが）Aタイプのルーツ探索として観察したいと考えた。表2-1-2がそれである。

　表2-1-2の観察から驚かれるのは，先の「広告の定義」記述のAタイプに加えて，現代の日常語では「公言する・大っぴらに知らせる・はっきりと示す・自慢する」（徳富蘇峰，利光鶴松，芥川龍之介，菊池寛，直木三十五，太宰治）の意味と推論できる用例が少なくないことである。これは，やはり小林が先に述べていた「送り手の広告行為」の中の動機が指し示され，もってPRの意味を持つ論理と考えられることが確認できる。Aタイプの用例観察では，現代のSNSに相当するような，個人が（新聞等に）出す人探し・意見広告（坪内逍遥，有島武郎）も散見され，「社会に広く告げる」という原初的なあり様が確認できる。

　また，堀辰夫の用例は，象がちんどん屋よろしく飾り立てられ街を行くことを広告と称しているが，まさにこれなどは「キャラクター」そのものが既に広告と扱われている事例であることに驚かれる。このように，日本の広告はもともとが英語圏で言うPRに相当することが分かる。

　したがって，日本の近代社会の文脈では，ゆるキャラが広告である，と言って何ら違和感も差し支えもないのである。

表2－1－2　社会的言語としての「広告」用例事例[5]

	記述内容	
『日本国語大辞典』第二版[6]の掲げる用例事例	（1）世間に広く知らせること。ひろめ。＊音訓新聞字引（1876）＊郵便報知新聞（1883）「伊勢新聞の紙上をもって縁談**広告**と大言して，〔略〕**広告**したる其翌日」＊当世書生気質（1885～1886，坪内逍遥）「新聞紙へ**広告**を致しまして，百方さがしましたが」＊将来之日本（1886，徳富蘇峰）「而して今日においては彼の兵備なるものは独り生産を保護するの必要品に止らず。また生産機関の勢力を天下に**広告**するの驕奢品たるが如きの状あるは実に吾人か尤も奇異の現象なりとして観察する所のものなり」＊政党評判記（1980，利光鶴松）「文章の巧拙を披露し，学問の浅薄を**広告**すると同一なることは」＊坊っちゃん（1906，夏目漱石）「幸い物理学校の前を通り掛かったら生徒募集の**広告**が出て居たから」＊侏儒の言葉（1923～27，芥川龍之介）「その為に一言**広告**します。尤もこれを公にするのはわたくしの発意ではありません」	
	（2）商品や興行などを世間に知らせるために宣伝すること。商業上の宣伝。また，その文言など。＊東京風俗志（1899～1902）「商家の開業は特に盛にす。或は先ず新聞に**広告**し，引札を四方に配り」＊家（1910～11，島崎藤村）「芝居の**広告**の幟（のぼり）が幾つとなく揃（そろ）って，二階の欄（てすり）の外を通り過ぎた」	
近代文芸の中の「広告」用例事例	有島武郎「或る女」（1911～1913，M44～T2）	この日髪の毛の濃い，口の大きい，色白な一人ひとりの青年を乗せた人力車じんりきしゃが，仙台の町中を忙せわしく駆け回ったのを注意した人はおそらくなかったろうが，その青年は名を木村（きむら）といって，日ごろから快活な活動好きな人として知られた男で，その熱心な奔走の結果，翌日の新聞紙の**広告**欄には，二段抜きで，知事令夫人以下十四五名の貴婦人の連名で早月親佐（さつきおやさ）の冤罪（えんざい）が雪（すすがれる）事になった。この稀有（けう）の大おおげさな**広告**がまた小さな仙台の市中をどよめき渡らした。しかし木村の熱心も口弁も葉子の名を**広告**の中に入れる事はできなかった。
	菊池寛「真珠夫人」（1920，T9）	「勝彦！　勝彦勝彦と，貴女あなたはよく口にするが，貴女は勝彦を一体何だと思つてゐるのです。もう，一月以上此家にゐるのだから，気が付いたでせう。親の身として，口にするさへ恥かしいが，あれは白痴ですよ。白痴も白痴も，御覧の通とほり東西も弁じない白痴ですよ。あゝ云ふ者を三越に連れて行く。それは此の荘田の恥，荘田一家の恥を，世間へ**広告**して歩くやうなものですよ。貴女も，動機は兎も角，一旦此の家の人となつた以上，かう云ふ馬鹿息子があると云ふことを，**広告**して下さらなくつてもいゝぢやありませんか。」
	直木三十五「大阪を歩く」（1933，S8）	「大阪を歩く」前篇は，いい評判であったらしい。 （本紙の社長，前田氏は，よかったよ，と，云っていたが，らしいと疑問にしておくのは，文筆業者の，奥床しさ，というものである） だが，前篇がよかったからとて必ずしも後篇もいいとは云えない。大抵のいい物でも，続々何々になると，きっと面白くなくなってくるのが，常である。

		然し，私は前篇に於て「歩く」つもりをしていながら，歩かなかった。つまり，卓文を書いている内に，約束の十回が終ってしまったのである（前田氏は，十回で，大阪中を歩かせるつもりだったが，そうは行かない。こう見えても，通り一遍の大衆作家で無く，いろんな事を心得ているのだから——と，これは，文筆業者としての，**広告**である）。
堀辰夫「鳥料理 A PARODY」(1934, S9)		向うの町角の方が急に騒がしくなる　なんだか人が大勢集っている　私は見上げていた木の傍そばを離れてそっちの方へ何時の間にか歩き出している　何か珍らしい行列が向うの町から徐しずかにやって来るらしい　あんまり皆が夢中になって見ているので私も人々のうしろから背伸びをして見ている　とうとうその行列が近づいて来たようだ 象だ！　象だ！　象だ！　大きな象がたった一人で，無頓着むとんじゃくそうに，のそりのそりと鼻をふりながら歩いて来る　象の皮膚はなんだか横文字の新聞を丸めたのをもう一度引き伸ばして貼りつけたように，皺しわだらけで，くしゃくしゃになっている　その背中には真紅な毛氈（もうせん）が掛っている，そうして尚（なお）よく見ると　その毛氈の上には小さな香炉（こうろ）のようなものが載さっていて それから一すじ細ぼそと白い烟けむりが立ち昇っている　何かの**広告**であるらしいがそれが誰にも分らないらしい　隣りの人に聞いてもそれは分らないのが当り前だと云うような顔をしている
永井荷風「墨東奇譚」(1937, S12)		東京音頭は郡部の地が市内に合併し，東京市が広くなったのを祝するために行われたように言われていたが，内情は日比谷の角にある百貨店の**広告**に過ぎず，其店で揃（そろ）いの浴衣（ゆかた）を買わなければ入場の切符を手に入れることができないとの事であった。
太宰治「ヴィヨンの妻」(1947, S22)		酔っても，別に馬鹿騒ぎをするわけじゃないし，あれでお勘定さえきちんとしてくれたら，いいお客なんですがねえ。自分で自分の身分を吹聴するわけでもないし，天才だのなんだのとそんな馬鹿げた自慢をした事もありませんし，秋ちゃんなんかが，あの先生の傍で，私どもに，あの人の偉さに就いて**広告**したりなどすると，僕はお金がほしいんだ，ここの勘定を払いたいんだ，とまるっきり別な事を言って座を白けさせてしまいます。あの人が私どもに今までお酒の代を払った事はありませんが，あのひとのかわりに，秋ちゃんが時々支払って行きますし，また，秋ちゃんの他にも，秋ちゃんに知られては困るらしい内緒の女のひともありまして，そのひとはどこかの奥さんのようで，そのひとも時たま大谷さんと一緒にやって来まして，これもまた大谷さんのかわりに，過分のお金を置いて行く事もありまして，私どもだって，商人でございますから，そんな事でもなかった日には，いくら大谷先生であろうが宮様であろうが，そんなにいつまでも，ただで飲ませるわけにはまいりませんのです。

注

（1） 水野（2004，改訂版2014）では，マークに関して従来の広告効果や広告計画のDAG-MAR的な段階的説得モデル論理が通用しないことを梃子に，「受け手の能動性・個別性」や「断片的・部分的な認知も効果と捉える」21世紀的な広告効果モデル（本書3章5節のインテグレーションモデル）への論理回路を示した。あわせてご参照願えれば幸いである。

（2） 金子・中西・西村（1998）の「広告」の項執筆。

（3） 亀井・疋田編著（2005）の亀井が執筆する第一章中の記述。

（4） 水野（2006）では，広告か広告でないものかの境界領域の変化に着眼し，主としてマス・メディアの中の社会現象を「拡大広告研究」として観察・批判した。

（5） 水野（2013）では，この広告と宣伝の通時的な言説観察を行い，実践の批判を試みた。

（6） 1915年に始まる上田万年・松井簡治による『大日本国語辞典』（金港堂書籍・富山房）の後継事業として小学館が発行する日本で最大規模の国語辞典である。第二版は，初版完結の1976年から24年の歳月を経て2000年から2002年にかけて刊行された。第二版は全14巻（本編13巻，別巻1巻），50万項目，100万用例を収録，（株）ネットアドバンスがオンラインで図書館や個人に契約で利用可能なサービスも行っている。

ゆるキャラを含む「広告」を一般化する

1　一般化の必要性と可能性

　さて，以上見たように「日本的広告」は，動機と公言を原初的に持つ英語圏の言う PR だった。そのことを踏まえれば，過渡期の「21世紀的広告」状況がどうなるのか，が分かるのだろうか。当然そんな魔法のような話はない。それは昭和20年代 GHQ 占領期に，PR を日本に紹介すれば，自動的に企業がアメリカのように（少なくとも株主，地域コミュニティ，労働組合等に対して）「民主化」すると考えた短兵急な理想主義と変わらない。[(1)]

　したがって，議論は一般的ながらもなるべく具体的な状況に即し以下，より一般化された日本的な意味での広告が，どのような現象と問題を扱わなければならないか，について検討してみたい。

2　どのような現象を過渡期と呼ぶのか

　表2-2-1は，現代的な混迷を示す広告ないしは控え目に言って類似行為の例である。

　過渡期とは，様々な領域の様々な対象と内容を持っている。それは，たしかに「世帯視聴率１％をいくらで売買するのか」といったことに象徴される20世紀的な広告ビジネスから見れば，はるかに複雑で混迷と言えよう。少しく描写をすれば，１）の TikTok の持つ混迷とは，たしかに多くのネットと携帯ユーザーが接触する，誰もがコンテンツをアップしうる世界的なエンタテインメントでありコミュニケーション・ツールだが，企業がアクセスを目的としても，短期の販売促進に終わりがちなこと。加えて，広告ビジネスとして，自らがコンテンツを製作・アップし続ける YouTuber なる存在もありながらも，収益の確保は未だにプラットフォームである Google や TikTok に比較すれば，いわば「手のひらの上のこと」以上ではないことも挙げられよう。

　その２）Google は，検索抜きでは人々の日常生活，移動，仕事，学習などが困難とも思えるほどに浸透を示す。多くの大学図書館も Google に所蔵品のデジタル・アーカイブスを公開するような社会的定着も示した。しかしその一方で，

表2−2−1　現代の広告類似行為事例⁽²⁾

1）TikTok で，インフルエンサーが拡散，推奨を行い自らも売り手となり収益を上げることもあること
2）Google の検索結果が，SEO（Search Engine Optimizer）技術によって操作され，一般の人々が上位結果のみをクリック
3）ゆるキャラが，様々に使用されたり，LINE においてスタンプ（キャラクター）がプロモーションをあたかも登場人物のセリフとして行うこと
4）ステマ（stealth marketing）と呼ばれるネット上の「報酬を得て対価を得ていることを隠して書きこまれる口コミ」（2023年より景表法で違法）
5）ネット上の閲覧履歴や受発信メール内容によってターゲティングが行われ，当事者が理解しないままに，特定され「行動ターゲティング広告」に晒されていること（「同意」自体も何への同意なのか分からないのが通常）

筆者作成。

　その検索結果の上位に入ることは「誰かの操作」でありえるし，また表示の順序アルゴリズムは，ビジネスモデル上非公開のままである。多くの人が頼るという意味での「高い公共性」の陰で「私企業性」が公開されずに張り付いている。混迷はこのように本質的ながらもひとり Google の多角化と収益は伸び続ける。

　3）ゆるキャラは，大宅壮一が存命ならば「一億総幼児化」とでも名付けたであろう。青木（2014）は，ゆるキャラを多面的に分析する中で，非論理的なコミュニケーションもその特性とする。精緻化（情報を詳細に整理・検討・吟味すること）の余地がないのである。好意を得たキャラクターが他の問題を隠し，多くの被害者を生んだ英会話教室の事件が忘れられていることは，また全く違う位相で社会的に混迷と呼びうる。

　4）ステマ，さらには「炎上マーケティング」は，ある年齢層以下のネット・ユーザーには日常用語に近くなってきた。しかしながら，詐欺的で犯罪的という評価や，お小遣い稼ぎあるいは一攫千金という香具師的な性格など，それはそれでいずれも後ろ暗いイメージをともないつつ日常語となった点，やはり問題があろう。ネット上の口コミが健全なビジネスになるまでにはまだ混迷状況ではないか。ステマやアフィリエイトには，大きく「広告全体への社会的信頼を失わせる」作用もある一方で，新聞社サイトすらアフィリエイト広告を掲出し収益を得て，広告とは別途，自社の収益にしているケースがある。このことも過渡期の混迷と形容できよう。消費者庁がアフィリエイターにも薬機法上の責任をようやく示し，リンクを張っただけ，という無責任な収益狙いにも法的責任を持たせたの

は，ようやく2020年代になってからである。

　5）は，たとえそれを望まないネットあるいは携帯・ユーザーに「Opt-in（同意，承諾）」の仕組みを作っていようが，その手続き画面が英文であったり，提携企業の多さから「必ずしも全数の Opt-in ができなかったり」，またそれ以前にその仕組みが理解できない高齢者など，情報弱者への視野に欠ける。だいたい「オプトアウト」と「クッキーの同意」の意味が分かる一般人は極めて少数である。いや，分かる方がおかしいと言うべきである。あまりにも生活者を送り手業界は馬鹿にしていないか。ロールズの正義論でいう「もっともそのことで弱者となる視点」（無知のベール）での取り組みを欠きながらも，ついにネット業界の広告は，マス広告を抜く規模にまで成長した。このことも過渡期の混迷と言えよう。

　つまり，本来的に PR であって，C タイプの理念・理想に向かうべき「日本の広告」が，ビジネス上の収益の公正さにおいても，社会的支持を得るための理念においても，混迷状態なのである。

3　問題の構図

　21世紀的な広告環境を考えるには，筆者の視点は管見でしかないが，先の見通せない過渡期の混迷とは，要は均衡・安定した「次の構造が見えない」問題である。これを考える手掛かりとして，生活者・送り手（広告主）・メディアの三者の影響関係マトリックスを用いてみた。なぜならば，具体的な変化はそれらプレイヤー（業界・企業の水準はこの中でさらに分かれるがここでは抽象化し）間の関係の中で示すことが可能だからである。

　具体的・個別的な技術問題は，あくまでも部品であり，生活を技術が変える，という見方よりも，どのような生活が欲されているからどのような技術が社会的に一般化するのか，と見る見方に妥当性を見る。夜も明るければ都会生活が楽しい，と思うからエジソンによって「街灯」も「電気」も実用化したし，この間「ガス灯」が「電灯」と競うような存在であり，場合によっては「ガス灯」が夜の明かりの標準になっていたかもしれないことも，社会変化を技術決定の結果と見る見方の限界と「社会・技術の相互関係」という見方の妥当性を示す。近年の事例では LINE がある。そこには新技術はむしろ何もなく，先行した，掲示板，インスタント・メッセージあるいはチャット，Blog といった一連の「それは何

表2-2-2　生活者・送り手・メディア三者における今日的かつ構図的な論点

	生活者→	送り手→	メディア→
→生活者		コミュニケーションとエンタテインメント等のウエイトの増すマーケティング・オファーの変化（a）	ネットとスマホがもたらしたユビキタス情報環境（b）
→送り手	受け手がどのように送り手と広告を捉えるのか，に関する議論（c）		ユビキタスを前提とした新たなコミュニケーション計画の要請（d）
→メディア	スマホ・ウエアラブルデバイス等の消費時間の爆発的な拡大（e）	既存マス媒体離れとネット広告への傾斜（f）	

筆者作成。

であるか，という基礎知識」が，LINEを安心させて理解させ，もって急成長させた，と考えられる。技術が優れているから自動的に社会に普及するものではない，という論理はE.ロジャーズ以来の「普及研究」の基本スタンスである。

　さらに，おそらく「ゆるキャラ」は，何がしかの社会的なブレークスルーを示している社会現象であって，明らかに新技術ではない。その適切な運用が充分に認識でき，より大きな構造の中にブレークスルーが出来れば，関係者は自信を持って「次の時代の広告コミュニケーションとはこれだ」と言い切れるのではないか。その構造が見えないと考えられるのである。

　議論のための表2-2-2を掲げる。

　プレイヤーの相互関係から構造的な不祥問題を見ると，表2-2-2のような記述が可能となる。表頭（○○○→）を影響の「原因側」，表側（→○○○）を「結果側」と措定したものである。ここで書いた「送り手」とは広告主企業の意である。

　基本はプラットフォーム，アプリ等のメディア企業が，携帯ゲームや動画等のサービスを提供し，生活者の膨大な時間を占拠した。これが（b）と（e）の対偶関係の2つのセルの表していることである。スマホは21世紀のアヘンとは，誰が言ったのか定かではないが至言である。「スマホ認知症」なる言葉も，世にスマホが出はじめてから10年以上もたってようやく出た。

　この流れから，一部ゲーム・メーカーやソフト・ウエアやネット通販事業者を別とする一般の広告主企業は，デバイスに釘付け（釘漬け，か）になった生活者

に対して，何とかしようとして（f），さほど手ごたえもないような（YouTubeの本編開始前 4 秒の必ず飛ばされる CM を思い浮かべればいい）広告出稿を強迫観念に駆られ，ネット系プラットフォーマーの隆盛に引っぱられて（d）広告を行っているのではないか。（f）と（d）という 2 つのセルの組み合わせとは，（b）と（e）関係の先行進行に付いて行けない多くの（非獲得系と名指される）広告主企業の今の広告実施である。

　不足している知識や充分ではない認識の基本的な枠組みは，明らかに（c）（a）にある。要は，メディアと生活者の関係について行けない多くの広告主企業が，その興味のないことはすぐに飛ばせる情報環境にある生活者（a）に対して，自社からのメッセージに振り向いてくれなくなって「どう付き合えばいいのか分からない」（c）のである。これが太線で囲った21世紀の広告状況が混迷する問題の中心である。

注

（1）　水野（2000）では，GHQ 占領期において，PR が企業のためのもの，とその概念紹介を行った広告会社からは目されながらも，行政に取り入れられた，そのすれ違いを原資料により確認・指摘した。

（2）　水野（2012）では，広告の定義的認識に関して，社会環境とのコンフリクトという境界面から帰納的に描こうとした。

20世紀の残滓としての「数」論理への過度の信仰

　なぜ「さほど手ごたえもないような広告出稿を強迫観念に駆られ，今どきのネット系プラットフォーマーの隆盛に引っぱられているのか」という問いを，どう考えればいいか。

　たしかにその後，獲得系と呼ばれる CTA（Call To Action ＝行動喚起）広告からネット広告は始まった。極めて少数の「ロングテール」と呼ばれる広告主が，テレビや新聞のような多額の広告費を掛けずに，適切な「検索されるであろうコトバ」を Google で買っておけば，ダイレクト・マーケティングができる，これがネット広告の始まりである。自動車を初めて買う人が，契約時に急に「実印なるものが必要」と言われて，どこでどうやって入手すればいいのか分からない際に，緊急制作を謳う「ハンコヤドットコム」が全国から大量の受注を得たのが，日本における「検索連動広告」の嚆矢である（村上，水野，2021）。その後，通販型の損保など様々な通販に CTA 広告が広がっていった。これが00年代のネット広告の正史である（さらにいかがわしい黒歴史はもちろん別途存在する。終章）。

　詳しくは後述の第3章3節で述べる「数」への過度の信仰がある。露出すること自体が価値，という或る種のプリミティブなことのもたらす結果が無視と回避（忌避）を生んでいる。ヒトはパブロフの犬扱いされるべき存在か。

　より包括的には終章で扱う。

　本節は扱う内容と筆者の志向から，やはり理念的に終わったうらみがある。しかしながら，20世紀の広告観が21世紀の社会環境，情報環境に適応しないならば，時代や技術に原因を帰するだけではなく，やはり広告に携わる者自らの「広告観」を反省するべきなのである。

　AI によって広告の仕事がなくなる，あるいは人手を要さなくなるとする説がある。筆者はむしろ殆どの作業が AI に置き換わり，真の広告のタスク（課業）が正しく人間に残ると考える。真の広告のタスクとは，表2-3-1の右の列に立脚する。その責は AI を使う人間の負うべきことであろう。

　表2-3-1を以上の議論からの示唆として本稿の結びに代える。

表2-3-1　広告観の相対化

	20世紀的広告観	21世紀的広告観
範囲	送り手のマネジリアルな範囲	一連の社会的コミュニケーション・プロセス
視点	受け身のターゲット・オーディエンスへの大数の効果・影響	コミュニケートし環境を意味付けていく人間中心
中心	管理可能な「メディアと製作」の計画と実施	受け手の認知・記憶の構造の変化結果にいかに広告が寄与しうるか
論点	宣伝ではなく広告	広告（物）よりも広告コミュニケーション
望ましくない結果	味方のないマーケティング	無視と回避（忌避）

筆者作成。

第3章　広告効果とは販売効果のことか

 モノを買うとは簡単なことか

1　モノを買うとは簡単なことか

　スマホショッピングで，コンビニで，衝動買いをすることは，簡単なことである。

　とはいえ，純粋な衝動買いは買いものの何回に一回だろうか。

　あるいは，一見衝動買いと思えることも，例えば婚約指輪にダイヤモンドを買うことがあっても（これまた高額だが）エメラルドは買われない。まるで知らないメーカーとよく知っているメーカーなら，まるで知らないメーカーの缶飲料にはまず手が出ない。宅配ピザも実は，悪い評判のトコロはヒトは避ける。

　実はモノを買うことは，それまでのその人の経験や知識，さまざまな社会的なコミュニケーションの結果なのである。哲学的にも「欲望は他人の模倣」とされる。自分自身の乳幼児以来，現在までの欲望を考えれば社会的にそれらすべてが作られていることは明らかである。

　このような中で「ブランド論」が1990年代半ば以降マーケティング研究の中でひとつの焦点となり，広告効果をめぐる議論においても大きなインパクトを持ち，その後のマーケティング研究の柱となっていった。一方，一部「ブランド論」と重なるところもある IMC の認識が醸成されつつも，当然確立するべき「IMC 効果」という言葉が広告効果を包含するような形で使われる段階には未だ至っていない。また1980年代以降情報処理パラダイムによって変化を遂げた消費者行動研究の知見や認知心理学，記憶研究等の知見を総合する形で1997年に仁科貞文らによって開発，報告されたのが統合的広告効果モデル（インテグレーションモデル：本書3章5節に要約）である。ただその「統合」と IMC の言う「統合」は

一部重なりながらも必ずしも同じ視点によるものではない（シュルツら（1998）
はROI（投資収益率）をIMCの議論にも持ちこむが筆者は疑問である）。こう
した研究潮流の交差する今日，IMCとその効果に関する論点を探索的にではあ
るが整理する意義が認められよう。これが本章の課題意識である。

　具体的には，従来の広告効果の考え方ではなかなか説明し難かったいくつかの
事象，領域をまずエピソード的にいくつか挙げる。IMCの提唱される昨今，こ
のうちのいくつかは既に議論の俎上に載せられインテグレーションモデルで解題
されている。しかしながら体系的な効果の考え方というには，いまだ精緻化が十
分ではないものも含まれている。本節の議論もその途上にあるとしか言えないが，
近い将来には結実するであろう「IMC効果論」に向けて，そうしたエピソード
が提起する解題の視点を最後に挙げ，今後の議論に供する。

2　エピソードとしての「マーク」

・古くて新しいツール　終戦後占領期，新橋駅前（おそらくは烏森口）には「広
告広場」と称する高さ3階建ての建物程度，横幅30メーターほどの掲示板があっ
たという。[2]この掲示板には「日本が誇る最高マーク」という文字が上部に書かれ
ており，11社の企業名のロゴマークが掲出されていた。解像度の悪い写真図版か
らではあるが，マルハの大洋漁業，三越，カルピス，第一生命などが広告主とし
て認められる。その後高度成長期以降度々，新聞広告では連合企画広告として
「企業の商標，マーク」を数十社集め，社名を答えさせ葉書で応募させる形式の
懸賞クイズを行っている事例もある。このような広告に記憶のある方も多いだろ
う。ノベルティ，ギブアウェイの小物類（筆記用具，手帳，台所用品等々）に企
業マークやブランド・マークだけが名入れされているのも古くから今日に至るま
で一般に観察される。「トレード・マーク」または「登録商標」という言い方が
伝統的な企業マークについての認識であった。70年代から80年代にかけてはCI
（コーポレート・アイデンティティ）がブームとも言える様相を呈し，この中で
企業マークはVI（ビジュアル・アイデンティティ）として再び注目されたので
あった。

　ブランド論の中では「個別事業領域に個別ブランドを持つ複数事業」をもとも
と持ち，またM&A（合併や買収）によって境界線が変わりがちな欧米の巨大企
業に比べて日本企業は企業ブランドを重視していることが指摘された。[3]

産業全体のソフト化，サービス化そし
てデジタル化もこのVIの重要度の増加
に関しては順方向の圧力となっていると
考えられる。例えばファースト・フード
やファミリーレストラン，またコンビニ
エンス・ストアやATM（現金自動引き
出し機，特にそれが銀行の店舗外に単独
で設置される昨今において），また居酒
屋，旅行代理店，消費者金融，宅配便，
英会話学校，予備校，パソコンスクール，
エステティックサロン，マッサージ，カ
フェ等々の最近20年間で拡大した諸々の
対個人サービス業小売業チェーンでは，
その提供しているベネフィットの束の多
くが無形であるから「サービス・マー
ク」が無ければいったいどの企業のサービスであるかが全くわからない。

関連事例3

大型家電量販店の壁面は取扱いメーカーなど
で一杯であったが，近年「アマゾン効果」で一
時期よりは減っている（2023年筆者撮影）

　また一方，様々なイベントでもVIを「シンボル・マーク」として使用するこ
とも一般化した。70年の大阪万国博覧会の桜をデザインしたそれがやはり大々的
な使用の嚆矢であったように考えられる。オフィシャル・スポンサーか否かでそ
の使用には許諾が主催者側からなされ，その後のオリンピックやスポーツのビッ
グイベントにおいて同様の仕組みが踏襲されている。スポーツ・マーケティング
という実践領域もその後成立した。様々な地方博，イベントでも同様で現在に至
っている。

　ISO（国際標準化機構），「日本経営品質賞」また以前からのデミング賞等の何
らかのオーソリティからの認証，許諾においても同様である。認証，贈賞がなさ
れた企業にのみ，様々なマーケティング・コミュニケーション，またコーポレー
ト・コミュニケーション上，この認証マークの使用が許される。

　インターネット上においても，プロバイダー，検索エンジン，ショッピングサ
イト等，様々なサイト名，サービス企業名は「ロゴマーク」で表現される。もと
もと時空間を離れ，情報のみをネットワークし，トラフィックを促し，再訪問，
トランザクションを確認・遂行させるのがネット上のビジネスであるから「ロゴ

マーク」が唯一のサイト・アイデンティティとなる。もともとのマッキントッシュ・アップル，そしてウインドウズのパソコン的な表現が「アイコン」によってなされ，その後のスマートフォンの「アプリ」，地域キャラクター（ゆるキャラ）へと続く，と考えられるのである。

このように第二次世界大戦後の流れをトピック的に概観するだけでも，古くて新しいマーケティング・コミュニケーションのツールとして「マーク」が使用されていることは容易に分かる。しかしながら一方，この支配的とも言えるツール使用に関してその効果性をどのように測るかはいまひとつ体系化なされていなかったように思える。

• ブランド・コンタクトとパターン認識　IMC ではシュルツら（1993）が当初から「ブランド・コンタクト」という概念を提唱し，様々な媒体，手法を統一的な露出・接触という効果でくくることを視野に入れた。例えばブランドの VI を大きく入れた T シャツやスタジアムジャンパーをプレミアム・キャンペーンの景品として配った場合，入手者はそれを着て街を歩くので，そのツール性は単なるプレミアム・キャンペーンの景品を越え，プレミアム・キャンペーンの告知から見れば二次的に，再度 IMC 情報発信源となる。この T シャツを着る人数，着る日数，見るであろう人の数などが積算され「ブランド・コンタクト」の数が試算される。T シャツがマス広告や他の媒体広告と同じ土俵で，数量化されコスト効率が判じられる，という主張は新鮮であった。

文字や音声による言語を前提にしてその理解力や使いこなしの能力を「リテラシー」と呼ぶことが日本語でも一般化しているが，本質的にブランド・マークという図形情報はパターンとして認識され言語を前提とするコミュニケーションに比べて，受発信のスピードが速く，論理性を欠く特徴がある。図形，画像などについては「リテラシー」と言うよりも別の処理がなされるので「パターン認識」という方が適切ではないか。これに着眼して考えると，仮に AIDMA やダグマーが「広告リテラシー」を扱った，と考えればそれに対して，マーク等の図形や図像を測る考え方は，「IMC パターン認識」とでも言った概念化がその効果性の議論においても要請されるのではないだろうか。

例えばダグマー（AIDMA でも AISAS でも同じだが，それらを含め本書ではダグマーと呼ぶ）において「知名（awareness）」とはたいていの場合「再生（recall）」または「再認（recognition）」として測定されるが，マークの再生（つまり

対象者にマークの絵を描かせること）はたいていの場合調査では不可能である。また「再認」についても社名やブランド名など言語になっているものの再認は測定が容易いが，それでも誤認は一定以上の割合で混入するのが一般である。ではことマークの再認となると，「正確な再認」はどう考えるべきであるのだろうか。知能テストのようによく似てはいるが実際は正解とは微妙に違う（例えば実際には使用されていない色やデザインのもの）ダミーを並べた「リスト」を提示して正答率を測定するべきであろうか。おそらくそのような厳密な所作は実務上も研究上も殆どなされてはいないだろう。むしろ「見たような気がする」「よく見掛ける」といういくぶんはあいまいな状態で十分に効果は挙がっているのであろう。

　このような思考実験を行うゆえんは，おそらく新発売のブランド名をゼロから再認50％にまで高めるための標準的なコスト（例えばテレビCMのGRP 3000％）に比べて「マーク」の再認率はより少ない接触回数（低い金額）で達成可能，と考えられながらも殆ど議論されていなかったからである。[4]たいていの場合，ビジュアルの再認率が言葉の再認率に先行する形で受け手の記憶は形成される，と考えられよう。ただこの場合，当然ながらマークの顕著性，差別化の度合いが問われる。何か既存のマークと似たようなものは，当然ながら「誤認」を引き摺りながらその後も推移せざるをえないだろう。

・店頭状況からのサポート　具体的なスーパーマーケットやコンビニエンス・ストアの店頭での記憶と商品パッケージ，POP等とのインタラクションを考えれば，この議論が的外れではないことが再確認される。[5]例えば新製品の場合，店頭での「購買情報処理」はまさしく「何となく見たことある」とか「あれっ？これテレビコマーシャルでやっていたあれかな？」と店頭刺激によって内部の記憶を検索し，活性化しながらパッケージを手に取るのである。

　もちろん「何となく見たことある」というパターン認識の望ましい状態は単一媒体や手法でよりも，複数の媒体や手法でより達成されるであろうことだから，単純には上記の例のようにテレビCMのGRPにおいて効率的に達成される，とは言えないものの，多くの「広告効果」の議論の中でこの視点が手付かずであることを指摘する。

　広告効果の議論の中では，このことは「単純接触効果（mere exposure effect）」と呼ばれていることと関係するようである。[6]何らの心理変容が観察されなくとも，IMC源泉への接触があれば，ない場合と比較して効果が見られる。記憶の研究

上は「プライミング」と呼ばれるタイプの記憶が成立しているとされる。単純な学習実験においても，実験前に提示された綴りは提示されない綴りに比べて有意に記銘効果を生じるとされるのがそれである。自覚は伴わなくとも「見たような」ものはそうでないものよりも処理されやすくなるメカニズムである。

　現代における高密度の買い物空間の典型であるコンビニエンス・ストアでは30坪の売り場に3000アイテムの商品が並べられる。大量の商品が目で1秒間に何十も「スキャン（scan）」されるような購買行動が容易に想定される。考慮集合がいちいち形成されたり，ブランドの理解や好意が問題になる，といった考え方の有効性が問われる。一方1カ月間に東京の民放地上波5局のCMは概数で12万本2400ブランドにのぼるが，本数比で約4割，ブランド比で約27％がこのコンビニエンス・ストアただ1チェーンの任意の5店舗で入手可能であった。おそらくどのような歴史的視点を持ってしても，国際比較の観点からも，一小売業態での購買がこのような幅を持ち，またCMという消費情報との重なりを濃く持った事例は無かったのではないだろうか。

　一方で基本機能には殆ど差の無い技術的な頭打ち感が多くの消費財には感じられている。スーパーマーケットやコンビニエンス・ストアにある商品にはもはやメーカー間の機能差が殆ど観察され難いし，予期されていない状況もある。

　かろうじてVIのパターン認識だけがブランドの同定を可能とさせているような購買状況が既に起こって21世紀の日本の消費を形成しているのである。

• IMC計画への示唆　このことのインプリケーションは，IMC効果に新たな視点が要請されることに留まらない。まず「IMC計画の目標」や「統合の視点」が変わる。もちろん単にマークの再認率を高めることそれ自体が最終目標にはならないが，コンビニエンス・ストアで販売される商品パッケージに，他のIMC源泉からの情報で発信したものと同定可能な形態要素が充分に視認・同定可能な状態で入れられているかどうかの検討や，媒体，手法をまたがってマークが効果的，効率的に用いられているかどうかが問われよう。不適切な実践が驚くほど多い。

　パターン認識を自覚して考える際には，マークと認識される以上のものが含まれよう。色やマスコット・キャラクターなども当然該当するだろう。何十年にもまたがる「広告の超長期記憶」の存在を一般に明らかにした歴史的研究においても，桃屋の「三木のり平アニメ」，サントリービールの「ペンギンアニメ」，日本

食研の「晩餐館」の牛の着ぐるみ，リクルートの「やり貝」，ヴィックス・ドロップの小鳥，NTTのカエルコールの「蛙」等の事例において，そのキャラクターが長期にわたって記憶され，ブランド連想の大きな彩りを形成し，最大30年以上もの間影響力をもっていることが明らかとなった。

　ブランドに比べて，こうしたキャラクターといったIMC表現の一要素の取り扱いにおいては，媒体，手法をまたがった一貫性もさほど検討されない場合も多い（例えば店頭ポスターだけ，マス広告だけの起用等）し，また長年にわたって採用し続ける価値があるかどうか，という点でも「飽きれば変えれば良い」と認識される場合もあろう。一方，先に挙げたように長期にわたってブランド資産の一部にまで繰り上がるケースもある。

　一概に，一貫性を持たせること，続けることイコールIMC上手とは限らないだろうが，少なくともこうしたキャラクターの取り扱いにおいて慎重さを欠く場合，IMC組織のコンピテンシーは不足している。

3　エピソードとしての「受け手の能動性」

・莫大な大脳の記憶能力と認知反応　先に説明したようにマークに象徴される断片的なIMC記憶であっても，ブランド連想に付け加わったり，店頭での購買時点で記憶が活性化し検索されればIMC効果であることは，従来の単線形の段階的な広告効果モデルでは殆ど無視されていた現象である。断片的な記憶には，マークのような図像の他，タレントの顔（顔は知っているが名前は分からない，ということも往々にある），シズルカット，風景といった画像，また音楽のワンフレーズ等いろいろなものがあてはまる。

　広告を含めたこうしたIMC源泉の情報に対しても，人間は「実に莫大な情報処理能力を持っている」ことも分ってきた。

　具体的には「我々はテレビCMを見てなぜか瞬時（零コンマ何秒かである）に『このCM前にも見たことがある』か『このCM初めて見た』と判断が可能である」場合が一般に確認できる。これは考えてみれば極めて不可思議なことである。瞬時に「タレントの顔」や「音楽」「情景」といった断片的な情報要素から，大脳内に蓄えられた数千から数万以上のCM記憶と「照合して」「合致するものがあれば『これ見たことある』『これ見たヤツ』とされ」「合致しなければ『見たことない』『はじめて見る』と判定される」のである。

この大脳内の瞬時の検索は，インターネットの検索（画像検索）機能をはるか
に越える。なぜならば，検索される要素は「テキスト・データ」ではない（イン
ターネットの画像検索も画像のキャプション：文字を検索している）。極めて断
片的な画像や音楽のほんの一部を検索・照合するのである。その検索要素の一部
でさえ同じCMについて皆が同じ検索子（手掛かり）とはしていないだろう。
個人差もある。これを高度な情報処理と認識し，莫大な大脳の記憶容量を想定す
ることは想像を絶することである(11)。

　数万以上の検索としたのは，既に触れたように30年以上も広告記憶が存在する
ことからも傍証される。もちろん事実上数日以上記憶が継続しないような記憶も
あれば，超長期にまで至る記憶もあるからこうした実証は殆ど無理である。しか
しマークや図像，画像にまで視野を広げれば「見たことある」というマーケティ
ング・コミュニケーション要素の記憶は少なく見積もっても数万，数十万の記憶
容量を想定することは論理的に可能なのである。

　それに加えて重要でありながらも，同じように従来の単線形の広告効果モデル
では無視されていたもうひとつの事象に広告等IMCに接触した際に起こるもう
すこし自覚に近い心理的な反応の記憶がある。断片的なIMC記憶，広告記憶に
は接触時の心理的な反応（心理学用語では認知反応）の記憶も含まれるのである。
しかしながら実際には単に「含まれる」だけではなく，接触時の心理的な反応の
記憶が一緒にある場合，そうでない場合（要するに見ても何も思わなかった場
合）よりも格段に記憶の保持がなされるのである。つまり，IMC情報記憶は，
接触したときの心理的な反応を伴った場合，そうでない場合よりもより覚えられ
るのである。したがって，先に挙げた断片的記憶の存在を認識することも重要で
あるが，実践的にはどういう反応を生起させ，覚えてもらう確率を高めるか，と
いうことも同様に極めて重要な新しい広告効果の認識である。具体的に事例を挙
げれば，例えば「紙おむつのテレビCMを見ていて，出てくるウサギの着ぐる
みを『かわいい』と思う人は『かわいい』と思わない人よりもよりCM内容を
再生できる」また「その再生は『かわいい』と思った自分の反応記憶と一緒にな
される」といった事例がある。店頭で紙おむつのパッケージに配されているウサ
ギをきっかけにここまで内部記憶が活性化し記憶が検索されれば，ブランド知名
やブランド好意が仮に無くとも広告効果と認識するべきである，ということであ
る。

　ダグマー，AIDMA という従来の広告効果の枠組みでは，IMC 情報に接触した時点のこの種の心理的な反応情報は殆ど枠組みの外である場合が一般だった。ダグマー，AIDMA では「訪問面接調査等の調査時点における」知名なり理解なり好意が捉えられる（AIDMA では後ろの MA しか捉え難い）。つまり IMC 情報接触時点での心理的な反応は，集合調査での CM テストにおいて殆ど「フリー・アンサー」以上の扱いを受けなかった。

　この背景には調査をめぐる奥深い問題が横たわっている。手短に触れると，次のようになる。広告をめぐる我が国の調査データ利用の仕方は，一言で概括すると「質問紙調査で得られた数量データの傍証的な利用」という習慣があった。その文脈で「広告表現の評価」の仕方を規定していた習慣は，5 または 7 段階尺度の SD 法，リッカート尺度の多用による「反応イメージ」の把握であった。例えば「高級な」「おいしそうな」「買ってみたくなる」等々の形容詞群などである。ノーム（過去平均による効果の基準）値が併用され，いわゆる「コマーシャルの出来栄え」や「購入意向喚起」などが現在も評価されている。それ以外の定性的な非構成質問は「オープン・アンサー」「フリー・アンサー」と呼ばれ，補足的な役割しか期待されなかった。つまり，あくまでも測るべきは，広告の制作「意図」がどう達成されたかを反映する形での調査の実施前に設定された「形容詞」で測られた「数字」であった。

　一方，アメリカでは，同じ「広告表現接触による心理的な反応」を，あくまでも「テレビ CM 反応に関する自由記述回答」にまず求め，「商品関連の印象記述量（文の数）」を「反応全体の量」で割る，という手続きがとられていた。[12]

　伝統的な社会心理学では「思考（thinking）」と呼ばれ，昨今の認知心理学的な認識では，何かを経験した際に頭に浮かんだり，連想したことを（既に触れたように）「認知反応（cognitive response）」と呼ぶ。もちろん心の中の「考えていること」全体は「表象（representatives）」と呼ばれ，言語化出来ない音声やビジュアル・イメージ，また漠たる情緒など様々なものがある。つまり厳密には心の中の表象の内「言語化，記述されえたもの」だけを，質問紙法やインタビューでは扱わざるをえないのはもちろんとしても，アメリカの広告調査はこうした（手間は掛かるがより本来的なデータ認識による）認知反応に関する日本とは異なる習慣を保持し表象への接近を自覚していた。

　「認知反応」という言葉とその説明をはじめて聞いた日本の広告実務家が「そ

れはフリー・アンサーとどこが違うんだ」と必ずきく，と言われる。それは「CMを見た際に頭に浮かんだり，連想したこと」であり，特定の「意図」を反映した構成質問の補助手段として認識される「フリー・アンサー」とは，言語化以前の記憶を認識するかどうか，とその結果としての取り扱い認識（「意図のない」取り扱い）が違う，といえる。上述の「調査に関する習慣的な見方」や「意図」に関る当事者だけに，この説明は納得されるまでに時間が掛かる。

　再度，言葉を代え整理すると，**言語化されたものしか扱わない，数量化されたデータが証拠性が高いので欲しい，調査は「意図」の達成の確認である，という三つの認識が自明・暗黙の前提となって，「認知反応」は長らく日本の広告実務家の認識する世界から，広告には関係のないものとして消えてなくなっていたのである。**

• **認知反応は「接する直前」までの記憶と評価によって決まる**　で，実体験として，あるクルマのネット上のバナー広告をスマホの画面にあったとする。1日1人当たり万という単位で晒される消費情報に対して，99.99％は「無視される」。ところが，ほんの0.01％という低い確率で，「何か」を思うことがある。それが認知反応なのだが，そのレアな場合とは「お気に入りのタレントの顔」が見えたような気がした，とか（タレントの顔に対する記憶が呼び起こされている），両親が「そろそろクルマ買い換えようかな」と言っていたことが頭の隅に引っ掛かっていた，とか（生活の中の記憶がよみがえる）のケースである。

　あるいは，実は気に入らないクルマメーカーの広告は「必ずスキップ」される。あるいは「×」を押される。ところが，ほんの0.01％のケースでは，バナー広告がタップされ，当該のメーカーのサイト（ランディング［着陸］ページと呼ばれる）にまで行く場合がある。行って「違和感のない場合」は実はそれまでに培われていたそのメーカーなりクルマブランドの記憶と，整合的である，矛盾しない，「あぁ，これ」と思われる。逆に「違和感」のある場合は，「間違えた」となって引き返すかもしれないし，モデルチェンジの情報があるか，とさらに深いページへ行くかもしれない。

　こうした「何か」，つまり**認知反応とは，実はその接触の起きる直前までに出来上がっていた記憶と評価の状態によるのである。**オトコは（あくまでも購買行動上は）女性用下着の広告は無視する。自分が男であるという自分についての記憶や，関係があるという記憶の中の評価がそうさせるのである。クルマに興味の

ない人には「そもそもクルマの広告や記事に目が行かない」つまり「あったことも覚えていない」こととなる。

　広告や，様々なマーケティングコミュニケーションの結果（パッケージデザイン，ネーミング，ロゴマーク，話題成分名…）との間の「思い付きのような」反応も実は「接する直前」までの記憶と評価によって決まる，とはこのようなことである。広告効果とはこうした状態を指すのだ。

　したがって，広告などの情報に対してですら，実は「思い付きではない」から，いわんや「衝動買い」をや，と言うこととなるのだ。

・認知反応の実態　たとえばこのCMなどの動画広告に対する認知反応は「広告表現に直接関連する反応」「ブランドに関連する反応」「ニーズに関連する反応」「購買行動に関する反応」「社会規範に関する反応」等が含まれるとされる。つまりある動画広告を見た際に「そうだよな〜」と同意，共感する場合，また「今出ていたタレント，うちのいとこに似ているな」等は「広告表現に直接関連する反応」であり，「買ってみたい」等は「ブランドに関連する反応」，「その銘柄でなくともとりあえず今晩ビールが飲みたくなった」等は「ニーズに関連する反応」，「そういえばビールの買い置きが無かったから買わなくてはいけないなぁ」等は「購買行動に関する反応」，「そんなこと誰が信じるか？」と反発するような反応や「そろそろ世間でも流行ってきたな」といった社会の趨勢認識に関する反応は「社会規範に関する反応」と分類される（仁科，2001）。

　しかしながら実際には，莫大な記憶容量とそれを前提とした認知反応の自由度の高さからもう少し入り組んだ複合的な反応が観察されるようである。やや古典的な例となるが「チャーミー・グリーン」という台所用洗剤の過去のテレビCM表現では「老夫婦が手をつないで買い物をする」シーンが多用されていた。このCMを伝統的に解すれば「手肌が荒れないので（荒れを気にせずに）手をつなぎたくなる」というブランドのメッセージである伝達内容がまずある。炊事で手荒れに困りがちな主婦に対しての素晴らしい共感的理解がそこにはあった。広告に対する態度研究の視点からは，「微笑ましい」「温かい感じ」といった広告に対する態度がブランドに対する態度やブランド認知につながるように効果性を持つ，と解題されよう。

　一方，このCMを見ていた女子大生は「あぁいった風な夫婦になりたい」と感じ，さらには自分自身の「老後の望ましいイメージ」を構成するに至る。ある⁽¹³⁾

いはまた女子中学生がアンチエイジングを言うテレビ CM を見て「私は年をとりたくない」と加齢についての態度を強く形成する場合もある。

　伝統的には，こうした CM の見方は社会学的な「利用と満足」研究であり，少なくともマーケティング・コミュニケーションの効果性の議論では扱われなかった。なぜならば，送り手の意図の達成とは無関係だからである。しかしこのような送り手の意図とは無関係な見方は実は支配的といっていいほど一般に観察されるのである。「クルマの広告を見ていてフランスに旅行したくなった」「宅配ピザの広告を見ていて，今度カラオケでその歌を歌おうと思い練習をはじめた」「携帯電話の広頭ポスターを見ていてタレントが着ていた服と同じようなデザインの服に注意するようになりウィンド・ショッピングをしている」「京都の動画広告を見ていてしばらく和風の家屋を訪れのんびりしていないことに気付いた」「ビールの CM を見ていてしばらくスポーツをしていないのでいい汗をかいていないことを思い出した」「口紅の SNS 広告を見ていてそのタレントがまだ現役であることが分かったので友達と話題にしようと思った」等々である（詳しくは本章第 2 節）。

　ここには受け手の生活，関心事，個人差，先有傾向などと呼ばれる様々な自由度の高い能動的な解釈が IMC 源泉情報に対してなされる，という事実がある。受け手は自分自身で見いだす，自分にとっての情報価値で IMC 源泉情報を無視し，時折楽しみ，利用するのである。[(14)] そうした事実を包含する形で，なおかつ「送り手にとっても望ましい心理変容」をどう計画するのか，という高度な視点が要請されているのである。

・新しい効果尺度としての受け手の心理変容の方向と量　従来，テレビ CM で多用される効果指標の「GRP（gross rating point）」と呼ばれる露出への接触効果指標は，個人においての「OTS（opportunity to see）」を集計したスコアであり，ある地上波サービス・エリア内の人口なり世帯数を母数100％として％で表される。デジタルでのインプレッション（impression）は％ではないが接触効果指標である。

　仮に，何らかの意味で「望ましい心理変容の方向」と「あるキャンペーン事前のターゲット層の状態値（ベンチマーク等とも呼ばれる）」が測定され認識されているのであれば，全く同様に IMC 効果指標は「GPP（gross psychological point）」とも呼ぶべき，個人においての変化方向と量（つまりベクトル）の集計

46

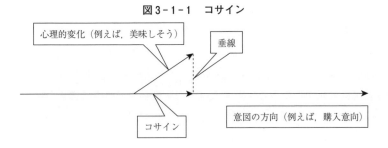

図3-1-1　コサイン

スコアとして表現できるのではないか。先に見た「送り手の意図とは全く無関係な認知反応」はまさに「ベクトル」というにふさわしい。送り手の意図方向に下ろした垂線で表現できるコサインのベクトルが「望ましい心理変化の方向に対する変化量」であるからである（図3-1-1参照）。この認識は多次元尺度などでの共通認識である。そして，その測定は，購買を目的と考える製品マーケティング的には，出来れば実際の購買の時点や場に近いところで測定されることが望ましい，ということになる。

4　本来のダグマーが常識となったカスタマージャーニー

　さて以上のように，なかなか伝統的な広告効果の枠組みでは説明し難かった事象に関して，その存在が記述され，いくばくかは説明されるようになってきた。しかしながらその全体が体系的な考え方で「IMC効果論（PESO効果はそのデジタル部分のこととなる）」となるためには，まだまだ精緻化の余地が大であろう。

　以下，本節のまとめとして，以上のようなエピソードも包含する解題をラフ・スケッチにとどまるが試みたいと考えた。

・図式的解題の意義　広告効果の新たな枠組みや広告計画の課題を探索するために定性的な調査を行っていると，個別の課題（例えばブランドAの2024年度広告計画の課題）を越えて，先にも触れたようなインサイト（洞察）がフィールドワークの知見によって立ち現れてくることがある。[15]

　人々の認知反応は送り手の意図とは全く無関係な能動性を持ちうる。そう考えれば，マーケティング・コミュニケーションは「暗闇への跳躍」以外の何物でもないことが分かる。[16]ただ，一見，従来のマーケティング・広告関連の様々な考え

方は，そうしたリスクを隠して一定の努力には一定の成果が必ず付随するかのような論理構成を行ってきた。第１章でも見たように IMC の認識は「顧客の心の中のブランド・エクイティ（Keller, 1996）への変化を目的とした統合」と捉える考え方もある。「心の中のブランド・エクイティの変化」を生じさせなかった IMC 露出は効果がなかった，とする鋭い刃を既存の枠組みに突きつけているのである⁽¹⁷⁾。したがって，「一定の努力には一定の成果が必ず付随するかのような論理構成」は相対化されざるをえない。卓越したマーケティング・コミュニケーションの少数の成功事例と，そうではない数多くの事例の存在，という峻厳な事実は多くの広告関係者には実は納得される認識である。

　一方パターン認識や断片記憶のような今までは効果の外側か少なくとも不十分な効果としか認識されなかった事柄が十分に効果性を発揮する場合のあることが判明したことは，十年一日のごとく「広告の効果性がますます厳しく問われる時代となってきた」と常套句のようにしか認識しないある磁場の中に居る関係者にとって新たな枠組みの提示，という価値をもつだろう。シュルツら（1998）の言うブランド・エクイティを固定費と見，投資収益率を計測すると言った新たな「枠組み」を精緻化する以前にまだ効果論が積み重ねなければいけない議論も多い。

　こうした伝統的な枠組み自体のゆらぎを見，かつ絡み合う要因が多く，何らかの新たな見方が要請されている状況では，図式的なアナロジーによってインプリケーションを探る価値もあるだろう。形式的な表現から示唆を求めようと考えた。
● 五つの図による概観　以下に五つの概念図を掲げる。以下の図では左に「IMC 情報の送り手」，右に「情報の受け手が送り手の意図に沿った行為に至った結果の状態」を指し示すこととする。つまり，左は多くの場合，商品のメーカーの IMC であり，右は IMC 情報の受け手がその商品を購買した状態，と考える。いちいちの箱には，その中間的な状態が入りうるし，いちいちの矢印は，先に触れたような受け手の心理的な変容の方向と量である。特定の「言葉」自体の議論は本節の責を越えるし，製品カテゴリーによっても千差万別であろうから，あえてここでは空欄としたが，左に近いほうには IMC 源泉情報についての知覚に近い言葉，例えば「IMC 源泉情報の再認」「主訴求点認知」などの状態を表す言葉が入りうるだろう。右に近いほうには購買に近い言葉，例えば「考慮集合への繰り入れ」「購買意向」などの状態を表す言葉が入りうるだろう。中間の箱には「好

図3-1-2　シャノン＝ウィバー流による段階効果認識

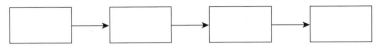

ましいブランド記憶の量」「長期記憶に繰り上がった広告記憶」などが入りうる
だろう。ただ，とりわけある商品カテゴリーにはじめて「マーク」が導入された
場合など，断片的な記憶やパターン認識といったものが最も記述力を持つ場合も
あるだろう（農産物である「キノコ」にマークを付けたホクトの事例はこの章の
第5節に挙げた）。ちなみに，以下の全ての図では時間や空間といった物理的な
次元は基本的には表していない。

　まず図3-1-2は様々な情報関連の分野で基本的に取り上げられるシャノン＝
ウィバーの情報通信モデルをベースとしたAIDMAないしはダグマー的なIMC
効果のアナロジーである。情報に着眼すれば左の送り手にある「ある望ましい状
態を表す情報」が，徐々に右方向に変化する含意がここにはある。流れへの抵抗
が注意喚起，理解，忘却等の「学習コスト」であり「ノイズ」や無視である，と
も認識されよう。さらに人間の数に着眼して解題すれば，マス・マーケティング
とは左の箱から右の箱（例えば「未知」の段階の人間を順に「知名」「理解」「好
意」「購入意図」等）へ押しやって行くアナロジーがあったのではないだろうか。[18]

　いずれにせよ一方向的な「意図の達成度合い」を集計し形式化する上で，こう
した図式の実務的な有用性は現在でも認識され様々な実践を可能にさせている，
と考えられる。しかしながら一方，この形式には現れない形でIMC効果が果た
して効果的，効率的であったか否かが問われているのも昨今の状況である。例え
ば，ターゲット層の知名率は90％台で10年来変わっていないし，好意度も競合に
比べても悪くはない。多くのロングセラーブランドはましてや嫌われてなどいな
い。しかし最近売上が思わしくない，という課題状況があてはまる。逆に知名や
理解が無くともコンビニエンス・ストアや自動販売機に並びさえすれば売れる，
といった状況もある。このような状況下，図3-1-2の認識はもはや歯が立たな
いのである。その枠組みでは表現できないところに（その枠組みから見れば「隠
れた」）課題があり，その課題を記述不能な状況と考えられよう。つまり実践的
な計画ツールとして有用性を失うのである。

　そこで様々な計画ツールが検討されうる。図3-1-3はQC（クオリティ・コ

図3-1-3　合目的的な認識であるフィッシュ・ボーン

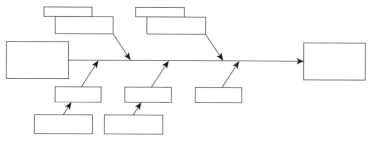

図3-1-4　受け手の能動性による解釈の多様性

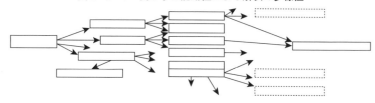

ントロール）運動でよく使われる因果関係の把握ツールである。形が「魚の骨」
のようであるため「フィッシュ・ボーン」と呼ばれる場合もあるようである。こ
こでは右に当該ブランドに「購買意向」を持つに至ったり，実際に「購買」して
いる状態を位置づけ，その原因に連なった要因を実際の時間経過とは逆に洗い出
して図を完成させて行く。例えば，乗用車のブランド選択など数カ月以上に渡り，
また特定のIMC源泉情報だけが単独で決定的な効果をもたらすとは考え難い事
例では，実務的にこうした定性的なケース・スタディを積み重ね，ある程度以上
納得性の高い「モンタージュ」を行い，このようなフィッシュ・ボーン図を構成
する。図には「競合ブランド」との比較の上で何が決め手となって当該ブランド
が選択されたのか，といった情報や，知人友人の意見，雑誌記事などが位置づけ
られうる。ただ，このタイプの図では，右の「購買」や「購買意向」に至るまで
には，競合ブランドが一旦検討され振い落とされた理由や，幼少期からのライ
フ・ヒストリーにまで遡るような情報も加味されるので，仔細になればなるほど
一般に左方向に向かってどうしても広がるような「漏斗」型の図になりがちであ
る。右側に定められた目的に沿った努力の記述という点では情報がどう利用され
たか，という点で合理的なモデルかもしれない。しかし，その漏斗形状はいきお

図3-1-5　ブラウン運動的認識

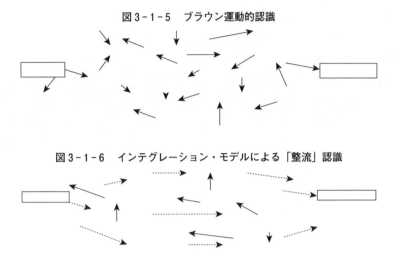

図3-1-6　インテグレーション・モデルによる「整流」認識

いあれも関係したこれも関係があった，と個別のIMC努力を評価し，計画化するには不適切な場合もある。

　一方，図3-1-3と同じ定性的な情報のモンタージュを用いて特定のメッセージ源泉がどのようにそれが受け取られたのかに関して，受け手の能動性に注意しながら，多様な解釈を確かめていくような整理もまた可能であろう。図3-1-4のイメージである。特定のメッセージの捉えられ方が記述されやすくなるとは言え，図3-1-3に比して今度は逆に右方向に開いた漏斗型に図はなりがちである。なぜならば，先のCMに対する認知反応の例で見たように，ひとつの情報も様々に解釈されるし，それ以上に1回の購買に回収されない様々な思い（認知反応や記憶）や個人差のある解釈，連想が拡散的に広がるからである。本来は欲しかったのに店頭には無かった別ブランドや，代替ジャンルの商品，ブランド，また一商品の購入では解決されない生活上の漠たる不満なども右方向に開いた形で付け加わることが観察されうる。2010年代に一般化した現代の「カスタマージャーニー」という送り手の認識はこれらの考え方をベースにしたIMC計画の順序論理である。望ましい心理状態を描く限り，本来のダグマーの現代型あるいは派生のひとつと言える。

　図3-1-5は，少なくともマネジリアルな用途にはそれだけでは供し難いだろう。しかしながら，わが国の広告を巡る調査データの用い方の価値前提で見たよ

うに，こうした意図とは無関係な記述が新たな情報を参与観察のように掬い上げることを強調したい。IMC 源泉情報に関する思っても見なかった誤解や価値の見出され方，は単なる意図の達成にかんするアグリゲートされたクリック率などの結果データからだけでは全く見えてこないのである。「対話」や「エスノ・マーケティング」といったキーワードが近年，実務においても強調されることもこの点に深く関わる。おそらく現実にも分析者側の「枠組み」（箱の中の言葉）とは無関係に，ある IMC 努力が，ほんの少しだけ人々の心の中にその方向は別として何がしかの影響を与えるのであろう。成功したキャンペーンでは，細かい個々人のブランドに対する評価のブラウン運動が結果として全体では右方向へ運動したと解されるのであろうし，あまりうまく行かなかったキャンペーンでは，高エントロピー（ランダムさ，無秩序の程度の高さ）のまま事前も事後も粒子の動きや位置はあまり変わらなかった，と解されよう。

　そしてその中に「思っても見なかった望ましい動き」を見つけ，その動きを拡大再生産するように次期の課題としたり，「思っても見なかった障壁」を発見し新たな課題設定を行ったりすることが，図 3 - 1 - 6 の「ブラウン運動をしている粒子を整流するイメージ」である。商品や情報の価値を送り手は決定できない。[19] とすれば，粒子の動きの中から望ましさを発見し，素早い対応や改善を行うことが IMC の実施と言うことになるだろう。[20]

5　CRM，MA，アトリビューション

　この節で取り上げた「マーク」「受け手の能動性」は今までの伝統的な広告効果の枠組みから殆ど完全に無視されてきた（枠の外に置かれてきた）事柄である。認知率や POS データあるいは昨今の CPX（コストパーの類）といったいわば「ハード」で「きっちり」としたデータにはなかなかなり難いが，しかしそのような「マーク」や「受け手の能動性」の働きが大きく働き，また広告の成果の大小を規定しているという事実がある。

　こうした状況から，少なくともオリジナルに現象を，一貫性を持って記述しようと試みたのが「図式的解題」である。こうした「ソフト」な記述こそが認知科学的であるともアカデミックには考えられよう。

　しかしながら，ここでのこの解題の最大のポイントは「意図」の取り扱いである。何らかのマーケティング目的（その他にも採用目的，インベスターズ・リ

レーション目的，インナーモラールアップ目的などが列挙できるが）を理解した
上でないと，特定の広告表現物は理解し難い。例えば，「ハインツは濃いから垂
れません，と台詞を言ってから，遊園地のジェットコースターにケチャップをぬ
ったホットドッグを手に持って乗りこみ，動いて激しい振動を受けたり逆さまに
なったりし一周し終わった後，ほらね，とケチャップの垂れないままのホットド
ッグを見せる」というテレビCMがかつてあった。カゴメの市場シェアの大き
さ，それに対するハインツの市場競争地位別のチャレンジャー戦略，差別化など
の概念が理解を助ける。さらに関係者ならば，製品，価格，流通等を含めた戦略
的「意図」にも当然詳しいだろうし，関係者だけにしか分からない別の「意図」
もこの広告にはあったのかもしれない。この場合，明らかに「意図」に関る事前
知識の保有が広告をそれに沿った文脈で解釈させ，認知させることを可能とさせ
る。

　少なくとも第1章での主張では，広告は，いわゆる広告効果で扱われてきたこ
と全体を包摂し，かつ中心に置いた認識となる。この事例でも広告は「意図」に
沿って考えれば，やはりまず「ハインツケチャップ」の「知名」「理解」「好意」
などの（集計された）量的なコミュニケーション指標でその成果は評価されると
考えられよう。「理解」の中には「競合ブランドより濃い」という製品特徴理解
者のターゲット層全体に占める割合がおそらく入るだろう。「好意」はブランド
に対して「好き，好ましい」とした人のターゲット層全体に占める割合，という
ことになる。さらに事前に「意図」に沿って設定された「ブランド・イメージ」
も測定され，キャンペーン実施の事前，事後で比較，評価されうる。これらが
「意図の達成度合い」である。

　しかしながら，一方，こうした「意図」が認識を可能とさせるある特定の認識
「以外の認識」は，今度は省みられることがない。またそのことが隠され，忘れ
られる（栗木（1994）に言う「（自覚の外での）隠蔽のメカニズム」）。それはい
わば「意図以外」の広告の結果である。日本語としても正しく「意図」は広告効
果を導くが，「意図以外」のことは，広告効果というよりは広告の結果，という
言い方の方が馴染む。この「広告効果」が隠した「広告の結果」の中に重要なこ
とが発見されるのである。

　実務的には「『意図』の置かれた文脈が十分に分りコミュニケーションがとれ
るのが，広告課題に携わる『関係者』」である。逆に「『意図』の置かれた文脈が

分らない」と作業に関われないことになる。先の例で言えば，この文脈とはケチャップ市場についての事前知識であり，ビビッドな市場変化等の知識である。つまり関係者は職務遂行上この文脈知識をいつも身にまとうので「意図と無関係な広告の結果」をなかなか見ることが難しいこととなる。この特定の解釈の成立は「木を見ること」とたとえられようか。

　それでは，第1章第2章で言う広告がもともと見えてこない。五つの図式的解題はこの中での暫定的な理解の試みである。「木のたとえ」に対してはやはり「森を見ること」となる。

　また，この図式（特に図3-1-5）認識は，「複雑な広告現象（仮に広告表現，購買に果たす広告の役割の二つだけを勘案するとしてもその要素は複雑である）」と「受け手である人間の大脳のキャパシティの大きさ」のインタラクションである広告効果を考える際には，様々な要素を勘案するための「認識プラットフォーム」とも言える。なかなか可視化しにくいこと（森も木も実は目に見えない）を認識するための土台なのである。この心理的反応に着眼した詳細版が第3章第5節で取り上げるインテグレーションモデルである。

・アトリビューションと名付けられた「購買までの原因寄与」分析　20世紀と21世紀をまたがって「変わらない」「人の心理的側面」を中心にして広告効果を解説した。これらに「広告の送り手」「マーケティング関係者」からは，様々な別名がその後付された。2点だけここに掲げる。

　ひとつはCRM（Customer Relation Management）やMA（Marketing Automation）等と呼ばれるSaaS（Software As a Service）の送り手における一般化である。これらの詳述は専門書に譲る（たとえば小川，2017）が，要は，当該の広告主の自社サイト訪問者や登録者などの何らかの個人データをもとに，相手に合わせてメールや「割引きクーポン」やプレゼントキャンペーンを配信・提示して，取引（トランザクション，とりわけピンポイントには購買＝コンバージョン）を促す自動化したプログラムである。ここでの作業は，相手の反応を「カスタマージャーニー」（顧客の商品購買への旅）のように想定し，実際の反応の良かった施策を強化・拡大したり，似たプロフィールの新たな顧客に拡張しようとしたりして，デジタルでデータを管理・活用していくことが仕事となる。

　もうひとつにはアトリビューションと名付けられた「購買までの原因寄与」分析も本節のフィッシュボーン認識によるデータ分析である。購買への寄与へ「サ

イト訪問」や「問い合わせ」，さらにはマス広告接触などがどの程度導くのかを分析し・改善する作業となる（大野，有薗，2018）。

　つまりは，今日では本節の理論がオペレーション可能なシステムの仕事となったと言える。けれども，そのオペレーションがマーケティングと広告のすべてではない。そもそも何がそのスコアを成り立たせている顧客の心理プロセスなのかを把握する考え方がまず明らかにより重要である。

注

（1）　仁科貞文（2001）を参照。広告の受け手の能動的な解釈を指摘した事例実証研究に水野（1996）。
（2）　石川栄耀（1951，p. 103）の図版を参照。
（3）　Tanaka, H.（1993）。
（4）　元電通嶋田智光氏の指摘による。
（5）　岸志津江（1997a）に内部記憶と店頭情報のインタラクションが解説される。
（6）　Zajonc, R. B.（1980）によって提唱された概念。
（7）　太田信夫（1996）。
（8）　月間露出CM数は1998年10月１カ月間の全時間モニターによる電通広告統計集計値。CVSにおけるブランド取り扱いの有無は1998年11月７，８日に都内（新宿区，目黒区，世田谷区）Sチェーン５店舗（内２店は酒類取り扱い有り）を露出CMブランド名一覧をチェックする形態の観察調査で確認した探索的統計による。表３‐２‐１（本書p.65）掲出。
（9）　マーケティング研究の一領域である消費者行動研究として，この何かの目印でそのブランドが同定されること，思い出されることが決まることが田中・丸岡（1995）でブランド・アイデンティファイア（鍵）と焦点づけられた。もっとも標準的なマーケティングテキストとして日本のビジネスピープルに受けとめられる石井・栗木・嶋口・余田（2013）では，「ペグ」として次のように解題される。「記憶の手掛りとしてのブランドの役割は，『ペグ』（コートや帽子をかけたりするのに使われる木の釘）になぞらえることができる。そしてブランドは，マーケティング活動に対する人々の『記憶のペグ』となることで，名前やマークが，そもそも字義的・形態的に備えていた意味を超えた，独自の知識や感情，イメージの源泉へと転じていくのである。」と。本書p.13で見た「広告記憶検索手掛り」すらそれが認識の焦点となっていない実践の場もありながら，一方で，マーケティング・コミュニケーションの中軸を貫くアイデンティファイアなり，ペグなり，キューなりとしてマークが資産となっている実践もあるのである。
（10）　岸志津江・田中洋・水野由多加・丸岡吉人（1999）。
（11）　例えば海保（2000）に解説がある。その後大脳はスーパーコンピューター何台分という比較もなされることもある。
（12）　例えばLeckenby, J. D.（1985）に実務的にも利用されるViewer Reward Profileという形で言及されている。

(13) 川島真（1994）に事例。

(14) 池田謙一・村田光二（1991, p. 92）にはメンタル・シミュレーションが新しい知識を生み出す推論の説明として使われている。それに先立つ池田謙一（1988）では，マス・コミュニケーション研究の中での「受け手」研究の広範で積極的なレビューを行い，マス・メディア情報の受け手の能動性を記述する「予期シミュレーション」概念に至り，その後社会認知心理学的体系の中でメンタル・シミュレーションと概念拡張を行った。この池田の認識の経緯から考えても，IMC の影響を見る概念としてメンタル・シミュレーションを捉え，消費者行動認識に適用することは適切と判断出来る。池田はガーブナー，マーコムとショウ，B.ロキーチなどの先行研究の再解釈を積極的に進め「受け手に対するメディアの効果の有無を決定するのは受け手によって感じられた情報の価値である」とする。

(15) チェックランド／スクールズ／妹尾堅一郎監訳『ソフト・システムズ方法論』（Checkland 他, 1990）では社会的意味を探る社会探索法としてのソフト・システムズ方法論を解題するが，ここでは図解化が重要な手法として位置づけられている。いわゆる暗黙知を表出する手法としてメタファーが重視されることにも通じる。また川喜多二郎が長らく提唱する KJ 法や「探検」とも通じる。認知科学の中の状況論，アクターネットワーク論とも通じる認識とも解釈可能である。あえて図で論じる筆者の幼稚な議論も勇気づけられた。

(16) 石井淳蔵・石原武政による「使用価値論争」の中で言及される認識。マーケティングの主体はいかなる交換においてもまず本質的に投機性を持つ。その結果の不確実性が事前には見通せない危うさを孕むことを表す。石井淳蔵・石原武政（1996；1998；1999）にいたる 3 冊の論文集の鍵概念のひとつである。

(17) 水野由多加（1999a；1999b）における広告の再認識の主張。本書第 1 章。

(18) この認識は紺野登によって1986年の日本広告学会第17回全国大会口頭報告で述べられた。

(19) 石井淳蔵・石原武政による「使用価値論争」の中で言及される認識。

(20) 嶋口充輝（1997）で唱えられる「インタラクティブ・マーケティング」，和田充夫（1998）で度々触れられるインタラクティブのためのフィードバックはスピードと正確さが求められ，その意味で高精細な情報が期待され，その後の実施の精度を決定するだろう。マーケティング・リサーチで「傾聴」（萩原, 2011）が強調されることがそのひとつのその後の顕在化であり，その流れである。実務家向けのセミナーなどでは「キットカットを受験のお守りにしたのは，九州のある菓子店（きっと勝つと）」を見たメーカーの担当の全国拡大というエピソードが語られた。「意味の場としての市場」の象徴的な例である。

販売促進と広告の差は付加価値である
　　── SDL パースペクティブ広告効果へのアプローチ

　前節に引き続き，この節では「伝統的な広告効果」の枠組みでは必ずしも捉えられていなかった単純ではない「購買の場」を解釈的に記述する。人間は物理的時間とは別に，過去の体験を思い出し，照らし合わせ購買後の使用という将来のある時点のシミュレーションといった別の複数の時間の流れの中でも思考している。学習や解釈が可能なのもこうした「複数の時間」で我々が生きているからである，という解釈もできる。この観点は「買い物において，はたして我々は『何を買っているのか』」という根元的な問いかけをさせる。買う時点よりもあらゆる時点での過去にその商品を理解し，体験し，意味づけた情報と一緒にモノを見て，将来へ投機しつつ買っているのであり，モノだけを買っている，と言い切れるケースがむしろ例外的なのである。

　マーケティング研究ではサービス・ドミナント・ロジック（SDL）と呼ばれる新たなパラダイムが生成されつつあるが，そこではモノとサービスが（少なくとも説明のための）二項として比較され，消費情報・広告というコミュニケーションが後景化するようである。

　むしろ本節の「モード」は広告の SDL 研究へのアプローチである。なぜなら，広告の受け手における意味の生成を通じて送り手との価値の共創を捉えようとしているからである。

　もちろん何らかの意味で単純化（情報の縮約）は，様々な知識を抽象化し理解するためには不可欠であり，また他の事例にも適用するために重要でもあるが，前節でも見たとおり必ずしも我々が見にまとった習慣，常識という単純化の文脈が有効ではない場合もある。したがって新たな枠組みを探る際には，なるべく単純化しない記述もまた豊かな理解のために必要となってくる。もともと単純ではない「購買の場」や「その際の内的な時間」といったやや込み入ったことをこの節は再度探索し，新たな思考を促そうとし，「広告の SDL パースペクティブ」へのアプローチを試みる。

1 購買経験・購買の場における「行間」という付加価値

・付着する「行間」 筆者の個人的なエピソードから話を始めることをお許し頂きたい。

　明治40年代生まれの，今は既に亡くなった私の祖母が生前の1970年頃のことである。「市場（いちば：関西における小売集積の呼称）」や「スーパー」また「デパート」の買い物の後に彼女がため息と共に度々言っていた言葉が忘れられない。買い物を終えて家に帰ってから買ったものを買い物籠（これすら今は死語であるが）から取り出し，買ったものを広げて眺めつつ言うのであった。「もっといっぱい買ったつもりだったのに，帰ってから買ったものを（確認して）見ると『これだけしか買わなかったのか』と訝しい。いつも寂しく思う」と言うような言葉であった。

　この言葉の解釈には当事者の目を通して様々なことが考えられる。

　当時60歳の祖母から見れば，30代で迎えた終戦であるから，40代，50代と日々どんどんとものが豊かになってゆく間，昭和40年代の「市場」「百貨店」の店頭を見ること自体，また新しく開店するセルフサービスの新小売業態である「スーパー」に行くこと自体が「新たな何かを発見する行為」「大きな刺激」を楽しむ体験であり娯楽的な行動であったはずである。

　明るい広々とした清潔な店内。魚も肉も野菜も何でも扱っていてなおかつ安いという驚き。店内専用の買い物籠。キャッシュ・レジスターで自動的に計算される近代的合理感覚。家から買い物籠を持って行かなくとも買物が出来るその都度包んでくれる贅沢な新しい紙袋（いわゆるレジ袋が一般化する前には紙袋だった）。殆ど会話がなくとも買物が完結できる新しい感覚。その場でしか経験出来ないことも多かったに違いない。

　思っても見ない新しい商品が次から次に登場し，日々新しい暮らし方が立ち現れて来るという意味で決して誇張ではなく，「新しい可能性に向かう物語」の中で日々彼女は買物をしていたのに違いない。物語の中には「アメリカのような豊かで近代的な暮らし：そこには一戸建ての家，自家用車，完備された家電製品，個室，ベッド，芝生，庭にはプール……」といった漠然とはしているがアスピレーション・イメージ（熱望される理想像）も投影されていたように思われる。なぜならば，明らかにスーパーマーケットや数々の合理的な見たこともない新しい商品はそうした知らなかった世界からその一部として次々と魔法のように目の

前に現れたのであるから，いまだこちら側には現れていないその世界の残りものが現れるのではないか，という期待もあながち的外れではないだろう。実際，アメリカ制作のテレビドラマの1シーンに現れる「コーンフレーク」を当時祖母と一緒に暮らしていた小学生の著者（水野）も，アメリカ的な生活の一部として理解し食べていた。

　こうした刺激的な買い物の最中の濃密な体験に比べれば，買って持ち帰ることが出来る多くともせいぜい10〜20アイテムの実際に買ったものは，体験の切り取られたほんの一部でしかなかった，と考えられるだろう。その落差が訝しく，「寂しさ」や「がっかりした感じ」に結びついたのではないだろうか。

　また，その感覚は，いずれにせよ生活費という限られた原資に比べれば，新しい商品が次々と店頭に登場するし，投影されたイメージが購入できるわけでもないことから発する。そうした拡大する消費の欲望を表現していた部分もあろう。

　しかしながら，ここで強調したいより重要なことは，買物から家庭に持ち帰られた商品には，汲み取られない程の「買い物の場」における「購買時の認知反応を含む経験」が，商品に情報付着して購買された（されようとした），という点である。もちろんこの付着は主観的なものであり，必ずしも目に見えないし容易に忘却され，また投影部分も大きいので，付着を全部モノと一緒に持ち帰ったつもりであった祖母は，結果訝り，がっかりしたのではあった。

　この付着は小売業態のレゾン・デートル（存在意義）のひとつである品揃え機能にも関わる。単品の購買，単ブランドの選択には還元できないこの付着こそが購買を推し進める重要な要素となっている，という理解である。商品，ブランドの属性を文章の「行（lines）」に喩えれば，この付着は「行間（between lines／in between）」にあたるだろう。店の大きな建物，店内の空間，内装，照明，BGM，雰囲気，一緒に陳列されている他の商品，店内の品揃え全体などについての経験記憶が「行間」として単品の「行」に連合（association）してしまう，結びついてしまう点である。

　ここで触れようとしていることは，特定の商品の属性群とその選択の関数関係に還元し難いが，確かに購買行動に影響を与える文脈の存在である。

　典型的には旅行のみやげ物が最も文脈を浮き彫りにする。みやげ物はモノとしてではなく，旅行に行った者が行かなかった者に「誰それはどこそこの地に行ってきました」という「行間」をこそ贈ろうとする特異なカテゴリーである。「誰

それ」と「どこそこの地」という付着を取り去ればむしろ何も残らない「空っぽ」がみやげ物の本質である。それが言い過ぎならば，付着を取り去ればそのモノはみやげ物ではなくなる。

こうした付着が日常の買物においても存在することを強調したい。少なくとも買物の主体は買物の間，この付着物を濃厚に感得しつつ購買行動を行っているのであり，スーパーマーケットの籠に入れられたものが買われたモノと考えるのは近視眼（マイオピア）であろう。

既に豊かさに慣れてしまっている現代の我々にとっては，この付着は忘れられがちである。新しい業態（例えば「銀座のファスト・ファッション日本初出店」や「楽天のインターネット・オークション」など）が生成される時には，まさにこの新しい付着が顕在化し極大化する。即ち「どこそこで買ったもの」という付着が主役になるのである。この「行間」の付着は往々にして消費の豊かさに慣れ，自覚の外にしてしまっている我々にとっては潜在化しがちであるが，今日日常の買物においては付着がもはやなくなっている，と整理することはまことに早計ではないか。

昭和40年代の祖母が鮮明に感じたことであろうことと連続する購買という行動のもつ意味が忘れられがちである。

• 付着情報としての広告　さて，こうした商品の属性以外の情報のひとつとして広告情報がはたらくことは，実は広告の送り手サイドからはある時期から自覚され，そのねらいが極めて戦略的に追求されてきた。

植条則夫（1993）によれば，日本の広告表現の傾向は1950年代までは「基本的製品情報」の時代であり，1960年代はそれに対して「イメージ・生活提案」の時代，1970年代以降はさらに進んで「社会的主張」の時代と整理できるとされる。1960年代以降において自覚されることは「広告の商品離れ」とも称される。つまり，広告される以前の製品情報とは「関係のない」イメージや生活，社会的主張が広告によって結び付けられる，という認識である。[(1)]

たしかに，レナウンのイエイエ，ゼロックスの「モーレツからビューティフルへ」，トヨタ自動車の「白いクラウン」，ネスレの「違いの分かる男」，さらにサントリーのランボー，ガウディ，と名作CMと言われるいくつかの広告表現を思い浮かべるだけでも，広告の行った商品への情報付加，ブランド連想付加の大きさは確認できよう（さっぱり分からない方はこの際YouTube等で見てみてく

ださい）。

　その後21世紀においては，ソフトバンクモバイルフォンの犬のお父さん（白戸家）やサントリー BOSS（宇宙人ジョーンズ）といった事例がある。

　ここで重要なことは，もともと広告の送り手サイドが，商品の販売促進行為としての広告という「プロモート」機能として認識される自己規定を越えて，商品の魅力付加行為としての広告という「情報付着」機能を追及していた，という事実である。意外と製品マーケティングの議論ではこの二つをあまり厳密に区別せず広告を扱っていた場合が多かったのではないだろうか。

　これは言いかえれば，広告対象商品の属性を「行」とすれば広告接触経験・場における「行間」作りであった，とも言える。

　当然この広告によって商品に付加され，付着された情報は，現代的には，広告記憶としてブランド記憶に繰り上がる追加情報ということとなる。

　多くの消費者行動研究者にとっては，価格，品質，属性等を「行」として捉え，ブランドさえ80年代以前においては単なる「行間」に過ぎなかったわけだから，ここで広告が付加し，付着させる「行間」情報に注意を喚起することは，あながち妙な立論と言うわけでもないだろう。

　いわむしろ，広告からの SDL パラダイム研究という新たな挑戦なのである。

・「行間」の関連理論　さて，今回あらためて注意喚起した「行間」は様々なコミュニケーションとマーケティングの研究で前提とされていたことの再解釈である。

　ひとつには，文化人類学で言われる「コンテキスト」がそれである。日本文化はアメリカに比べて「高い（high）コンテキスト」の文化である，とされる。同じメッセージでもその置かれたコンテキストに意味が大きく依存することをE.T.ホールは洞察した。「愛している」と度々夫婦間でも言葉にするアメリカ文化は，コンテキストへの依存が低いがためにコミュニケーションにおけるメッセージ自体のウエイトが高く，それに比べて日本では，わざわざ夫婦間で同じような言葉を言えば，何か「むしろ隠し事があるのか」等と訝られたりする。ひとつのメッセージ単独の持つ意味よりも置かれた状況でその意味が決まる場合が多い。こうした状況の持つ役割は今回言う「行間」に他ならない。具体的な発言や行動の「行」だけを分析してもコミュニケーションは理解できない。

　また，コミュニケーションが意味を伝達するためには，「送り手と受け手の間

に共有された前提となる「知識（assumptions）」がなければならない，なぜなら
ば意味が記号化され，記号が意味化される際には「コード（code）」が必要で，
この「コード」が異なれば「同じ記号も違う意味を生じる」とする考え方も一般
である。タレント広告の持つインパクトの多くは日本で生活していない外国人に
説明し難い。こうした先有知識の莫大な共有も日本の広告コミュニケーションの
性格には当然大きく反映している。店頭における目に見える刺激と行動の観察だ
けでは見えない，こうした商品がコミュニケートし購買者に共有・蓄積・活性化
される個人的な知識は，重要な「行間」として位置づけるべきだろう。

　さらに昨今は顧客とのコミュニケーションにおいても，経営組織内部のコミュ
ニケーションを分析する枠組みである「形式知」「暗黙知」を敷衍する考え方も
出てきている。納豆の味も食べたことのない人にとっては，いくら言葉（形式
知）で説明されたとしても対応する暗黙知（体験の記憶）がないので分からない。

　また共有された知識にも暗黙知にも部分的に関係するが，別の説明に，「意図
と感情」がある。例えば，あるスーパーマーケット・チェーンやコンビニエン
ス・ストアのチェーンが輸入ビールを100円で売ったことがあった。この現象の
理解のためには，為替変動，製品輸入，酒類販売の規制緩和，メーカーに対する
流通のバイイング・パワー，賞味期限内の在庫処分，ビールのメーカー別シェア
等，様々な知識が理解を助ける。とりわけそのチェーンの「意図」が知識の精緻
さによって，より正確に想定できる。売り苦しんでいる，という「感情」さえも
想定された際に「理解」は深まる。この「意図」と「感情」も共有というにはむ
しろ受け手の推定であるし，暗黙知ではないものも多い。しかしそうした「意図
と感情」は購買者にとっての分かりやすい「行間」になりうる。だいたいが特定
メーカーへのロイヤリティは，ベースは「馴染み」「ひいき」「肩入れ」という
「意図」の理解と「感情」の共感だったのである。そしてクラウドファンディン
グがそれを実体化した。

　さらに昨今注目されるマーケティングには「経験」の重視がある。それは購買
経験，使用経験などの先有経験のことではなく，製品，サービスを使用，体験す
る際にその時，その場でしか味わえない感情，満足等を分析的にではなく全体的
に捉えようとする見方の提唱である。先の祖母のスーパーマーケット店頭での体
験もこの種の「全体的な体験と結果として味わわれる感情，満足」の持つ価値の
確認であった。全体は製品の要素，属性に還元し難い。

SDL 的に言う，送り手と受け手との価値の共創がマーケティング研究の潮流となったことも，「行間」「経験」と見ればむしろ自然なことと見えるのかもしれない。

このように様々な観点から「行間」への着眼は方向として，マーケティングとコミュニケーションの両方の結果の認識である広告効果にも有益な視点であることが傍証される。なぜならば，同じ広告でもあるコンテキストにおいては，効果を持ち，ある場合には効果を発揮できないこともある。また同じ広告でも人によっては効果が違う。うまく伝わる際には送り手の意図や感情を酌んでくれたりもするし，ファンがつく。また広告自体が楽しまれてまた見たいと思われることも大きな効果を持つだろう。こうした広告の持つ「認知から購買意向」に至る単線形の考え方では，まさに「行間」としか扱われていなかったことの中に，今回着眼し新たな洞察を得ようとするのが本節の意図であり，広告効果の知識をより実りあるものにしようとする試みのひとつである。

2　古くて新しい「行間」の説得力

• コンビニエンス・ストアの店頭で起こっていること　60年代の Howard ら以来，商品カテゴリーを提示し想起できるブランドを挙げさせる「想起集合（evoked set）」（「動画配信サービスで思いつく銘柄をいくつでも挙げてください」と問うた際の回答）は一般的にマーケティング・コミュニケーション計画上の操作概念として定着し，実務的にもよく知られる。概念化，測定，目標化がし易い優れた概念である。しかしながら一方，はたして「製品カテゴリー」が定まれば同一個人で再現性があるか，という点に関しては疑義がある。

「製品カテゴリー」が定まれば同一個人で「想起集合（evoked set）」が確定すると考えるためには，暗黙のいくつかの前提があるのではないか。第一は「製品カテゴリー」自体の安定性である。昨今の我が国の CVS の小売店頭では，そもそも「製品カテゴリー」を崩し「サブカテゴリー」を新たに作ろうとすることなしには，第2位ブランド以下のブランドや新製品に棚割りの機会が生じない。したがって，新製品も「500ml のペットボトル（中身は問わない）」「キシリトール利用菓子（ガム，キャンディー，ラムネ）」「発泡酒」「果汁＋野菜汁のジュース」「ニア・ウォーター（水＋α）」「様々な原料のお茶」「エナジードリンク」等といった新たな括りを伴って頻繁に発生する。こうした「未確立で不安定な商品

カテゴリー」を前提とした時に，「製品カテゴリー」と「想起集合」で消費者の購買行動を説明しようとすることが特に有効ではない，と考えられる。また，CVS では当然ながらトップブランド以外のシェルフ確保が難しい製品ジャンルもあり，そもそも「同一製品カテゴリー内の複数ブランド」が処理されない，という特殊状況さえ一般化している。デジタルカメラの例では携帯電話やビデオムービーとの製品カテゴリーの境界が曖昧化した。

　また第二に，製品カテゴリーが仮に安定的な場合でも，我が国の新製品発売頻度の高さは安定的な「想起集合」を往々にして阻む。最大のコンビニエンス・ストアの 1 チェーンでは，3000 アイテム以上のうち 1 年以上の存続を示すのはその内30％に留まる，とされる。特に新発売に伴って大量の広告が投下されるケースが一般であるから，記憶の「顕出性（salience）」は直接影響を受け「想起集合」は不安定になりがちである。またロングセラー・ブランドといえども，ラインエクステンションとして新ブランドの追加が図られる。リニューアルもある。したがって，安定的な「製品カテゴリー」を前提とした説明でも同一個人で再現性が不安定になり易い状況があり，半期に一度のベンチマーク調査等で収集されるデータの有効性はおそらく欧米各国よりも厳しいものになる。[5]

　第三には，昨今の CVS の店頭の情報的な「濃さ」という状況，環境与件がある。もちろん平均30坪3000アイテムといわれた物理的，品揃え的な「濃さ」が前提となっているが，その濃密さは単に店内状況にとどまらない。厳密な統計は今後の課題であるが，表 3 - 2 - 1 にまとめるような探索的統計ではテレビで広告されている全ての商品，サービスのうちの約 3 割弱，本数ベースでは約 4 割が CVS という一業態のたまたま選んだ都内の 5 店舗（それも 1 チェーンのみ）で売られ，入手可能であるという小売状況がある。したがってこの数字でさえも「5 店舗で」この程度であり現実にはさらにこれよりも多いと考えられるのである。**「重層的な高密度の小売業態での購買行動」という社会現象は，世界的にも，また歴史的にも特筆すべきことではないだろうか。**様々なパッケージグッズに加えて電気・ガス・電話・NHK などの公共（的）料金，保険料，消費者金融の支払，宅急便，航空券，チケット類，文房具，コピーサービス等，実に様々な商品，サービスが CVS には品揃えされるに至った。銀行のキャッシュディスペンサーや IC カードへのチャージが出来る端末まで設置している。したがって，ついで買い，衝動買いも支配的な購買行動となる。既に旧来からの意味での「来店前か

表3-2-1　1カ月間の露出 TVCM 本数と CVS 取扱いブランド（銘柄）の占める割合

分　　　　類	CVS 取扱いの有無	本数（本）	CVS で購入出来るシェア(縦%)	ブランド数	同左シェア(縦%)
食　　　品	○	16,408	58.8	179	43.9
	×	11,476	41.2	229	56.1
	合　計	27,884	100.0	408	100.0
飲　　　料	○	8,167	66.1	95	52.5
	×	4,182	33.9	86	47.5
	合　計	12,349	100.0	181	100.0
化粧品トイレタリー	○	4,722	35.1	87	33.5
	×	8,748	64.9	173	66.5
	合　計	13,470	100.0	260	100.0
上記以外	○	14,032	23.5	271	17.6
	×	45,678	76.5	1,265	82.4
	合　計	59,710	100.0	1,536	100.0
CVS 広告		1,327	―	8	―
4 商品分類計○＋CVS 広告		44,656	38.9	640	26.7
総　合　計		114,740	100.0	2,393	100.0

算出方法：①月間露出 CM 数は東京民放（地上波）5局の1998年10月1カ月間の全時間モニターによる（電通広告統計）実測値。②CVS 取扱いの有無は1998年11月7，8日に都内Sチェーン5店舗（内2店は酒類取扱有）を①のブランド名一覧をチェックする形態の観察調査での確認。

らの計画購買」，「来店後生じる非計画購買」の二分法は陳腐化する，と考えられよう。[6]「来店前からの計画」は「携帯電話料金の支払」という単なるきっかけにすぎず，雑誌や弁当の購買に時間や多くの支出を「来店後生じる非計画購買」として行う際には「来店前からの計画」を「合理的な意思決定」の中心にする二分法が，有効な説明区分とは考えにくい。[7]また本質的には，「一日一度『情報』を求め」習慣的に，またコンサマトリーな来店行動を示し，極めて短い時間で「多ジャンル多ブランドをスキャン（scan）」する行動が一般化しているとも考えられる。このような買い物行動の状況，文脈において果たして，たいていの場合は自宅等「調査時点」で「想起」されるある製品カテゴリーの「集合」がどこまでリアリティを持つか，が疑わしい。

　第四に，「購買課題」が異なれば検索される記憶が異なる，と解される ad-hoc category という概念が必ずしも体系的にブランドが「処理」「想起」「拒否」という集合を構成しないタイプの意思決定を表わし，昨今のような豊かな日本の消費者行動の現実を捉える際の考え方として注目されてきた。例えば同じ商品にお

表3-2-2 データ・マイニングの仮想例
特定テレビドラマ継続視聴率 (順位は χ二乗値のランキング)

順位	項目	項目の Yes, No での視聴比率の差	χ二乗値	有意差の5%危険率
1	家庭内ビール飲用本数 (633ml 換算) 10本以上	65.6	153.3	**
2	年間コンサート・ライブ観劇回数	33.2	10.34	**
3	ワゴン車保有	10.5	6.635	**
4	携帯電話月間利用料金 (金額30,000円以上)	18.2	5.024	**
5	30代主婦	30.4	4.001	**
6	第一子幼稚園以下	18.5	3.99	**
7	テレビドラマB継続視聴率	−45.3	3.907	**
8	週刊外食頻度3回以上	56.5	3.849	**
9	30代男性	25.2	3.843	**

いても「自分用」「家族用」「客用」と課題 (目的) が変れば evoke の内容も変りうる, とされる。[8]

　もちろん, 従来からの「エボークドセット」が当てはまる状況もより大きなタイムスパンと場の認識の中では一方存在するだろう。ただ, ある代表的な一小売業態の CVS において, 従来の購買行動概念から見れば「例外」的な位置づけであると考えられる ad-hoc category が, むしろ支配的といってもよいほど一般に観察されうる状況を強調したい。残念ながら我が国の商業, マーケティング研究における CVS が全てと言って良いほど組織, 情報システム, ロジスティクスなど「バックヤード」の研究に費やされ, 売り場から消費者という「フロント (正面)」の研究がなかったことも特に指摘されるべき事柄である。[9]

　つまり, 仁科 (2001) の整理による「即断評価反応」が支配的な購買行動の「場面」が広範に観察されるのである。ここでは上記で見たような, 瞬時の簡便なシナリオやストーリーが生成し大きな役割を果たすタイプの購買行動がなされる。既に CVS 店頭などで象徴的に一般化しているにもかかわらず, 消費者行動研究面であまり歯切れの良い説明のない現代的な購買行動の概念化, 測定, 目標化への着眼が本節で主張する購買における「行間」, 購買「モード」である。

・データ・マイニングという所作　実務的な定量的マーケティング・リサーチでは, まず説明変数と被説明変数, さらにその関係についてのスペキュレーション (思惑, 推定) を含む仮説が立てられ, 調査項目, 質問項目, 質問紙が作成され実査が行われる。例えば「年齢の高い主婦 (説明変数) ほど大容量のマヨネーズ

を好む（被説明変数）」「家族人数が多い世帯（説明変数）ほど大容量のマヨネーズを購入している（被説明変数）」等がこの仮説的命題である。回収されたデータは仮説にしたがってクロス集計を基本とする集計分析がなされる。しかしながら，人手とコンピュータ・リソースの限界から，仮説以外の闇雲な関係観察はなされないのが一般であった。例えば100項目の質問の間には$100 \times 99 \div 2$の4950のクロス集計による「関係の発見」の可能性があるが通常そのような事は避けられてきた。

　一方，POSに代表される行動データを含めデータの収集技術は格段の進捗を見た。顧客の購買履歴を大量に保有する企業も増加している。このような大量のデータを前にして，仮説を立案し様々な集計を試みる重要性は変わってはいないが，むしろデータそのものの関係を発見する可能性が強調されるようになってきた。つまり4950個のクロスの中から「思っても見なかった」関係を「仮説なしに」「結果として」「発見」しようとする作業領域の確立である。コンピュータ技術の進展がそれを安価に迅速に可能とさせたことも事実である。先のマヨネーズの仮想的な例では，「テレビ視聴時間が長い主婦ほどマヨネーズの消費量が多い」とか「アウトドアレジャーを好む主婦ほどマヨネーズの購買量が多い」などといった関係が結果として見出せる可能性があるのである。

　こうした大量データがまずあって，結果として関係が見出せてゆくような分析を「マイニング（mining）」と呼ぶようにこの四半世紀の間に一般化した。データを鉱脈に喩えて「掘る（mine）」作業と言うのである。[10]

　より具体的には，100項目のデータの例では，ある項目の99項目とのクロスを行い「関係」の強い順に表示する集計ソフトが開発され利用可能となっている。[10]例えばある特定のテレビドラマAを継続して視聴する人とそうでない人が個人データとしてある場合，以下のような関係の濃い順番（相関係数の大きい順）がシングルソースのデータ間で簡便に把握できるのである。

　この時，分析者の頭の中では，相関の高い項目から順に「ビールをよく家で飲んで」「音楽好きで」「週末はワゴンで家族で出掛け」「携帯電話好きの…社交的なのかな……」「30代主婦で」「子供は幼稚園までの」……とあたかもモンタージュのように「行間」が構成されてゆく。いわば関係が有機的に発見されてゆく。その際分析者の身近に存在する特定の個人が連想され「あぁ田中さんの奥さんみたいな人か」等のイメージが像を結ぶこともあろう。

関連事例 4

　1988年から以降90年代の森永乳業クリープの広告表現訴求の核は「乳製品」であった。キャンペーン開始時点まででの「競合ブランド（植物性脂肪原料）」との差別化はコピーフレーズ「ミルク生まれ」としか表現されていなかった。コーヒーを飲む牛を登場させ，消費者が実は気づきながらも「ただの製品情報でしかなかった原料」を「純良感溢れる」「他社とは全く違う」「企業ブランドと関連づけた」ものに，ビジュアル「コーヒーを飲む牛」と「乳製品でできている，だからおいしい」というコピーフレーズが転化させた。つまり「認知の構造に変化」を計画し，「純良なものを選ぶ」というモードを生成し，コミュニケーションで価値を打ち立て，高価格でかつ市場シェア向上という市場成果を実現させた事例である。

　ここで強調したいことは，少なくともデータ・マイニングの実務においては，このように個々の項目データ（これを本章では「行」と呼んだ）を読みつつも実は「行間」にあるある種のイメージ上の解釈を必然的に伴いつつ発見がなされてゆく，という作業上の事実である。これを避けて「行」のみを読むことのほうがむしろ難しい。厳密な論理実証がマーケティングの（少なくとも実務の）世界では解釈と不可分の形で行われる。

　また，有機的な洞察，創造的な計画視点といったインプリケーションを探るマーケティング戦略の構想から見れば，このことは単に「実務上」に限られた話ではないだろう。マーケティングはこうした「行」を扱いながらも「行間」を発見してゆく，そうした思考方法をもともと持っていたのである。この点は純粋な学と応用学との違いの（全てとは言えないが）少なくともひとつではあるのだろう。言語解析（テキスト・マイニング）やラダリングの分析手法も「行」を扱いながらも「行間」を洞察するという意味で同じ仕組みを持っている。

　人間は物事を要素に分けて，それぞれ毎に分解して理解しない。論理実証的な手続きを重んじる科学的な分析が外側からなされる際にはそのような認識もあろ

う。しかし当事者の構成する意味はそれでは掬い上げることが出来ない。当事者
の目線で見れば，要素に加えてさらに重要なこととして要素間の関係や「行間」
に対して，内部記憶を統合し，またある場合には内部記憶を投影し，意味を生成
してその認知反応，評価反応と一緒に物事は把握される。「解釈」とはこのよう
なプロセスに他ならない。この所作は，既に見たとおり生活者においても，また
アカウントプランナーにとっても実は同じである。

　であるならば，消費者の購買行動も，アカウントプランナーの分析行為も，い
かにして所与の「行」を越え「行間」に手を伸ばしているかを視野に入れること
を肯定することなしに充分な成果をあげることは出来ないのではないか。本章の
言うような「行間」という仮設的な概念が，消費者行動の解釈的理解の一方法と
して，また一計画用具としてその有用性を主張することも理解されるのではない
だろうか。(11)

・その気にさせる広告　さて一方，効果的な広告表現は「その気にさせる」場合
がある，といえる。「その気」とは，買う気であり，行く気であり，食べる気，
飲む気である。しかし広告効果の議論の中に「その気にさせる」効果はまず書か
れることはなかった。

　例えば「いかにもおいしそうな中華料理の映像やジュウジュウいう音声」の
CMを空腹時に見たとき，喉の乾いた夏の暑い日の夕方に「いかにも冷えていて
喉に爽快に突き刺さるようなビール」のCMを見たとき，また，20代の独身男
性が初めて自分専用の車を買いたいと思っているときに見る「塗り上げられた塗
装に風景を映しながら疾走するSUV」のCMなどは，明らかにニーズを自覚さ
せ強める，つまり「その気になる」広告が強い効果を持つ。こうした例は本人が
自覚するかどうかは別として，社会生活の中で「潜在的に」保有していたニーズ
が自覚され，強められたと考えられる事例である。

　もちろんこうした表現のタイプを「シズル」とは呼んでいた。ただその言葉は
広告表現要素の演出において使われる言葉であって，広告効果の体系の中にはき
ちんと位置づけられていなかったのである。

　また，家庭のきれいなトイレを映す「トイレ用芳香剤」の広告を見て「うちの
トイレは何とかならないのか」という強い不満を認識する主婦もいるし，外国人
タレントが登場するシャンプーのCMを見て「ゴージャスな感じがする」こと
に魅力を感じる女子学生もいる。こうした事例では先に挙げた例と同様に「潜在

的ニーズ」の自覚という解釈に加えて，一商品の購買だけでは課題解決が難しいようなニーズの認知反応がなされている点が指摘できる。

こうした「潜在ニーズ」に関する多くの事例がありながら，階層的な広告効果においては「知名」「好意」「購買意図」など「％」で表される効果が測られ，CMテストにおいても「購買欲求喚起度」という「％」が測られるに過ぎない。しかし上記の事例では必ずしも「そのブランド」には「知名」もなく「購買も予定せず」とも，また人数の多寡ではなく，ある特定の人にはニーズが強弱をもって自覚され喚起される，というはたらきがある。

つまり「階層的な広告効果」においては，①購買に向かう一直線の「心理的な変化」が想定されていて，②各々の段階を必ず順に全員が経て購買に至るかのようなイメージがあったので，③定められている「知名」や「好意」以外の「ニーズ喚起度」のような項目は測られることが少なく，④こうした必ずしも常には多人数に感じられるわけではない「強さ」は「人数比（％）」によって隠されがちであることが指摘できるのである。

たしかに購買は最も重要な「製品マーケティング目的」である。一方，特定のブランドとは別途にニーズに関する情報処理がともかくも進行する，という広告が存在するのである。

こうしたニーズ情報についての広告効果（いわば「ニーズ効果」）が，インテグレーションモデル（第3章第5節）では「ニーズ情報処理」として広告効果の体系の中にきちんと取り込まれたことは画期的なことである。ブランド連想がいかに好ましい状態であったとしてもニーズが減退する，代替商品にかつての使用機会を奪われたような製品カテゴリーに属するブランドは売上が厳しいことをインテグレーションモデルは心理面でも捉えている。伝統的な広告効果の考え方ではこうした市場状況のダイナミズムを自らの課題としなさ過ぎたのであった。

そしてニーズに関する情報処理は，往々にして「行間」に生成する。

任意のタレントA，B，C，……は何らかの記憶のスキーマを伴った存在だが，仮にその各々が，食べる「焼肉」，飲む「ビール」を考えてみる際には，その新たな関係である「行間」に個別具体的に様々に異なる意味が生成され「ニーズ効果」を生むことが確認される。伝統的な広告効果はこうした意味生成のダイナミズムをもまた自らの課題としなさ過ぎたのではないか。

表3-2-3　五つのコミュニケーション効果

コミュニケーション効果	定　　義	論点（水野補遺）
１．製品カテゴリーニーズ	そのカテゴリー（製品やサービス）が現在の動機付け状態と望ましい動機付け状態との間の知覚された乖離を除去または満足させるために必要である，と購買者が受容すること	欲望が形をなさない際の隠された広告等IMC効果，ニーズを喚起する効果
２．ブランド認知 ３．ブランド態度 ４．ブランド購買意図	略 略 略	いわゆる「段階的態度変容モデル」（DAGMAR，CSP等）の扱った広告効果
５．購買促進	他のマーケティング要素（4P）によって購買が妨げられないであろうという購買者の確信（水野補遺：たとえ若干高くとも買う理由，店頭で納得される購買理由）	購買情報処理の意思決定の中で見出される広告等IMC記憶の痕跡が特に購買時点で再生される効果。この際に消費者はその記憶痕跡を含めて「消費行動のシナリオ作成」を行い同時に「進行する情報処理を非定型的に方向付け」店頭の外部情報の解釈を行う。

Rossiter, Percy & Berghvist（2018）邦訳，p. 102の表を修正して使用。Rossiter & Percy の後継版。

3　広告効果に「行間」を位置づける

・段階的態度変容仮説の前提と補遺　以上見たように解釈的に見出される「行間」は消費者行動上もマーケティング上も重要な今日的な論点である。これを広告効果に引き戻して考えてみよう。

　近年定説となっている広告理論のひとつとして名高い Rossiter & Percy（1997）によれば，従来の段階的態度変容仮説に基づく広告効果の前後に表3-2-3のように前後各ひとつずつの隠された段階が示される。段階的態度変容仮説の前提の体系的な解明と補遺がなされているのが今日的な広告効果研究である。

　前段「１．カテゴリーニーズ」とは，仁科（2001）の整理の通り「ニーズ情報処理」が２～４のフレームで扱われていなかったことの確認であり，後段「５．購買促進」は先のCVS店頭の例のように，昨今の豊かな消費の中に見られる「意思決定延期型購買（それを買う時点までは買うものを決めていないタイプの買物）」において特に強調される店頭でのインタラクションの中に見出される広告等IMC効果である。逡巡や内的な会話（店頭における認知反応）の中にこうした広告等IMC効果の痕跡が見出せれば，それはまさに「最終段階」である店

頭，購買時点の広告効果である。低い製品関与下では一般に「これ，見たことがある」「これはコマーシャルで見たことある」といったレベルで広告痕跡は見出せる。正確な記憶を問題にするよりも，むしろここで機能するのは記憶の有無の感覚であろう。実際には，それで手が商品に伸びパッケージが裏返され表示が読まれるのである。さらに製品関与やブランド関与があれば，「広告の情景やタレントが商品をきっかけに頭の中で再生される」こともある。

　つまり，先に挙げた「その気」になる要素，特定のブランドや製品属性に還元できない「付着」等が Rossiter & Percy では「カテゴリーニーズ」と「店頭で生起されるニーズ」として狭義の広告効果の前後に位置づけられるのである。

　購買情報処理の意思決定の中で見出される広告等 IMC 記憶の痕跡が特に購買時点で再生される効果とは具体的には次のようなものである。例えばテレビ広告の記憶がスーパーマーケットの店頭で商品や POP を見たときによみがえる効果がこれにあたる。例えば「あらかじめ薄く加工してあるチーズ」の広告で「子供のお弁当に『海苔巻き』のように『チーズ巻き』を作ってもらって子供が喜ぶ」という「用途訴求」されていたことがあるが，この場合のことを考えてみる。これを，食の細い幼稚園児の母親が広告の受け手となった場合，断片的にせよ広告表現の一部が記憶されていたとする。広告のターゲットであるからそうした蓋然性は高い。その記憶がスーパーマーケットの店頭でパッケージを見てよみがえり，次の日のお弁当に「チーズ巻きも良いかしら」，と思って買う，と行ったことがあてはまる。

　この際に消費者はその記憶痕跡を含めて「消費行動のシナリオ作成（この例では「明日のお弁当を喜んで食べて残さない子供の顔」につながるチーズ巻き）」を行い同時に「進行する情報処理を非定型的に方向付け（手早い弁当作りによい，カルシウムも含まれている，など）」店頭の外部情報の解釈を行うのである（仮にチーズ売り場の POP に骨粗鬆症のことと手巻きのことが書かれていてもこのシナリオでは手巻きのところに眼がゆく）。この店頭刺激と内部記憶のインタラクションや思考の中に広告効果が位置づけられる場合，その購買促進効果は重要である。

　以上のことをイメージ図にしてみると，図3-2-1のようになろう。この図では，何を買うべきか不確定な潜在的見込み客である消費者は，購買に至る以前には，いわば多くの製品カテゴリー，ブランドの陸地の間の海を「さまよう船」の

図3-2-1　狭義の段階的態度変容広告効果が可能な条件イメージ

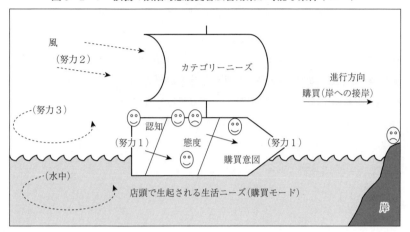

ようなもの，と喩えた。

　狭義の段階的態度変容効果では，消費者の心理変容プロセスを非認知から認知，認知から（好意的）態度，購買意図という「次の段階に進めること」と，その集計された比率において後者へのウエイトを高めることの二つを「広告効果」と認識していた。

　しかしながら，これはいわば「船の上」での移動の話であって，そもそもカテゴリーないしはブランドに対するニーズがなければ「船」そのものは動かない。購買アクション（行動）を接岸，着岸そして上陸に喩えれば，店頭カバレッジが低い場合でも発見しようとして探し回るようなところにまでは行かない。また，スイッチング・コスト（ブランドを変える際に，その行動に伴い発生する新たなリスク＝購買の失敗の可能性，使い勝手の試行錯誤など）を勘案した上でもブランドスイッチを行う積極的な行動にまでは至らない。この「探し回ること」「スイッチング・コスト勘案」の仮置きはPULLと位置づけられてきた「指名買い」という広告の効果の厳しい表現に他ならない。

　マーケティング・コミュニケーション努力（最も端的には広告計画の実施）によって「購買の生起」に向かって推し進められる船を購買の成立になぞらえれば，狭義の広告効果を推し進める努力は「努力1」である。そしてカテゴリーニーズを喚起するのが「帆に風を送る」努力（「努力2」）と位置づけられるのではない

だろうか。さらに進んで，購買時点の店頭等で生起されるタイプの広告効果への努力，つまり購買促進への努力は「努力3」として，いわば「水流（海流）」を作るような「風」と喩えられるのではないだろうか。

　購買の場（流通，価値実現）がなければ船は進まないので，それを「水（海）」に喩えることもあながち的外れではないだろう。

　つまり狭義の広告効果を挙げようとする「努力（努力1）」とは別に，ニーズ情報処理と「カテゴリーニーズ」の観点から「努力2」が，また，購買促進という購買時点での広告効果を挙げようとする領域から「努力3」が，各々分離して理解できることを指摘する。

　このような努力と効果を分離して理解するメリットは，努力1を充分に行い，それに対応する狭義の広告効果が挙がったとしても，それだけでは販売に結びつかないことが説明できる点である。古くから広告業界では，ニーズのない典型的な状態を表す言い方に「男にブラジャー，女に葉巻き」の謂があったが，まさにこうした状態である。さらに「カテゴリーニーズ」喚起の努力2が行われ，その効果が挙がったとしても，究極のPULL（努力3）が店頭で機能しなければ，自ブランドに購買が生起しない場合の課題状況も先の状況と分離して理解出来る。多くのセールス・プロモーションや広告表現要素の一部をパッケージに入れるタイプのIMCがこれにあたる。

・生成されるストーリー（またはシナリオ）　さて，ここまでで論点が定まってきたように，購買に近いレベルで広告効果を見出そうとすると，受け手の個人が生活や店頭でいかに外部刺激と内部記憶をインタラクションさせ，シナリオやストーリーを生成しているか，という微視的（顕微鏡的）な認識に至るという点である。個々の記憶や体験，またインタラクションの結果生成される思いは個人差が大きいだろう。状況によっても変わるから，従来型の把握方法に馴染んだ考え方では，不安定な認識であり予測，操作が難しいと感じられるだろう。

　しかしながら，一方，既に見たようにこの「行間」によってつながれる「行」は固有名詞であることが多い。誰が何時どこで何のために「ある商品」を買い，美味しいと言ったのかという「エピソード記憶」である。であるならば，もともと生活や購買に近いところで，広告が効果を発揮するためには，こうしたエピソード，また平易にはストーリーやシナリオの中でいかに扱われうるかというミクロなレベルで計画と遂行，実態把握と修正が問われることになる。

　このことは言い換えれば広告の送り手が計画する「行（ブランド，ベネフィット）」と広告によって付加される「行間（広告の情景，場面)」が受け手の生活なり購買の中ではどう受け止められ，変換されるかということである。実際には，必ずしもた易くこれらの関係が，スムーズに変換されない場合もまたあろう。より重要なことは，受け手が商品や広告を解釈し何らかの受容を行うこととは，意味を付与する行為の実践である。付与された意味は，送り手の意図には還元できない。それが「消費がイノベーションの源泉である」論理的な理由なのである。広告の送り手にとってはブランドを核とした連想に広告表現要素を付加しうるが，受け手にとっては，例えば「夫が酔ったときに飲む」「幼稚園に行っている子供が口ずさむ CM ソング」「主婦である自分が結婚前に実家で母が使っていたもの」等でありうるからである。ブランドを中心に連想は計画され得るが，一方，受け手にとっては，特定の家族や状況や場所が中心となって連想がなされた状態が事前にあるのである。生活の中での商品は多くの場合そのような固有名詞に囲まれた一要素にすぎない。⁽¹²⁾

　その中で，送り手と受け手という二つの異文化を越え**「動機づけのシナリオ」が描けないような広告計画は有効性がない。したがって，その描きたかったシナリオがいかなる態様で，生活や購買のストーリーの中で屈折，実現しているか，を問うのが「広告効果」という認識はさほど的外れではない**だろう。異文化間架橋の能力が広告には問われる。したがって架橋がいかに成立したか，が広告効果の論点となる（第1章に言う異次元架橋のうち，ここでは消費生活全体に関わるような関心事や長期的な行動パターンを「異文化」と呼んだ)。

　生活やその一部である購買行動は，個人的なストーリーやシナリオであろう。外側からは客観的に決定できない意味や重要度がある。その**ストーリーの中に意味や要素として企業が発信したマーケティング・コミュニケーションがどう記憶痕跡を留めているか。広告効果の把握とは，こうした生活と購買への控えめな従者の謙虚な道案内（stewardship）が広告計画であることを前提としてなされ，そのことが浮き彫りにされる時代**が来たのかもしれない。インタラクティブ・マーケティングの認識を広告に適用するとはこうした認識ではないだろうか。

　これが2010年代から送り手業界で「カスタマージャーニー」と呼ばれ想定ターゲット（ペルソナ）のストーリーやシナリオが言い替えられた。

・<u>購買「モード」という仮設</u>　本章で「行間」と呼んだことを一杯に含んだス

トーリーやシナリオを購買時点のそれに絞って「購買『モード』」と仮設（仮置き）することを提唱する。それはその時点に絞らなければ，従来ライフスタイルやシーンと呼ばれてきたことと重なる。それらのアプローチは，実は非力なことの多い従者ゆえに一商品の購買を離れ生活の魅力や価値観や生活信条，また具体的な場所や風景に取り込まれ，結果マーケティング上のインプリケーションの生産力を欠いた恨みがある。

　生活や消費の研究が広告やマーケティングから遠いと認識する，実践的な危険性を充分に勘案し提起するのが「購買『モード』」なのである。

　したがって，購買「モード」は生活とマーケティングをつなごうとする概念である。またその「動機づけシナリオ」は広告計画の骨子と，その屈折，実現を問う広告効果を結び付ける。また，購買時点に近いところで，生成するストーリーは「推しのインスタグラマーになった気分のコーデ（使用時の心理的状態のシミュレーション）」や「賢い嫁の正月支度（予期される社会的役割を果たすためのツール）」「食の細い子供の喜ぶ顔（生活上の懸案の解決と喜び）」「フランス風味の香味野菜のバターソテー味（従来よりも本格的な味の料理）」等のように様々なパターンがあり，不定形である。ただ購買の場では確かにこうした「行間」が認知反応の中に飛び交うようにフラッシュする。これこそがライフスタイル分析と広告計画をつなぐ確かな回路である。

　Polley（1983）は，広告の訴求（appeals）を43に包括的帰納的に整理した。もちろんアメリカの広告事例を扱ったものではあるが，日本には類似のものがまずない，と考えられる稀有の研究成果ではある。しかしながら，それは単に「安い」「人気がある」「楽しい」「便利だ」等に数多くの広告訴求が「最大公約数」的に整理されることをまとめたに過ぎない，という「中途半端さ」「道半ば」を感じさせる。購買時点に近いところで生成するストーリー，といった「行間」にこうした訴求が見出せれば，Polley の「道半ば」の（必ずしも全てではないとしても）goal が示されると考えられよう。

　購買「モード」の豊かな商品はそうでない商品に比べて「活性化した市場」といえる点も重要である。「ピーしてる人と恋してる」という広告に共感した人にとっては，それまで仕事用でしかなかった PHS や携帯電話は恋人との連絡，語り合いの道具として買われていたし，「モバイルギア」の広告に興味を持った人には最先端のビジネススタイルの構成要素として買われた。活性化していない市

場ではこうした購買「モード」が少なく，内容が希薄なのである。

　おそらく，購買「モード」の質量は，その市場の付加価値の総量と関係する。ブランドが資産認識されたように，購買「モード」も広告の資産機能を強く示唆する。

　ペルソナ（想定されたターゲット）のカスタマージャーニーもこうしたアクチュアルな出来事への共感的理解がなければ，ただの想定にすぎない。

4　「行間」の仮設によって再認識される広告効果

　さて，以上のように購買の場においても，広告接触の記憶においても，さらには広告計画上の意図においても，様々な付加価値の付着が商品になされること，それが様々な角度から解釈可能なことを確認した。さらには，それまでは顕在化していなかった欲望に形を与えるような情報提供——生活提案や社会的主張はまさにこのレベルである——を広告が行う時に，最も典型的に価値創造を行っている，という解釈もまた可能であった。

　しかしながら，こと広告効果の議論の中では，**「付着度」「付加価値度」「価値創造度」また「解釈の質量」「ポジショニング実効度」などが正面から取り上げられることがなかった。少なくともそのような尺度は一般には未だない。**

　このことは極めて妙なことである。なぜならば，広告によって生起する現象の解釈（端的には効果性の高かった際の差別化など）や機能の理解（広告クリエイターのねらいや説明を聞いた際の広告表現についての納得性など）としては，広告の付着が論じられ，また広告計画上は主たるねらいともなっている事柄が，その成果の認識である効果の議論においては「概念用具」すら未確立であったことを意味するからである。[13]

　あることは分かっていたし，ねらいでもあるが，その達成には無頓着という論理的矛盾がここにはある。

　インテグレーションモデルによって，ブランド記憶や購買時点で検索される記憶が広告効果の土俵全体の中に位置づけられた。この理論モデルにしたがってより高精細な課題が発見，計画され新たな広告効果指標が開発されてゆくであろうことを，本章ではシミュレートした。

　こうした議論を経て，到達する認識は，でははたして広告等コミュニケーションの送り手は「行間」である「モード」をいかにすればコミュニケートできるの

か，という点であろう。

ターゲットとの関連性（relevance）を適切に図ることができるかどうか，また広告表現の開発にあたってはその関連（性）度が測られ得る。そのためには，送り手にとって異文化の生活を営む生活者への読み，適切な意味生成をなし得る物語性も重要だろう。コンシューマー・インサイトとはこのことに他ならない。⁽¹⁴⁾

本章では，また別の重要な議論を行った。それは，広告が効果を持つ際に自覚の外に置かれがちな「行間」発信（＝広告等）と「行間」受信（＝購買「モード」），そしてその再構成（おそらくは生活「モード」）というコミュニケーション・プロセスである。重要なことは，このプロセスは発信者の意図に還元できない購買時点での意味構成と，さらに，資源制約によって意味が必ずしも具現しないという生活の構成，という二つの次元を貫く。受信者が主体として行うことと，受け手にとっては様々な資源（時間，資金，入手可能な外部情報，知識＝内部記憶等）が限られていることが，発信者の意図水準に還元できない理由である。要するに何が「受け取られ」何が「実現されるか」は，送り手の手を離れたところで生起するのである。

またそのプロセスは，そう解釈できるが他の解釈もまた可能である，という不確定性，偶有性を持ったダイナミズムによって進行する。同じメッセージに対しても，その後の次元で構成されることの個人差が大きい。しかし企業の発信する情報が，受け取られ生活の中に位置づけられ意味に構成される，とはもともとそのような複雑で多様なプロセスなのである。要するに受け止められたもの，実現したことは確かめてみないと全く分からないのである。腰ダメの作業で何かがうまく行く不思議な「同質」と「成長」を前提とした社会観は高度成長期のものであり，既に有効性を失っている。SNSの言われる2010年代もその基調は強まりつつあり同じ方向を向く。

成功事例では，市場という意味の場とのコミュニケート能力が「行間」をスパイラル状に拡大再生産する。この送り手能力向上のための認識に，1980年代までのリジッドな広告効果の議論が追いつかないところもあったが，その後の議論は単にブランドとインターネットだけだったわけではない。

マネジリアルなマーケティングから関係性マーケティングへのシフト，さらに送り手と受け手の相互主体としての認識，またポストモダン・マーケティングの議論，協創的な価値を目指すマーケティング等21世紀のマーケティングのいくつ

かの主張は，以上のような「行間」に着眼する「柔らかな」広告効果の認識を導くように思われるのである。それが本節の主張である。

　やや入り組んだ主張を「買い手」の行為の解釈やマーケティング主体の文脈に照らしてこの節では記述を試みた。しかしながら，要は「広告」と「購買」という二つの要素だけを見る場合においてさえも「人々は何を買っているのか」「人々は何を見ているのか」が実は判然としないのである。

　その後，2010年代，マーケティングパラダイムのひとつとして世界的にSDL（Service Dominant Logic）が注目された。商品（goods）を中心に認識するのではなく，その商品が生活，ヒトにどのような働きをするのか（serviceをするのか）という見方である。[(15)]

　本節は広告のSDLパースペクティブにアプローチを試みたが，道半ばである。なぜなら，無視される殆どの広告はserviceに届かず，回避・忌避される広告は負のserviceと言いうるからである。この議論は別途終章の第 6 章で試みる。

注

（1）　実際はこうした「基本的製品情報」「イメージ・生活提案」「社会的主張」の 3 つの区分がきっちりと分かれるというよりは，重層的に広告表現制作上追求されてきた，と解釈できるだろう。

（2）　古川一郎（1999）による提唱。古川は野中郁次郎・竹内弘高（1996）の『知識創造企業』（東洋経済新報社）における知識創造の枠組みを市場という場に拡大敷衍しマーケティング論に新たな議論を試みている。

（3）　こうした心理的なプロセスに関しては昨今多くのブランド関係の研究があろうが，例えばGriffin, J.（1995）には特定ブランドの推奨者には，これからも付き合い続けたい（販売中止となってほしくない）ので，そのブランドに業績を上げてもらいたい，新規顧客に推奨して貸しを作りたい，（邦訳 p. 270）等の「ひいき」「肩入れ」などのコミットメントの詳細につながる記述がある。

（4）　従来のゲシュタルト心理学的な全体的（ホリスティック）な体験に関する論点だが，昨今のマーケティングにおいてはPine II, B. J. and Gilmore, J. H.（1999），Schmitt, B. H.（1999）らが「経験」と呼ぶ論点である。

（5）　片平（1998）では「日本企業は驚くほどマーケティングが下手」と題し，失敗率の極めて高い日本の新商品（新ブランド）を分析し，一般に日本のブランドが欧米のそれよりも短命で「使い捨て」られている状況を述べている。

（6）　高橋（1993）では，POPAI／Dupon, Sternなどの先行研究を引き「非計画購買」をレビューしている。それを踏まえると，購買「モード」は，「その製品に対する事前の知識，理解がかなりあって，日常的に多頻度習慣的に購買される製品に関して，店頭認知が

きっかけとなって，家庭内在庫切れや使用シーン，ベネフィット，等IMCが源泉となっている記憶が想起され，生起する衝動購買（reminder impulse buying）」と位置づけることが出来る。これは購買「モード」の言葉を換えた定義である。購買「モード」を前提とすれば，Sternの分類，新奇性に引かれバラエティシーキングとして発生する「純粋衝動購買（pure impulse buying）」，店頭刺激によって購買する「示唆的衝動購買（suggestion impulse buying）」，特売やクーポンなどの条件による「計画的衝動購買（planned impulse buying）」の分類も相対化される。つまり内部記憶と店頭刺激のインタラクションはより複雑であるという理解である。この部分的な実証に鈴木・水野（1998）。

（7） セールスプロモーション関係の論者の中には「来店前計画購買」が減ったので広告よりもセールスプロモーションが有効，といった短絡した論理を展開することが特に80年代に見られたが，1990年代のAaker, Keller以降のブランド論でそういった短絡も一時期よりは見られなくなった。セールスプロモーションと広告の費用的なバランス，コンシューマー・フランチャイジング・ビルディング（消費者愛顧の確立，CFB＝現代で言うブランドと同義）の重要性などが恩蔵・守口（1994, pp. 155-173）でも結論づけられている。おそらくこの記述が購買「モード」への着眼である。インテグレーションモデルの中の「購買情報処理プロセス」の中でいかにブランド記憶が利用されるか，という問題意識からこの購買「モード」を説明概念化したことは，以上のような購買とブランドに関する研究課題領域，研究史的な中で位置づけが出来る。

（8） goal-derived category, schema based planning, dynamic evoked set等の概念が80年代以降の消費者行動研究には見られ，いずれも「商品カテゴリー」「エボーク・セット」からの絞り込みではなく，「消費目的」「消費知識」等の果たす役割が強調されるタイプの購買行動の指摘である。

（9） 川辺（1996），矢作（1994），高山（1996）などには具体的な消費者行動，購買行動の記述がほとんどなく「利便性」等と括られるにとどまる。

（10） ビッグ・データ（この中にはテキスト・データももちろん入る）の操作化とともにマーケティング実務の中でマイニングという言葉は急速に一般化した。
データサイエンス，AI（人工知能）のマーケティング利用も本稿の延長線上にある。

（11） もっとも解釈とは「手持ちの知識で関係づけが出来ること」であるから，マイニングの結果を解釈できて「発見」されることもある一方で，解釈不能で「見掛けの相関にすぎない」，あるいは「ノーコメント状態に終わる」こともあるだろう。その洞察と見落しの区別のための知識は，自動的に入手できるものではないだろう。

（12） 鷲田（2015）はこの「意図せざる結果」をイノベーション普及の鍵に位置付ける認識を示した。

（13） おそらくTalorら（1996）のまとめる「アメリカ的な広告実践」の論理が，日本の「広告効果」認識と分かち難く扱われたため，例えば（よりハイコンテクストな文化圏である）「フランス的な広告実践」の論理の中にあると考えられる「付着度」「付加価値度」「価値創造度」「解釈の質量」「ポジショニング実効度」などが隠されていたのではないか，という仮説が，状況とTalorらの整理の間から生まれる。Talorらのまとめる「アメリカ的広告実践」と「フランス的広告実践」は概要次の表のようなものである。Talorらは先

表 3-2-4　Talor らの「アメリカ的広告実践」と「フランス的広告実践」の相対化

	アメリカ的広告実践	フランス的広告実践
重視される情報の種類	フォーマルで多様な手法の調査	直観と体験
調査	大サンプルのサーベイ・リサーチ	観察，インタビュー，洞察。ターゲットの社会学的心理学的プロフィール。競合社と自社の広告の記号論的，言語学的分析
意思決定のスタイル	合理的	直観的
広告への期待	伝達と説得	誘惑と心の琴線への到達
観察される広告表現の特徴（内容分析を行う先行研究のレビュー）	説明，風刺，駄洒落，写真，子供，理想的な子供，有名人，栄養や安全，ブランド名，多いコピーの文字数，リーズンホワイ，直接的，競争的，推奨者	感情，セックス・アピール，ジョーク，イラスト，リアルな子供，製品の性能を超えた明示的な約束，暗示，ドラマ，少ないコピーの文字数，技術や製品・新しいアイディアへのフォーカス，間接的，スライスオブライフ，製品まわりの小さな物語

Talor ら（1996）をもとに筆者作成。

　行研究サーベイ，広告事例分析，広告関係者（クリエイター等）インタビューからこうした整理を行った。

　Talor らも言及するが，「合理性」も「直観」もともに経験に基礎を置くから，この 2 つの考え方は必ずしも排他的ではない部分があり，こうした整理は単に二項対立を示している訳でもない。ただ，アメリカで学位を取り，現在もアメリカの大学に籍を置く Talor ら 3 人の視点は，「アメリカ的広告実践」を相対的に記述させたものとして有益である。

　明らかに日本の広告実践の中では，広告効果が「認知率」「理解率」「購買意向率」等のリジッドな扱われ方のみの文脈で扱われた。輸入概念を解釈し得なかった時間が長かった。これは「相対化」のし損ね，あるいは咀嚼不足，さらに言えば，要は「広告効果」とは何かが分かっていなかったといって良いのではないか。広告効果の文脈では「付着度」「付加価値度」「価値創造度」「解釈の質量」「ポジショニング実効度」等が無視されたこと，あるいは隠されたことと，広告表現の上ではそれを「何よりも追及しようとしたこと」，そして両者が効果と計画として別領域で無関係な別物としてしか扱われなかったこと，「クリエイティブが何を伝達したかは測れない」とする調査観が疑問なく温存されたこと（第 1 章参照），などの諸問題が次々と浮かび上がるのである。この「日本的広告実践」の最大の陥穽は第 3 章（特に第 1 節）で徹底的に批判を試みた。

(14)　Fortini-Campbell, Lisa（1992）によって提唱された消費者の「動機のつぼ」を洞察することの意。もともとは Fortini-Campbell 自身が勤めていた広告会社ヤングアンドルビカムのアカウントプランニング・セクションの名前だった。以降のアカウントプランニングの中で一般化したことば。その後20年を経て，インサイトはマーケティングとコミュニケーションのビジネスの中で最も重要な地位を占め続けている。

(15) SDL の背後にはアフォーダンス理論や ANT（Actor Network Theory）などマーケティングにとどまらず，幅広い社会科学に通じるパラダイムがある。詳しくは井上・村松（2010），井上（2021）。広告を SDL に位置付けようとする試みに柴田（2012）がある。

ネーミングライツは21世紀の新現象

　ネーミングライツは海外では先行する事象がありながらも，日本で，主として公的な施設の「名前」が，契約によって使用権が対価を伴って売買される，いわゆる「ネーミングライツ（命名権）」として認識され実践が伴ったのは，2002年と21世紀の新現象である。本節ではこれを広告計画の一側面と確認し，「広告効果」のダイナミクスを観察し，一見広告，あるいは IMC とは遠いように見えながらも，そのカラクリ全てに通じる基底的な認識に向かう議論を試みる。

1　ネーミングライツの価値の源泉としての広告効果から

・価値の源泉としての広告効果　ネーミングライツの効果を理解するには，広告効果そのものの近年における理論の体系を参照するべきである。なぜならば，ネーミングライツの経済価値とは，今世紀に入って以降ようやく一般化した新たな社会経済現象であるからである。(1)

　行政学研究の木村（2014）では，アメリカで「寄付・遺贈を行い，その代わりに特定の施設・設備に対して命名を行うという行為（この行為がネーミング＝名付け，である）は，100年以上の歴史を持つ」とされるが，多くの国々で，都市名，地名，通り，広場，建物，駅などにギリシャ，ローマの昔から歴史的に人名が観察されることから，アメリカに先行してその淵源は深いと考えられよう。おそらく，権力者が時空間を支配する際に，年号を持って「時間」を，地名を持って「空間」を支配しようとしたことも推測可能である。ただしその観察は，古代以来の様々な文化圏に及び，歴史的な人文地理研究や都市・建築史研究などを伴うであろうから，本節の視野をはるかに超える。ここでは，ブランドがマーケティング競争上の手段として自覚された近年の事例を考察・接近したい。

　100年を超える広告効果研究の中で，最新の認知心理学的広告効果のモデル（概念図式）を示した仁科貞文（2001）の枠組みインテグレーションモデル（本書3章5節に後述）によれば，いわゆる広告効果は，名前を覚えたり，その製品の特徴や属性などを理解したり，広告や口コミによってブランドの連想を増加させたり，といった「コミュニケーション効果」がまず認識される。広告の受け手に

83

おける心理的な効果であり，心理学用語では「認知」「記憶」あるいは「態度」と呼ばれることが広告によって形成される伝統的な枠組を指す。

しかしながら他方，「消費者行動効果」という，モノを買う際にそのブランド（名前，商品名）を思い出したり，良い・悪いという評価を含んだ記憶が参照・再生されたり，他の比較対象と比べたり，衝動買い（既に知っているモノの特売など衝動買いも過去の広告等の記憶と関係）を引き起こしたりする，購買・選択に直結寄与する効果もある。後者は，スーパーマーケットやコンビニエンスストアの店内，自動販売機の前，また「スマホのアプリに GPS 利用のクーポンが送受信され」利用されること，テレビションピングの衝動買いなどが，その効果が発揮される TPO の例として挙げられる。

　この２つのことは，前者が主として「広告効果研究」（社会心理学，消費心理学の伝統を継ぐ），後者が主として「消費者行動研究」（マーケティング研究の各論として派生）と分かれて研究されがちで，その片方の議論を行う際には，もう片方が忘れられがちである。仁科の整理では「この２つをつなぐ論理がなかった」とさえされる。ニーズとブランドという２つの情報処理（認知，記憶，評価）がそれら２つをつなぐのである。

　しかし，このことをネーミングライツの議論に引き寄せて認識すれば，殆どの「ネーミングライツ」事例は「コミュニケーション効果」を中心に認識されていて，実は「消費者行動効果」があまりにも等閑視されてきた，と言える。

　つまり，広告効果に２種の類別があるのであれば，各々に独自の論理があると考える方がむしろ自然な流れであるはずなのが，そのことが忘れられていた，と考えることが出来るのである。例をあげれば，横浜市のネーミングライツ契約で年間契約額が高額であることから著名なサッカーの日産スタジアム（表３-３-２．参照）の「コミュニケーション効果」は，来場者，サインを視認する通行人，日常生活で地図を指し示したり会話の中で用いたり，といった「馴染み感の醸成」から，「日産自動車は神奈川県の企業」（本社社屋が横浜市）という「地元意識作り」，サッカーをスポンサードする「日産ブランドへの良いイメージ付け」などが当然広告効果として考えられている。このことは一般に考えられる広告効果の論理とネーミングライツの論理が整合する。

　とはいえ，他方，乗用車の販売において，例えば見込み客の家族の中にサッカー好きの男子小学生が居た場合，サッカーファンには対戦カードや時期によっ

ては垂涎の日産スタジアムで行われる「Jリーグ公式戦の観戦チケット」が販売促進ツール（オファー，景品，ホスピタリティとも呼ばれる）としてプレゼント可能ならばどう考えればいいのだろうか。スポーツ等催事一般のスポンサードには「スポンサーメリット」としてこのような，契約スポンサー以外には排他的な協賛企業メリットが契約上明示的に含まれることがある。国際的な取引慣行である。そのようなチケットを貰った子どもと親とって，比較中の他の自動車メーカーや他のディーラー（自動車販売業），セールスマンとはまったく違う「親しみ」が日産自動車には感じられるだろうし，場合によっては「義理」も感じてくれるだろう。贈与行為は現代的にこのような商業利用がなされる。この他社に比較しての「優位的な差別化」効果は絶大であろう。

　このような広告効果は日産自動車のクルマ選びを行っている見込み客に対して，自社の製品の購買に有利に働く「消費者行動効果」と考えるべきで，その効果は，一般に考えられる知名や馴染み感といった「コミュニケーション効果」とは別の次元の営業行為に直接的な効果である別論理があると考えるべきであろう。

・地方自治体の平成の大合併の結果　ネーミングライツは，公共的な施設や場所にも適用される。

　その効果は，コミュニケーション効果，とされがちだが，消費者行動効果としても大きな効果を持つことを見た。

　この2つから考えれば，地方自治体の合併等に伴う「新しい名前」はネーミングライツの極北（消失点）に位置づく。なぜならば，究極の公共ネーミングとは国名であり，地方公共団体名であるからである。その「コミュニケーション効果」は想定しやすいとしても，では「消費者行動効果」に該当することとはどのようなことなのだろうか。

　この場合にはいわゆる「消費者」ではなく「住民」，「一般大衆」，「国民」などが措定されるから「住民行動効果」「一般大衆行動効果」「国民行動効果」などとなるが，あまりにもこなれない言葉なので，「行動効果」と略すこととする。

　公共性の高い名前が，全国的にほぼ一斉にまったく消えてなくなってしまったのが「地方自治体の平成の大合併」であった。表3-3-1はそのほんの一部で，歴史的地理的なこととは切り離されて，用をなさないと批判のある場合のあるいくつかの事例を書き出したものである。

　こうした「地名」の変更は，もちろん法治国家の現代日本社会においては「法

表 3 - 3 - 1　歴史・地理経緯の薄い「平成の大合併」で出来た地方自治体名事例

地方自治体	経緯	批判点	留意点
滋賀県湖南市	甲賀郡石部町と甲西町が合併	琵琶湖に面していない	
岡山県美咲町	中央町，旭町，柵原町が合併	旧地名がまったくない	
岡山県瀬戸内市	邑久郡の邑久町，牛窓町，長船町の合併	きわめて広域の地名を名乗るため県外からは位置が分かりにくい	旧町名は使わない案を住民投票で選び決定。邑久郡は消滅。
愛媛県四国中央市	別子山村，新居浜市，川之江市・伊予三島市・土居町・新宮村の合併	きわめて広域の地名を名乗る	
岩手県奥州市	水沢市・江刺市，胆沢郡前沢町・胆沢町・衣川村の合併	きわめて広域の地名を名乗るため県外からは位置が分かりにくい	
山梨県甲州市	塩山市，東山梨郡勝沼町，大和村の合併	広域の地名を名乗る県外からは位置が分かりにくい	
鹿児島県南九州市	川辺町，知覧町，頴娃町が合併	きわめて広域の地名を名乗るため県外からは位置が分かりにくい	

自治体公式サイト等から筆者作成。

に則った手続きを踏めば」可能な事柄である。その中には，合併する前のそれぞれの議会の議決，また住民投票などもあった場合がある。少なくともその法制度や手続きについての議論をここで試みようとはしていない。

　明らかな「社会生活上の混乱」のことを考えてみる。ある程度以上の年齢の社会人にとっては，日常的に行かない地域の地名は，天災，重大事件（大事故，大火災など），天気予報などの際にニュースで見るものである。その際参照される記憶は「小中学生の際に習い覚えた地理・歴史」である。その際見知った地名がなくなって，まったく知らない地名がニュースでも流れることになる。

　各種の入学試験でも，この新しい地名を問うような設問はされにくいのではないだろうか。何を「一般常識」とするか，についての何か，端的に言えば「公共性のある知識」の一部が失われたのである。

　この場合の「行動効果」とは何か。端的には「観光客がその場所を見失い旅行先として異なる場所へ行ってしまうこと（観光客が目標を見失うこと）」や「その地域で育つ若い世代がその場所にそれ以前の世代とは異なったアイデンティティを形成すること」などが考えられる。ことは，長期には人口問題や社会関係資

本にまでこの影響は及びかねないから，このことをめぐる議論の余地は大である。

　公共的な記憶が操作される，といった補助線を引くことで，ネーミングライツ（この場合は操作とは売買となる）の副作用理解にもつながるような気がするのである。この点については本章4節で別途掘り下げる。

2　スポーツ・文化施設の高額な契約金額

• 高額なネーミングライツ事例の観察　行政学研究者の木村（2014）によれば，ネーミングライツは「施設・設備が有名であることなど特定の事由が存在する場合」経済的価値が見出される。としている。

　しかしながら一方，そうした実践の背後に，まだ触れられざる論点が山積するように思われる。そのひとつは「何にネーミングライツが適用されるべきか」という点である。結論から先に言えば，文化・スポーツ関係の施設や設備よりも，交通機関の駅等の方が，経済効果と公共性の両立が図りやすいのではないか，という見解である。

　たしかにネーミングライツは表3-3-2に掲げるように，スポーツ・文化施設において高額な契約事例が多数ある。いずれも，大規模な文化・スポーツのイベントが行われるから，その入場者数や，マス・メディアで報道される回数，またSNS等での口コミでの発生，そして日常会話での言及される回数などが容易に思い浮かぶ。

　しかしながら，「オリンパスホール八王子」の事例では，危惧されるリスクが顕在化したことも重要である（2011年，同社の粉飾問題発覚後もネーミングが継続され今に至るも使用を中断するべき，との意見が市民，同社ステークホルダーからあった。[(3)]）。

　従来から，『財源は自分で稼げ』に対する不安や批判として，たとえば「公的に使われる印刷されたもの（市役所の封筒など）の中に広告スペースを設ける」場合，あたかも「市がその施設を推奨している」かのように，利用者から受け取られる懸念があった。

　むろん，その施設を保有するのも純然たる営利企業，ネーミングライツを契約で使用権取得するのもこれまた営利企業，という，いわば「民対民」の場合と，地方自治体が保有する施設，使用権取得が企業という「官対民」の場合で若干論点は異なるだろう。少なくとも，「民対民」では，反対が仮にあったとしても，

表3-3-2　ネーミングライツの高額な契約事例

施設等の所有者	施設名	ネーミングライツによる名称	スポンサー企業	施設種類	契約金額(年額)
千葉市	千葉マリンスタジアム	QVCマリンフィールド	QVCジャパン	球場	1億4850万円
横浜市	横浜国際総合競技場	日産スタジアム	日産自動車	多目的競技場	1億5000万円
名古屋市	名古屋市総合体育館	日本ガイシスポーツプラザ	日本ガイシ	屋内体育施設	1億2960万円
京都市	京都会館	ロームシアター京都	ローム	多目的ホール	1億500万円
大阪市	長居陸上競技場長居第2陸上競技場	ヤンマースタジアム長居ヤンマーフィールド長居	ヤンマー	陸上競技場	1億800万円
広島市	広島市民球場	MAZDA Zoom-Zoomスタジアム広島	マツダ	野球場	2億3760万円

ZOZOマリンスタジアム（日経産業新聞2016年11月21日付9ページ），日産スタジアム（日本経済新聞2004年10月7日付13ページ），日本ガイシスポーツプラザ（日本経済新聞2007年3月16日付7ページ），ロームシアター京都（日本経済新聞2011年2月8日付12ページ），ヤンマースタジアム長居，ヤンマーフィールド長居（日本経済新聞（大阪）2014年2月21日付16ページ），MAZUDA Zoom-Zoomスタジアム広島（日本経済新聞2008年11月5日付夕刊3ページ）。

経営者が判断したのであれば，あとは株主総会でしかその判断は覆せず（制度上はともかくも）事実上，経営の自由の下にあるとしか言いようがない。こうした論理で，「民対民」は，通常の企業間の経済行為，企業行動，と解する，そうした支配的な論理がありそうである。

　それに対して「官対民」の場合はまだまだ勘案されるべき問題があると考えられよう。

・営利事業に密接に関係する交通機関のネーミング　このことをより経営的・商業的に置き換えて認識すれば，「鉄道駅」や「空港ターミナル」また「船舶ターミナル」の命名効果はきわめて大きい。「空港ターミナル」へのネーミングライツの適用とは（以下は架空の例であるが），たとえば，伊丹の大阪国際空港（空港コード：ITM）南ターミナルを「ANA伊丹ターミナル」，北ターミナルを「JAL伊丹ターミナル」と独占命名させることや，大阪市営地下鉄の「梅田駅」を「阪急百貨店梅田店前駅」，「なんば駅」を「高島屋なんば店前駅」と呼称させることと同種のことである。その公共性，営業との密接な関係はきわめて大きい。

　具体的には，（1）利用者の利用時の利便性の向上（端的には道に迷いにくくなる），（2）観光案内ガイドブック，パンフレット，地図類での認知，（3）利用者・事業関係者に加えて，その周囲の人々（家族，近隣，知己，地域住民一般）の日常会話での使用，（4）当該事業者のユニークさや顕著性の確立による他の競合する交通手段への比較時対抗力の向上（少なくとも定着後は高齢者や子どもにも説明しやすい），といった営業に密接に関係する効果が期待される。

　このことは，単に「コミュニケーション効果」しか持たない文化・スポーツ施設のネーミングライツとは決定的に異なる「消費者行動効果」と認識すべきことを示している。

　つまり交通機関のネーミングライツは，２種類の広告効果，いずれにおいてもきわめて高い期待がなされると考えられるのである。

　港湾，空港，駅，バス停，歩道橋など広く一般に利用される公共交通機関は，もちろんその社会的・経済的な重要性から公共的であり，民営においても法的な枠組みの中に置かれる。このことは，利用者・生活者一般にとって利用の「利便性」が広くあまねくあるべきである，という論理につながる。国道標識や公的な地図類，またマスコミの報道の本文，アナウンスにおいて「明示される必要」や「参照されるべき価値」が告知そのものにある。

　公共性とは，当該地域住民や当該地域への域外からの訪問者など多数の生活者に対して，一般に開かれた状態のことでもある。他方この同じことが，多数の利用者に接触しうる「交通機関関連広告効果」の経済価値の高さともなる。このことは，私道よりも公道，都道府県道よりも国道といった「往来交通量」の多寡にも重なり，その道路から視認しやすいように設置された屋外広告一般の広告効果価値，単的には「広告料金」の多寡に結びつく論理と同じである。

　このことは「ネーミングライツ」における，公共性と経済性の二面が表裏一体である，という論理を根本で支えていることを確認させる。それに対して，スポーツや文化的な公共施設の持つ公共性は，同じ論理構造にありながらも，決定的に「利用者」概念が異なる。

　文化スポーツ施設のネーミングライツが高額な契約事例が多く，交通機関のそれが少ないことは，ただの経緯に過ぎない。効果や論理を辿れば，むしろ駅などの方がこの考え方（百貨店などの著名商業施設の「前」）に沿い，適切なのではないか，という見解をここでは示しうると考えた。

少なくとも，「コミュニケーション効果」と「行動効果」の効果が論拠である
ネーミングライツ実践では，片側しか持たない文化・スポーツ施設と両側を持つ
交通機関の２分野が区別されてしかるべきであること。加えて後者の取引価格が
廉価で高額な取引事例が少ないことは，見掛けのことで効果を反映したものでは
ないことを指摘する。

3　命名とは「自覚の外」をうまく言い表した場合理解され定着しやすい

　さてここで，ややショッキングな事象から，基底的な「効果」についての考察
を深めたい。

　「ニッポン（NIPPON）」という名前の薬がイギリスでは売られている，それも
「アリの駆除剤（ANT KILLER）」して「庭いじりの好きなイギリス人にはよく
知られ」園芸店で販売されている，というややショッキングなエピソードを紹介
するのが，建築史・風俗史研究の井上章一（2009）である。続けて，ブラジルの
リオデジャネイロには「キョート（KIOTO）」という名前の「ゴキブリ，シロア
リをはじめとする害虫駆除」の会社があり，市内では「ゴキブリの絵と KIOTO
と車体に描かれた白いライトバンをよく見掛ける」「しばしば出くわす」という。
同様に，サンパウロでは「トーキョー」「オーサカ」さらには「富士山」「ナガサ
キ」「イバラキ」という日本の地名の害虫駆除の会社があるという。また，リオ
デジャネイロでは「日本練薬（モッサ・ジャポネーザ）」という商品名のゴキブ
リ用の殺虫剤が売られている，という。

　この記事が掲載された雑誌『をちこち（遠近）』は，国際交流基金が発刊した
現在は休刊となった定期刊行物である。だから，井上のユーモアに富んだ寄稿も，
単に一般向けのエンタイテインメントとして書かれたというよりも，多くの「海
外交流関係者」に読まれあらためて考えさせるに足る論考だったとも考えられよ
う。[4]

　つまり，ここでこのエピソードを引いたのは，「そのネーミングのその商品・
サービスに接するまでは『自覚の外』であった日本イメージ」を，なにがしか以
上の適切さでうまく言い表したと思われたのであろう，という論理である（名付
けた送り手にとっても，初めて接した受け手にとっても，その言語圏で生活して
いるものにとっては，事は同様である。）。はじめてそのネーミングの付いた商
品・サービスに接した人は，あたかも「膝を打つ」ように分かったのである。そ

のような日本・日本人に対する社会的ステレオタイプが利用された場合，その商品・サービスは，他のイメージと結びつけられるよりもおそらく「適合性」があり，記憶されやすく，定着しやすく，結果「ビジネスがうまく行く」のであろう。

イギリス，ブラジルという特定の国のエピソードだが，ここには相当の一般性を感じることが可能である。現代の日本社会にも，数多くの「特定の地名」が商品名，会社名，そしてそれらと連続する広告に用いられていることが，きわめてたやすく観察できる。つまり「商品・サービス・事業領域」などのビジネス実態が，ネーミングがまとう「国・地域・文化」などのイメージに，結び付けられ商業上利用されることは，現代社会では一般的なこととなっているのである。

念のためいくつかを挙げれば，パリ，英国，ハンブルグ，イタリア，ブルガリア，などが特定の企業，屋号なり製品ジャンルと結びついている。ことは海外の例ばかりではなく，札幌，横浜，奈良，神戸，博多，と任意に都市名を挙げれば，海外の例と同様に，特定の製品名，企業名，製品カテゴリー，料理名などが，その地名を冠する前に比べていい意味をまとって思い浮かぶのである。

逆に言えば，その商品・サービスの「自覚の外」になかった類のイメージを付加しようとするネーミングは，長期の継続的な使用によって結びつくとしても（たとえば石鹸とライオン＝日本，鳩＝アメリカ），短期（この場合の短期は一瞬から数年が含まれよう）には，その商業利用においては，少なくともアドバンテージ（優位性）にはならないことが理解されるのである。つまりは，成功確率が減じるので，実践上はその商品名としての名づけ（ネーミング）は，選べるのなら「止めた方が得策」となる。

このことは認知心理学を教育・学習に適用した佐伯（1975）が，早くからその研究で唱えていた「知識の構造化」が「単なる繰り返し」よりも格段に学び（理解・記憶）には有効であり，したがって重要である，ということの応用的な確認に他ならない。むろん社会的ステレオタイプの利用として批判も可能である。とはいえ，そうした大衆の認知と記憶の利用という社会現象は，きわめて「メディア社会的」であることもまた指摘できる。

4　諸学とブランド研究の抽象化

論理的に言えばブランドに先立つのが「ネーミング」である。

しかしながら，この四半世紀ほどの間，世界的に広告の実務や研究でブランド

が占めた地位の大きさは否定しようもない。経営学，会計学，企業の M&A，会計基準の議論，等理論と具体的な実践までを巻き込んだキーワードとなったし，今や「広告の言い換えがブランディング」という捻（ね）じれまでが実務界では行われることとなった。もともと今言うブランドは1980年代までは「広告の長期効果」とか「コンシューマー・フランチャイズ＝消費者の愛顧」という言い方で広告効果の議論の中にあったことだったが，それすら忘れられている。

　子細にここでブランド研究をレビューするつもりはないが，マーケティング研究としての包括的な説明を試みた田中（2017）においても，企業経営，マーケティング，広告，拡張（他の製品に同じブランドを拡げること），グローバルと，主としてビッグビジネスの組織やマネジメント，また戦略や実践，さらには効果の詳細についての実証に関心がある。概念間の関係を問うのはマーケティング研究のあり様であり，ある種の抽象化志向が自覚せずに強いことを南（2017）は卓見するが，ネーミングもブランドも状況的な社会現象だけにそれで取りこぼす部分はまた別途あると当然考えられよう。

　方や，高橋（1985, 1988, 2015）（高橋はのち日本創造学会会長），松島（1980, 2011）（松島は弁理士である），星野（1985, 1991）（星野は電通勤務のプランナー），岩永（1983, 1998, 2006, 2017）（岩永はコピーライターである）と実務書・実用書として「ネーミング」の書籍は別途公刊されている。マーケティング等の抽象的な議論や研究とは別途，具体的かつ広範に（たとえば個人の営む和菓子，洋菓子店を想像すれば）ネーミングの関心や実践があるのである。

　さらに，文化人類学，言語学といったより基底的な諸研究者によっても，ネーミングはひとつのトピックスであり，そこには独自の示唆がある。

　とはいえ「商品の名づけ」そのものはやあはり言語学のトピックスではあっても，そのものに焦点付けた研究も少ないようである。たとえば社会言語科学会の雑誌『社会言語科学』の創刊号から2017年9月（20巻1号）までの掲載論文タイトルを見る限り商品名を含むものは1件だけであった。[6]

　この抽象化は，かつて社会言語学者真田信治編（1987）が期待した，人名や商品名などを広く渉猟し観察を行うような記述研究とは違う方向を感じさせざるを得ない。本小論冒頭のリアリティ（殺虫剤と日本人イメージの共鳴というアクチュアリティ）や，神戸という歴史を持った地名と，コロッケという近代日本の和風洋食が組み合わされるだけで，他のいかなるコロッケの形容よりも「デパート

地下の食品売り場」で魅力を感じさせている，そのような記述を，多くの学の抽象化が「触れにくく」しているように思える。

　言語も文化であるが，言語研究も文化研究と同じく，たとえば「コーパス（使用頻度を加味した日常言語使用の集合）」を統計化することで得られることと，それでは得られない，取りこぼしてしまうことの双方を視野に入れる必要が感じられる。広告研究もまた文化研究の側面を持っていることに気付かされる。

5　ディズニーランドのスポンサーと「神戸コロッケ」の違い

　多くの地方自治体が「新たな財源」として，公共施設に「スポンサー名称」を募ることが，この10年の間に一般化したが下記の新聞報道事例のように，実はネーミングライツの契約ははかばかしくない。

　　　大阪市「大ショック」，124橋の命名権売れず

　　　大阪市は26日，JR大阪駅と阪急，阪神梅田駅を結ぶ市の「梅田新歩道橋」について，企業名や商品名を付けることができる命名権（ネーミングライツ）を，「ロート製薬」（大阪市）が年間610万円で購入すると発表した。

　　　契約は4月から3年間の予定。3月にも同社が歩道橋の名前を決め，正式に契約を結ぶ。

　　　新名称には社名か商品名が付く見通し。橋げたの5か所にシールでロゴやマークが表示できる。

　　　命名権の代金は，市が管理する歩道橋や道路の維持管理費に充てる。市は，昨年12月から同歩道橋を含む125橋で命名権購入者を募集していたが，購入者が決まったのは同社1社が応募した同歩道橋だけだった。市の担当者は「梅田以外でも目立つ歩道橋はあり，売れると思っていたので大変ショック。対策を練り直したい」としている。

　　　　　　　　　　　　　　（読売新聞　2013年2月26日（火）15時39分配信　記事）

　大阪でもっとも通行人数の多い歩道橋ネーミングロート「よろこビックリ」は殆んど口の端に登らず）すら，契約更改には至らず「阪急阪神連絡デッキ」という名称で現在に至る。

　また，ネーミングライツの過去事例においては，スポーツ・文化施設が圧倒的

に多数であるが，高額かつ長期の事例に「箱根ターンパイク」がある。観光地としても名高く曲がりくねる有料道路の山道は，タイヤや自動車の冠（TOYO タイヤ，その後 MAZDA（マツダ）の）ネーミングに相応しく，道路へのネーミングライツとして稀有な事例であったが，これまた残念ながら，MAZDA 主催のレースイベントで「通行する一般人」を巻き込む交通事故が生じたため現在はBtoB 企業との契約となっている。

このように，かつては「無から有を生じるかに見え」，また「公共的な施設に私的な愛称を正式に呼称できる」そのこと自体が，ネーミングライツ契約の価値であると考えられてきたが，何らかの「適切性」の方がむしろネーミングライツ契約の隠された条件として考えられるべきである，ということを示している。

ここに挙げた事例では，各々，点眼薬が主たる事業である製薬メーカーと梅田の歩道橋との間のイメージ上の適切性のなさ，タイヤメーカー，自動車メーカーと曲がりくねる山道との間の何らかの性能の良さを示唆するイメージ上の適切性，ただし，一般通行者との事故というその後の社会的な不適切性，また，施設そのものの創設間もない場合のネーミングライツ契約のそうではない場合との比較でのタイミングとしての適切性，などが指摘できるのである。

公共団体等の施設が主として民間企業との間で行うネーミングライツの契約は21世紀に入って一般化したが，その募集の多さに比して契約に至る事例は必ずしも多くないのが実情である（いったん契約に至った場合でも，更改が難しい場合も多い。またその契約金額も一部の例を除いて多額な金額ではない。）

この契約を「期待通りに行いにくい理由」には様々なものがあるが，一般に，施設名（A）と契約によって付与されるネーミング（B）のいずれか，ないしは両方に（契締結公表以前の）「イメージ（具体的にはブランドから連想されること）」が充分に蓄積されていない場合，いったん契約に至っても「期待された効果」が生じないためであると考えられる。

たとえば「長居陸上競技場」（と「長居第2陸上競技場」）（A）については，サッカー J リーグのセレッソ大阪の母体（1957年創部のヤンマーディーゼルサッカー部）となった「ヤンマー」（B），双方に（少なくともサッカーファンの心の中には）長年の「イメージ」の蓄積がありその結びつきが，多くの人々に共有された成功事例と考えられる。それに対して契約と更改に至らなかった事例では，A，またはB，あるいは両方に付加されていた「イメージ」が乏しく，また（し

表3-3-3　東京ディズニーリゾートにおけるスポンサード

企業名	東京ディズニーランド	東京ディズニーシー
NTTコミュニケーションズ	ピーターパン空の旅(R)	ジャスミンのフライングカーペット(A)
NTT docomo	ハピネス・イズ・ヒア(P)	ファンタズミック！(P)
花王	スプラッシュ・マウンテン(R)，ハンドウォッシングエリア(O)	トイ・ストーリー・マニア！(A)，トイビル・トロリーパーク(O)，ハンドウォッシングエリア(O)
Kikkoman	ポリネシアンテラス・レストラン(R)	レストラン櫻(R)
KIRIN	カリブの海賊(A)，ロイヤルストリート・ベランダ(O)	S.S.コロンビア・ダイニングルーム(R)，テディ・ルーズヴェルト・ラウンジ(R)
講談社	トゥーンタウン(O)	タートル・トーク(A)
ENEOS	ジャングルクルーズ：ワイルドライフ・エクスペディション(A)	ディズニーシー・トランジットスチーマーライン(A)
JCB	スター・ツアーズ：ザ・アドベンチャーズ・コンテニュー(A)	ニモ＆フレンズ・シーライダー(A)
J:COM	キャンプ・ウッドチャック(O)，ウッドチャック・グリーティング・トレイル(A)，キャンプ・ウッドチャック・キッチン(R)	アブーズ・バザール(G)
第一生命	ビッグサンダー・マウンテン(A)，ベビーカー＆車イス・レンタル(O)	センター・オブ・ジ・アース(A)，ベビーカー＆車イス・レンタル(O)
DAIHATSU	東京ディズニーランド・パーキング(O)	東京ディズニーシー・パーキング(O)，マーメイドラグーンシアター(A)
大和ハウス	スティッチ・エンカウンター(A)	キャラバンカルーセル(A)
TAKARA TOMY	ウエスタンリバー鉄道(A)	ディズニーシー・エレクトリックレールウェイ(A)
日本通運	イッツ・ア・スモールワールド(A)，宅配センター(O)	シンドバッド・ストーリーブック・ヴォヤッジ(A)，宅配センター(O)
JAL	ミッキーのフィルハーマジック(A)	ブロードウェイ・ミュージックシアター(O)
Coca Cola	スペース・マウンテン(A)，リフレッシュメントコーナー(O)，トゥモローランド・テラス(R)	海底2万マイル(A)，ケープコッド・クックオフ(R)，ケープコッド・コンフェクション・ドリンクワゴン（アメリカンウォーターフロント／ニューヨーク）(R)
UNISYS	東京ディズニーランド・エレクトリカルパレード・ドリームライツ(P)	フォートレス・エクスプロレーション(O)

ハウス	カントリーベア・シアター(A)，ハングリーベア・レストラン(R)	カスバ・フードコート(R)
Panasonic	モンスターズ・インク"ライド＆ゴーシーク！"(A)	インディー・ジョーンズ・アドベンチャー：クリスタルスカルの魔宮(A)
FUJIFILM	カメラセンター(O)，スプラッシュダウン・フォト(O)，バズ・ライトイヤーのアストロブラスター(A)	マジックランプシアター(A)，フォトグラフィカ(O)
プリマハム	ザ・ダイヤモンド・ホースシュー(R)，プラザパビリオン・レストラン(R)	ユカタン・ベースキャンプ・グリル(R)
みずほ証券	魅惑のチキルーム：スティッチ・プレゼンツ(A)	なし
三井不動産	ショーベース(O)	ウォーターフロントパーク(O)
明治	ベビーセンター(O)，アイスクリームコーン(R)，ソフトランディング(R)，アイスクリームワゴン(R)，クリスタルパレス・レストラン(R)，スィートハートカフェ(R)，トゥーンタウン・ベビーセンター(O)	ザンビーニ・ブラザーズ・リストランテ(R)，アイスクリームワゴン(R)，ベビーセンター(O)
ヤマザキ	イーストサイド・カフェ(R)	セイリングデイ・ブッフェ(R)
UCC	センターストリート・コーヒーハウス(R)	カフェ・ポルトフィーノ(R)，マンマ・ビスコッティーズ・ベーカリー(R)
ユーハイム	ペイストリーパレス(S)，スイスファミリー・ツリーハウス(O)	ヴェネツィアン・ゴンドラ(A)

(表注) A＝アトラクション・P＝パレード，ショー・R＝レストラン・S＝ショップ・G＝ゲーム・O＝その他（エリア全体や，パーキング，レンタル施設，撮影施設など）
出所：東京ディズニーリゾートHP(8)。

たがって）B＋Aと一語にして呼称された場合に生じる新たな意味（価値）も見込めない，と考えられよう．

表3-3-3は東京ディズニーリゾート（TDR）の主要な企業スポンサード状況であるが，こうした実践も，TDR開業当時と比較して，現下の「情報過多」状況では，果たしてどの程度，それらのスポンサード対象（アトラクション等）と企業名が結び付いているのか，についてはその効果はむしろ疑わしいと推論可能であろう．

1950年代から現在に至る「民間放送における番組提供」もしかりである[7]。

つまり一見「コロンブスの卵」のように現代社会らしい錬金術のように思えた「ネーミングライツ」であるが，実は裏腹に，その実践困難性あぶり出されてい

る。つまり「情報過多社会の広告論理」の変化を強く示唆している，と考えられるのである。20世紀の広告実践では，当然の前提となっていたこうした「同時露出による要素間の結び付け」が，当然視できない状況があるのである。

　表 3-3-4 は，一貫して高まる「情報環境の相互のノイズ（雑音）化」や受け手の関心低下を順に上から下へと位置付けたものである。当然ながら，「2．ブランド（あるいは製品）＋要素」ということを前提にたいていの広告表現が組み立てられていることが分かる。しかしながら，もはや，「冠施設」で見たように，同時に露出しても「結び付かない」のである。デジタルネイティブに限らず，中高年でさえ書籍や雑誌・新聞に「時間を割くことの減った」今日の「情報飽和感」はこの「結び付けてくれない」あり様の背景なのである。

　ところが「日産」と「横浜国際総合競技場」を「日産スタジアム」とした事例のように，日産自動車（横浜 F・マリノスの親会社，本社所在地が横浜市）とスタジアムには「結び付け」が叶い，かつそこには新しい価値が生まれる（地域社会に貢献する地元企業日産というイメージ）場合がある（年額 1 億 5 千万円のネーミングライツ契約で15年目の成功事例。）。さらに度々触れる「神戸＋コロッケ」といったネーミングのように，ネーミングだけで「マッチングの妙」が生じる稀有な例もある（これらは「イノベーション＝異種結合」である。）。

　この示唆は（もちろん仮説的な説明の試論だが），**「露出のリーチ（到達）と回数」がいわば自動的に受けての頭の中で「結びつきを作る」という20世紀マス広告の論理が，「結び付きにくいものを結び付けることは回数や頻度では無理」，「新たに結び付く『異種結合』の価値創造こそが肝要」という，21世紀的な広告論理への脱皮を指し示している**のかもしれないのである。

　このことが指し示すことは決定的な「広告観」の転回である。⁽⁹⁾

　つまり，接触頻度が高ければ高いほど「記憶に残る」という考え方に象徴される高圧的（high pressure）な20世紀型の広告論理から，Fitness（適合性）や resonance（共鳴）のある要素かそうでないか，によって効果が異なる，という21世紀型の広告論理が示されている。このことは言い換えれば，「広告の人間化」であり，「広告量自体が効果を決定する」というマスメディアの収益と広告会社の手数料収入（commission）に都合のいい論理の終焉を示す。情報過多が，社会的・精神物理的に限界を示したのである。

　広告の働きという点については，消費財と消費情報の希少だった時期，広告は

表 3 - 3 - 4　同時露出から意味結合へ

	効果の状況	要素
1．露出そのもの	看板の掲出。人目に触れることそれ自体が価値。	屋号，案内地図，電話番号
2．ブランド（あるいは製品）＋要素	同時露出による「結合」。マス広告では多くはタレント。TVCMでは音楽，アニメ，情景等の演出要素。結合の効果は，受け手に「ほぼ自動的」に生じるから，送り手は同時露出を広告表現の自明の効果とする。	タレントがモノを持って笑顔で現われ，ロゴが最下部に。
3．転移・意味創造	多くは「演出要素」からブランドへの転移。「好ましい意味を持つ要素」をブランドに結合させようとする。ただし結合と転移，加えて意味の創造がうまく行くかどうか，は自動でも自明でもない。相互の関係によって「マッチングの妙」が生じる稀有な例もある。	神戸×コロッケ 南アルプス×天然×水

「知らせる」ことを基本機能としていた。それに対して21世紀型の広告論理は**「意味を作る」ことが，その時決定的な広告の機能であり，質的な価値である，**ということができる。**逆に言えば，「意味を受け手の頭の中に生成しえない広告」はたとえ多頻度露出によっても無視される，に至っている**のである。

　いわば，年間来場者3000万人という，多数の人々へ多数回露出する「ディズニーランドのアトラクションへのスポンサード」から，対象者の数は別途としても，受けとめた人の頭の中に，なにがしかの新しい意味を生じる「神戸＋コロッケ」という「質的な価値創造」に，ようやく広告の課題なり，求められている役割なりが転換したことを意味するのである。(7)

　さらに簡略して表 3 - 3 - 4 を説明すれば，第一段階は A（ネームそのもの），第二段階は A ＋ B（ネーム以外の演出要素：execution），第三段階は A × B とでも表すことができるかもしれない。なぜならば，第三段階の「積」とは，ゼロに近い者同士では何も生まれないことを表すからである。とはいえ「神戸＋コロッケ」「南アルプス＋天然＋水」の不思議な価値創造（異種結合である）は充分に説明できない。

　90ページに触れた「NIPPON」という殺虫剤のような，市場創造型の探索は，まさに経営戦略，市場戦略課題といっても差し支えない果実を示す。その探索，研究に，送り手（この場合はネーミングライツの取引に携わる人たち）は充分な資源配分を行うべきことが言えよう。

　次節ではさらにこのことを一般化しよう。

注

（1）　ネーミングライツ（命名権）が日本で使用契約をはじめてなされた事例は，東京都調布市の東京スタジアム（東京都他出資の第三セクター）への2002年11月29日契約締結の味の素（株）のスポンサードであるとされる（新田，2003）。ただし1997年に東伏見アイスアリーナが先行事例としてあった，との記述もある（増川・小松・李・平井（2009））。また，横浜市広告事業推進担当（2006）が，多くの地方自治体に参照されたが，より一般的な契約に関係する実務的な諸手続きを体系化した弁護士による初の成書は市川（2009）である。それまでの期間はそれ以降と比べて，法曹実務家においてすら明らかに手探りの時期であったとも認識でき，この現象が近年の新しいものであることが確認できる。

（2）　木村はアメリカのネーミングライツの事例として，スポーツ施設と並んで，大学，病院を含む医療機関が高額なネーミングライツの対象となっていることを先行研究から引く。

（3）　宮城県営宮城球場は，2005年に人材派遣業のフルキャストと3年契約を結び，「フルキャストスタジアム宮城」と名前を変えたが，2007年に発覚した不祥事で契約を解除した。しかしながらその後，代わったに日本製紙と契約を結び「日本製紙クリネックススタジアム宮城」とすることとなったが，2008年の古紙配合率問題で企業名をつけず「クリネックススタジアム宮城（Kスタ宮城）」となり二転三転した。

（4）　水野（2017）に欧米の事例を視野に入れた先行研究への言及がある。

（5）　例えば近年では付加価値の付いた農産物（コメ，果物，和牛など）の輸出が現実化している。たとえば日本に古くからある柿（縄文時代や弥生時代の遺跡から柿の種が発掘，東アジア原産）は近年「種なし柿」といった付加価値も付いている。輸出に当たっては，相手先文化圏の日本（あるいはJapan）イメージとこれがどのようなシナジーや共鳴（resonance）の関係にあるか，が普及するか否かに大いに関係するだろう。そういった示唆を得ることの重要性である。また稀には，その文化圏で「日本イメージ自体が『種無し柿』によって作られる」可能性すらある。

（6）　オーストラリアにおけるウォークマンの商標が一般名詞化したことを法学研究として論じたものが商品名を論題に含む例外的な1件だった。言語哲学と言っていい岡（2013）を管見すれば（岡のトピックスは「地名」である），地名の名づけといった具体的なことにもまして，複数の言語に通暁し，主語よりも場所を表すことに初源的なコミュニケーションの共通項を見出すなど，やはり水準の違う現代の言語学的な関心がそこにはある。現代の社会言語学の主要な関心を列挙すれば次のようになる。言語変種（属性とことば，場面とことば），言語行動（言葉のストラテジー，言葉の切替え），言語生活（生活とことば，民族社会とことば），言語接触（方言接触，他言語との接触），言語変化（音の変化，文法・語彙の変化），言語意識（言葉のイメージ，ことばとアイデンティティ），言語習得（幼児語，中間言語），言語計画（国語政策，日本語政策）。体系性，抽象性，一般性，制度化などの傾向が見て取れ，この流れではトピックスの事例研究は脇に追いやられるように見える。ただし具体的個別的な社会現象の観察と洞察は別途の作業ではある。

（7）　水野（2005）に歴史的経緯の検討がある。

（8）　作表は関西大学社会学部4年（当時）吉村日和君による。

（9）　もちろんソシュールの言語学的転回が下敷きにある。

ネーミングは「広告一般に通じるロジック」を説明する
　　　──ネーミングライツの意義と公共性

1　ネーミングは広告である

　現代の消費社会において，ネーミングは明らかに広告である。

　ブランド論が1990年代以降，経営学やマーケティング研究で注目されるはるか以前から，刀剣の「銘」は8世紀，「大宝律令」によって刀工名などを刀へ施すことが義務付けられたと専門家からは言われるし，茶器の「銘」は15世紀頃からとされる。今は東京赤坂の和菓子屋とらやは，17世紀に羊羹「夜の梅」の菓銘を用いたと同社サイトに言うし，先立つ16世紀には，京都の亀屋陸奥が「六條松風」の名を用いたと同社サイトに謳う。

　大衆社会，消費社会は江戸時代には始まっていたと考えれば，これらのネーミングは，その起源から，伝統的な出自に「違いを求め」てそれに「交換価値を認める」ための「手掛かり」「目印」であり，それ自体が欲望の対象であり，まさに人を惹きつける広告であったと言えるだろう。

　広告研究では「使用時の満足」をも広告効果の中には認識され（端的には，何かを口に入れておいしかった際に「これどこの？」と尋ねて，その答えを聞いて思い浮かべられることである）るから，交換価値だけではなく，使用価値にもまたがる価値と考えることもできる。刀剣や茶器の「銘」を感じつつ愛（め）でることとの歴史の連続性がある。

・ネーミングライツは「広告の売り手」からの発想　したがって，ネーミングライツは「広告を売買」していることになる。

　直訳は「広告の権利」だが，この権利とは，もちろん一定期間使用する権利ではあるけれど，広告の取引とみれば「新聞広告スペース」，「民放テレビの15秒間という時間」や「ヤフーのトップページの広告パネル」の売買と同じく，「広告を行う権利の売買」であることになる。あるいは，もっと類似性の高そうな屋外広告で言えば，大阪道頓堀の大きなネオンの場所を，一定期間そのビルの持ち主なり，不動産会社がグリコや雪印に，たとえば年契で「広告の権利」を売買する契約（細かく言えば所有権は移転しないから賃貸契約の拡張とすべきだろうが，

図3-4-1　郵便局が歩道に向かう窓に掲出する広告

2022年11月，大阪市内にて筆者撮影（木やビルはガラス面への映り込み）。

ここでは金銭で販売されることと単純化して）を結んだと言える。

　つまり，1990年代以降，あるいは本格的には日本社会では21世紀に入って以降，公的，あるいは著名な施設のネーミングライツが売買されることが一般になったこととは，「その権利を持つ者が，広告する権利を売る」ことが，あたかも新聞，テレビ，ネットサイト，ビル側面のように行われるようになった，ということとなる。

　広告の認識では，このことは「広告の売り手」からの認識ということとなる。

　新聞社も，雑誌社も，テレビ局も，ネットサイトも，繁華街のビルオーナーも，鉄道会社も，この「広告の売り手」である。NHKや『暮らしの手帖』は，自らを「広告の売り手」と認識・行為しない，それをポリシーにしている，と解説できるだろう。ネーミングライツとはいわば，郵便局のようなそれまで広告の売り手ではない，と自ら認識していた存在が「広告の売り手」になることに気付いた，こととも並行的に理解することができる（図表1参照）[1]。とりわけ，多くの公的な施設同様，郵便局も公共的な存在であるから，この自己認識についての気付きと発想，そして変身は，日本社会では，やはり人々に驚かれる場合があるのである。

2　数の論理，和の論理，積の論理

・**「広告の売り手」は数を考える**　で，「広告の売り手」の発想の根底には，その価値を「多くの人が見る（であろう）」と考える人数の多さ，いわば「数」がある（ラジオにおいてはラジオ CM を「聞く」なので，より一般的には広告に「接する」であるがここでは「見る」に単純化し煩を避けた）。新聞においては「部数」，民放テレビにおいては「視聴率」，ネットにおいては「ページビュー」，昨今は「インプレッション」と呼ばれる接触回数，鉄道では「乗降客数」などが，数百万人，数千万人，数億回，という「数」なので広告媒体として価値を持ったのである。

　ネーミングライツにおいて，「広告の売り手」という自己認識についての気付きと発想，そして（ネーミングライツ導入前からの）変身も，この「多くの人にそう見て，そう呼んでもらえる」「報道時にそう呼ばれ，そう見てもらえる」，人数なり回数の「数」の大きさに支えられている，と考えれば納得ゆくと思う。

　実際，もし施設名に特定企業の名前が冠せられれば，Google Map にまでその名称は及ぶから，見る人の人数，見られる回数は計り知れない。加えて，そう呼ぶことが，子ども時代から「当然」となった人にとって，たとえば横浜市の日産スタジアムは，そう呼ばなければ何と呼ぶのか分からない，記憶の中に織り込まれる。「横浜国際総合競技場」という正式の名前を仮に聞いても，「あぁ，日産スタジアムのことか。だったらそう言えばいいのに」となるだろう。2005年から今年で，19年目で年額１億5000万円のスポンサー料とは，５歳児が24歳の大人になる「時の長さ」である。そうした，深さと人数に支払われているのである。

　しかしながら，はたしてこの「数」だけでことは決まるのであろうか。

・**広告する主体「広告主」は数のことだけを考える訳ではない**　ネーミングライツは「広告の売り手」だけでは実現しない。

　広告の権利を行使する主体とは，日本語では「広告主（こうこくぬし）」と呼ぶ。この「主」とは「施主（せしゅ・建設業界，あるいは葬儀で「お布施をする主」）」「船主（ふなぬし・せんしゅ）」と同様，経済行為として金銭を支払う側を表現する言葉であり，発注者であり，つまり経済行為では「買い手」である。

　多くの自治体が，ネーミングライツを様々な施設に設定するが，実情は「募集しても応募がなかったり」「応募が少なかったりするので当初よりも安価に引き下げざるをえない」と聞く。つまりこのことが意味することは，「広告の売り

手」という供給に対して，実は「広告の買い手」という需要が少ない，と経済学的には言えそうである。

　広告論的には，「広告の売り手」の広告媒体の特性が，「広告の買い手」である広告主の求める要求，メリットと合致していない，嚙み合わないことが多い，と言うべきであろう。

　度々触れる象徴的な事例，日産自動車の場合は，70年以上本社が東京にあったが，1933年の創業の地に本社を復活させたこと，それは「都道府県別のメーカー別販売台数で唯一トヨタに勝るのが神奈川県であること」，取引先を含めたインナーのモラールアップ，等の地元意識の強化，またサッカーの「走る」「国際的」「躍動感」という特性が自動車にとって好ましいイメージであること等が「数」以外の重要な判断材料となって「日産スタジアム」のネーミングライツ契約が決定されている。マツダのMAZDA Zoom-Zoomスタジアム広島の野球サポート方針も歴史的に地元意識の点で同様である。

　1909年の創業以来，「宣伝上手」として歴史的に名高い味の素の場合は，公共施設で「味の素スタジアム」での導入が初の事例（2002年，初の事例は二番目の事例よりも明らかに注目される）となること，従来の食品に加えて，医薬用・栄養機能食品用アミノ酸という新たな事業領域の強化に，アスリートサポートが，適切であると考えられたことが大きい。「味の素ナショナルトレーニングセンター」（国立施設へのネーミングライツ導入のこれまた初の事例，2009年）は，2020東京オリンピックでは，選手等の食堂食材のサポートでも優位な食材納入の地位を得ることにつながり，「外国選手から選手村の餃子は世界一おいしい」と言われ，TikTokにアップされ，また大きく報道されたことが，冷凍食品餃子のマーケティング上比べるもののない成果ともなった。多大なシナジー（相乗）効果である。

　スポーツ以外の施設の事例では「ロームシアター京都」が50年52億円という長期契約を京都市と結んだことが著名である。ロームは半導体メーカーで年商５千億円の創業65年の知る人ぞ知る優良企業。ところが海外販売比率三分の二ということや，京セラ，村田製作所，日本電産，島津製作所，オムロン，堀場製作所，等のハイテクものづくりグローバル企業に囲まれ，人材のリクルーティングでは苦労が推察される。京都での存在感を京都市人口の10％を占める大学生へ，常に今後も示す必要がある。

いずれの象徴的な事例も、「数」だけではない、「質」的な判断材料がそこには重要であり、またその成果を上げていることが観察、推論できる。

・スポンサードの勘所は「数」ではなく「意味と価値を生むこと」　スポンサーという言葉は、民間放送の番組提供とともに1950年代から日本語となったアメリカ英語（sponsor）からの外来語、そしてカタカナ言葉である（イギリスではBBCによる放送事業の独占とラジオ優位の時代が長く、1950年代発足の民放でもアメリカ流の「番組スポンサー」は無かった。）。なかなかこのスポンサーという言葉の意味は（今に至ってもなお）勘所の難しい概念である。大掴みに言えば「資金は提供するが、口は出さない」という微妙なところがカタカナ言葉のスポンサーであり、「日本の祭りでの祝儀、名が書かれた提灯などの掲示」や「協賛」「後援」（いずれもきちんとした定義のないまま官公庁も前例踏襲する日本語である）といったあいまいな「支援」「応援」などと溶け合って現在に至ると考えられる。先の「施主（お布施をする人）」とも日本語として類似した節もある。

　とはいえ、ネーミングライツの「買い手」行為は紛れもなく様々なイベントで使われる言葉、「スポンサード（sponsored）」である。少なくとも新規に名付けるか否かの判断には、「買い手」の目的に合致して、「スポンサー」にとって、良い意味が生まれるかどうかである。既に存在する施設の運営や内容には「口を出さない」ことが基本である点、微妙なカタカナ言葉のスポンサードに実は最も馴染む行為とも言える。もしも「金と口の両方を出せば」それはスポンサーではなく、オーナーである、というと少し微妙な事態はピンとくるだろう。

　さらにまた、一般のネーミングと施設等へのネーミングの大きな違いは、自社の商品があって新たに名前を付ける、というのではなく、自社の「広告主名」なり「商品名」が既にあって、そのネーミングを、他者の持つ施設に付けるから、（妙な言い方だが）「空白」に既存の「広告主名」なり「商品名」を付けることになる。「空白」とは、そのネーミングが「付けられる前」の状態のことである。

　とりわけネーミングライツにおいては、寿命が何十年という施設寿命が暗に想定されるから、一般のネーミングにおいて「端からロングセラー」を狙う、一発屋ではない価値が問われることとなる。

　こう考えれば、ネーミングライツにおいての「意味が生まれるかどうか」の重要性は、一般の商品名よりもはるかに「上手く行くためのハードル」がもともと難しいと考えた方がいい。なぜならば一般の商品名の中には、（部品や原材料な

表3-4-1　ネーミング効果の成否は「同時露出」から「意味結合」へ

広告の論理	効果の状況	例
1．数の論理＝露出そのもの	看板の掲出。人目に触れることそれ自体が価値。	屋号，案内地図，電話番号
2．和の論理＝ブランド（あるいは製品）＋要素	同時露出によって「結合」ができる。マス広告では多くはタレント。TVCMでは音楽，アニメ，情景等の演出要素との間で結合ができる場合も。結合の効果は，受け手に「ほぼ自動的」に生じる。	典型的には人気のタレントがモノを持って笑顔で現われ，ロゴマークが最下部・最後に出る。
3．積の論理＝結合による転移	滅多に生じないが，アイデアが新しい意味や価値を生む。受け手は納得感や「願いと出会えた」感がある。	神戸×コロッケ 南アルプス＋天然＋水

筆者作成。

　どの）企業間取引などを主眼とした「ABX-682」といった「意味を生まないもの」や，単に「春物」「プリント柄」としか謳わないアパレル（かつては「吊るし」と呼ばれていた類）などほとんど「名無し」でも困らないジャンルも存在する。

　他人の「既存の施設」の「空白」に，既存の自社の「企業名」等を，「施設の中身には口出しすることなく」，しかし端からロングセラーになるかのようにスポンサードする。このアクロバティックな難しさを踏まえれば「数」論理という「売り手」論理だけでは，あまりにも論理が脆弱なのである。20世紀にはこのアクロバットは難しすぎて誰も考えられなかった，と考えれば，いわば未だ「取引のルール」は生成されつつある揺籃期なのである。

　再度，表3-3-4を精緻化し表3-4-1のように加筆してみる。

　ここで「意味を生む」ことに拘わるのは，情報環境の過多・混乱ゆえである。

　20世紀の情報環境と，スマホ片手の今との状況の違いを考えれば，いかに「ひとつの広告」「ひとつのネーミング」が他に紛れ，埋没しやすいか，伝わりにくいか，が分かる。表3-4-1はそのような経緯の中，先に述べた「数の論理」が，その情報環境下，有効ではなくなったこと，主として20世紀のテレビCM全盛期には「和の論理」が多くあてはまったこと，を，広告現象の模式的歴史として整理している。そして現在では，いわばその2つを超える「積の論理（掛け算の論理）」が，広告の「送り手」が追及するべき，あるいは追及していることを示している。アクロバットのもう一つ別の角度からの説明でもある。

　日本中のあまたの都市名の中で，コロッケがもっともおいしそうなのは「神

図3-4-3　レッドブルの冠「ボックスカート・レース」を
告知する中吊り広告

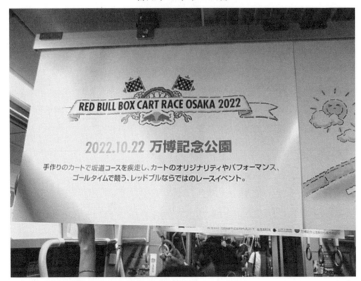

2022年10月，大阪モノレール車内にて筆者撮影。

戸」であった，と初めてこのデパ地下の大人気商品に接した人は，膝を打つよう
に感得して，殺到したのであった。表3-4-1に沿って例を挙げれば，何百回
「おいしいですよ」と「数の論理」で声をからして繰り返しても，デパ地下の雑
踏の中では，相互にノイズになって聞き取れないことになる。あるいは，ポス
ターが貼りめぐらされたドラッグストアの化粧品の中で，タレントがにっこり笑
って持つ「化粧品のポスター」が「和の論理」かもしれない。多数であり，コロ
コロ変わるそれらは，もはや，商品名とタレントの組み合わせを「覚えてもらえ
ない」。新垣結衣と雪肌精の結びつきは，おそらく「透明感」といった「積の論
理」だったのだろう（筆者は男なので今ひとつ分からないけれど）。それにして
2012年から10年，保ったとも，時間をかけたとも考えられるのである。少なくと
もタレントを替えていればロングセラーとはならなかった，そのような意味が，
新垣結衣と雪肌精の間には生じたのではないだろうか。

　つまり新しい意味や価値が生まれたから過酷な情報環境下，成功したのである。

　このことは先に述べた日産，マツダ，味の素，ローム，にも相通じるが，21世
紀の「スポンサードの成功事例」にはこのような共通項が見出されるのである。

　紙幅の関係もあり詳述しないが，1983年に始まった「世界陸上」に第一回目か
らスポンサードし，ゼッケンスポンサーから，今は短距離走等のスタートのバッ
クに社名を露出し続けるTDK。エアレース（セスナ機でのレース），F1（モー
タースポーツ），飛込競技，BMX，スキー，ダウンヒル，スケートボード，eス
ポーツ，バスケットボール，「動力を持たない手作り車両で，スタート時に手で
押した後は重力によって坂道コースを進み，障害をクリアしながらゴールに向か
うボックスカート・レース」（図表3にその告知広告），サッカー・チーム，アイ
スホッケーなどなど数限りない（主催，チーム保有，選手個人スポンサードを含
めて）過激で面白く「翼を授ける」ようなスポーツイベントに世界的にスポン
サードするレッドブル。テレビ番組の一社提供（20世紀後半からのスポンサード
である）をいくつか挙げると『キユーピー3分クッキング』を60年続けるキユー
ピー。1959年から54年10か月の間「天気予報」を提供し続けた（天気の気になる
業種が顧客である）農機，建機，船舶の発動機と完成品メーカーのヤンマー。
1974年から50年近く「日曜の夜『おしゃれ』」を関する番組を継続する資生堂。
　いずれも新しい意味や価値を，マス・マーケティングとして生み続けた稀有な
成功事例のである。

3　「付けた名前」でも「付けられた名前」でもないことが感じさせること

・「中動態」という哲学的な示唆　さて，そのような説明では，一見，ネーミン
グライツも広告なのだから，「広告の売り手と買い手」双方のメリットが「数」
の論理だけでなく「質」も含めてなければ成功はおぼつかない，といった取引の
互恵性や勘所を強調することとなる。むろんそれはそれとして商学研究上は適切
な説明の論理であろうが，こと「名前」「名付け」，とりわけ多くの人々の耳目に
達し，その後のその施設訪問等への手掛かりになり，記憶や会話の結節点（結び
目）となる公共的施設の「命名」の権利となれば，双方といえども当事者間だけ
の論理で捉えてしまっていいのだろうか。
　この際に示唆を求めることができると思われるのが近年，哲学者の國分功一郎
が唱える「中動態」である。表3-4-2にその「中動態」についてのマーケティ
ング研究者石井淳蔵の直近の簡潔なまとめを掲げる。
　「おのずからしからしむるみち」という言葉が，日本文化の核心にあることを
本居宣長はいうが，「中動態」には通底することが感じられる。浄土真宗では

表3-4-2 「中動態」

区分	例	要点
能動態 （active voice）	（山を）見る 聞く 書く	主体の意思と責任を明確にする現代のインド＝ヨーロッパ語
中動態 （ｍｉｄｄｌｅ voice）	（山が）見える 聞こえる 書ける	日本においては現在も日常的に使われ，かつてインド＝ヨーロッパ語にはあった用法
受動態 （ｐａｓｓｉｖｅ voice）	（山が）見られる 聞かれる 書かれる	インド＝ヨーロッパ語において能動態に遅れて出現

石井（2022）をもとに筆者作成。（3）

「人間のはからいを超えた阿弥陀仏のはからいによる救いをあらわす語」のことであろう。

　たとえば，富士山の存在とわれわれの関係は，「富士山をそこに存在させた」訳でもない（自然現象としての日本列島の突起物に過ぎないものに，「ふたつない＝不二」の名を付け，日本の象徴といった意味を与えたのは，実は人間の行為であるから「能動的」だったのだが）し，「富士山がわれわれの社会にのしかかって来た」訳でもない（16世紀末，江戸の町創りの際に，主要な道や運河の［一点透視の遠近法にいう］消失点の遠景に，富士山が徳川家康をして選択させたから，この場合は当初は「受動的」。）。つまり歴史，文化の積層の上でわれわれは「中動的」に，富士山を「おのずからしからしむ」ように感じるのである。この場合，富士山は，主客の別なく，もはやわれわれと溶け合っている。

　と考えれば，むろん充分長年にわたって日本語の運用を行ってきた者に「自然とあるがままに感じられる」か「取って付けたように感じられるか」は大きな違いである。誰かが金銭で権利として名付けた（能動態）のでもなく，ある日突然無理やり押し付けられた（受動態）のでもない感覚が視野に入るか否か，が「中動態」の勘所なのかもしれない。

　ヒトの情報処理能力や言語化されない記憶の容量が莫大である，という認知心理学的な見方ではおそらく（筆者は心理学者ではないが），長年の日本語での生活の中で培われ，堆積した体験や記憶と，その新たなネーミングの間の関係が，「自然とあるがままに感じられる」。そういったことに支えられなければ「取って付けたように感じられる」感覚なのであろう。

図3-4-3　国技館

2022，著作権フリー画像を利用。

　むろん，最初の違和感が「だんだんに慣れ親しまれる」か「突飛さがなかなか
受け入れられ難いか」の違いにもこのことは通じているだろう。

・国技館は主催者側の「広告」だった　国技館というネーミングは主催者側の
「政治的主張」と言える。

　「国技館」はその「真性（authenticity）」を獲得しようとする主張であった。な
ぜならば，相撲が国技であるという公的な根拠（現代では法的な裏付け）はない。

　それどころか，文明開化の明治期，相撲は衰退期にあったし，常設館も持たな
かった。裸体を見せることを，欧米を意識する明治政府は「野蛮に見える」と嫌
がっていたとも聞く。その相撲に1906年竣工し新たに「国技館」の名を冠したの
は，自らそう名乗ることによる「指し示し」である。決定を下したのは相撲を盛
り上げようとする設立委員会の委員長を務める伯爵板垣退助（当時69歳，政界は
既に引退）だった，またその断が下る前には名前は実は「尚武館」になるはずだ
った，等というエピソードも語られる。言葉があって現実が後から立ち上がる，
あるいは立ち上げようとする，その意図的な運用（「真性」の獲得という政治
性）が今日まで続いているのである。

　したがって，国技館は主催者側の「広告」として始まり，現代ではそれが忘れ

られていると言える。

　時代ははるかにさかのぼるが，京都の東寺の別名「教王護国寺」も凄まじい政治的ネーミングである。天皇を教え，国を守るのは（比叡山天台宗に対抗する）真言宗なのだ，という空海の主張であり，天皇，貴族，そして仏教界がそれを受け入れたことが今につながっている証拠なのだろう。

　あるいは，時代ははるかに下るが警視庁もよく経緯を見れば同種の事例と言える。現在警視庁の位置づけは，東京都が設置の警察組織であり，東京都内を管轄区域とし，東京都公安委員会の管理を受け，給与支払者は東京都知事である（他の道府県に揃えてみれば）「東京都警察本部」である（長は本部長）。警視庁（長は警視総監）は，今も多くの人から上級の日本全体の警察組織である「警察庁（長は警察庁長官）」と誤認・混同されることも多い。1947年から1955年まで大阪市警視庁（長は警視総監）が存在したことは，一筋縄では行かないこの件の傍証であり，これまた凄まじい政治的ネーミングである（戦後の警察制度には，まず超法規的存在であるGHQ主導のアメリカ合衆国の保安官や自治警察コンセプトが占領期にはあり，その後この中央集権的ネーミングのためにわざわざ条文まで作られた）。

4　ネーミングライツの意義と公共性

　ネーミングは広告のひとつである，という主張に基づいて小論をすすめた。その成功はネーミングライツの「売り手」論理だけでも契約に至りにくく，「買い手」の目的との合致が重要であること，さらに多くの人々（社会）の耳目に届くことから来る「公共性」がネーミングライツの「社会に定着するかどうか」に成功のカギであることにも言及した。もちろんこの「買い手」の目的とは知名度などという薄っぺらい理解では届かないものであることも見た。

　この立論とは何か。

　つまり「ネーミングは広告」であるから「広告一般」の基盤と同じである，そういった論理なのである。

　現代においては，広告の世界でもデジタル化が急速に進んだために「売り手」論理だけで広告をビジネスにしようとする「反社会性」のある広告主と広告媒体が残念ながら多い。誤認利用を行う詐欺的ビジネスの横溢，ポルノサイトやマンガ等の著作権違反のサイトの隆盛は，要は「訪問数」だけをいかに稼ぐか，何千

人にもあたれば一人や二人は絶対に騙される，訪問客の「数」が広告収入，という悪しき広告の「売り手」論理の横行である。20世紀においては，一部の雑誌や夜の繁華街の隅に止まっていたようなこの「反社会性」が，スマホさえあれば容易に小学生さえアクセスされる，そのような社会問題を広範に生んでいる。これに広告業界は，総務省，警察庁等所轄の機関と連携して健全化の方途を探ってはいる。[4]

「広告一般」の基盤，社会的受容が危機に瀕しているのである。

いわば，**20世紀からの経緯を持つ広告論は，クルマの運転で言えば「限られたヒトしか運転しない時代」であったことから，「歩行者保護」，「事故の悲惨さ」，「どのような事故をどう避けるのか」，「安全運転の仕方」等の知識に欠ける。どのような「広告論」のテキストもこのような「自動車教習所」のはたすべき役割が果たされていない。**

それは，大手企業である広告主も，新聞社も免許事業者の放送局という広告媒体も，広告についての専門性がそれなりに高かったから，教習所のような知識が明示的には必要とされなかったのである。先に触れた「スポンサードの微妙な勘所」（暗黙知である）もその肝のひとつだろう。

ところが，クルマの運転で言えば，だれでもいつでも「ネットビジネスは始められる時代」である。そこでは運転免許もないし，簡単に多くの人に届いてしまうことへの想像力もない素人がビュンビュンと制限速度なしに（マネタイズ＝金儲けだけために）走り回る。「消費者保護」，「生命・身体・財産への被害」，「過失なしに生じる責任」，「健全なサイトビジネスとは何か」等の知識が不足している。

こう考えれば，ネーミングライツとは，実は手で触れることのできない，スマホ画面という個人体験だけの危ういデジタルではない確かにそこに存在する事柄なのである。誰もが行くことができ，話題にでき，この先未来にも存在する確かな「施設」という実態に掉さす営為である。そして「多くの受け手に受け入れられ」てそのことが「様々な生活局面」や「歴史，文化，価値観」の中で使われ意味を持ち，一定以上の時間の長さで「定着するかどうか」。このように，まさに高いレベルの社会性を持つか否かに，うまくいくのかどうかは決定的に依存している。この「社会性」とは「公共性」の言い換えにほかならない。

「広告一般」の基盤がこのように揺らぐ中，本来の広告が持つべき「文化と社

会」の中で「意味や価値」を生むこと，をネーミングライツは指し示している。表3-4-1（105ページ）は単なる歴史的な経緯を超える「広告一般」の生命を指し示すロードマップなのである。

「中動態」という日本社会の「高み」へ，今はまだない新たな意味付けを行うという，実に妙な言い方だが「神を畏れる」ような姿勢が，ネーミングライツに携わる人に求められる勘所なのかもしれない。

　注
（1）　奇しくも2006年に公刊された『財源は自ら稼ぐ！―横浜市広告事業のチャレンジ』（横浜市広告事業推進担当，ぎょうせい）は，その書名自体が公共団体の広告収入追求を表し，この税外収入の論理を言い，早い時点で多くの耳目を集め参照された。郵政民営化は2012年である。図表1．の郵便局の中では楽天モバイルの販売が行われていて，そのポスターが歩道に面した窓に，貼り付けるように設置されていた。
（2）　哲学的な解説は筆者の能力を超えるが，最小限の説明をあえて加えれば，中動詞の例は「出来上がる」「欲する」「希望する」など，主語は，必ずしも一つの主体ではない。中動態と能動態の文法の特徴は，能動態の動作が主語の外で行われるのに対して，中動態では主語がある過程，状況の内部にいる。「主客一体」といった日本的，宗教的なものの見方に深く関わるようである。つまり能動対受動には，欧米にある大きな特徴「意志」そして「責任」についての強い意識がある。対して中動態においては，「能動態と中動態を対立させる言語では，個人の意志が表れてこない」。ケアや日本的なコミュニケーションの実践や理解において「中動態の哲学は自由を志向する」と解され，近年注目される。
（3）　石井（2022）はマーケティング研究として，国分功一郎，精神医の木村敏などの哲学的考察から示唆を得て「中動態」を日本的なブランド現象の中心的な説明論理に据えている。
（4）　代表的には，広告業界が1999年に創設した（一社）日本インタラクティブ広告協会の活動。社会的責任の認識，インターネット広告ビジネス活動の環境整備，改善，向上，社会的信頼を得た健全な発展などを目的に謳う団体。インターネット広告健全化運動「広告モニタリング調査」を行い，不当表示例と問題点を継続的に明らかにしたり，業界会員社向けに各種法規のセミナーを行い啓発活動を行ったり，「広告基礎用語集」等の出版を行ったりしている。

5　インテグレーションモデル

前節までで見たとおり，広告の主として心理的な効果のあり方は極めて多様である。言語化されないマークのようなものもあれば，イメージもある。また同じ広告表現を見て受け取られたことが，受け手の先有傾向や個人的な状況，既存の莫大な容量の記憶と組み合わされて高い自由度，大きな個人差を持ちうることも確認した。個人が内化した社会性とも広告はインタラクションする。こうした複雑で，まとめて記述しにくいプロセスをインテグレーションモデルは情報処理という考え方で幅広く捉える広告計画のためのツールである。(1)

1　既存研究や実務との関係

インテグレーションモデルの詳述は，象徴的なことだが21世紀の1年目2001年に仁科貞文編著によって公刊された『広告効果論』（電通）に譲り，ここでは図3-5-1のみ掲げる（117ページ）。この節ではその骨子，性格，用途，意義などを本書の文脈においてまとめる。

本章で既に見てきたように，巷間思われているほど広告効果は単純ではない。単にテレビ広告をやった日とやっていなかった日で，コンビニの広告対象商品の売上が変化する，といった「入口と出口」のみを見る見方では分からない，成否を分ける効果のプロセスやダイナミクスが様々にあるのである。

こうした捉えにくさを，広告計画の立案という目的を定め，記憶などについての認知心理学や情報処理というコンピュータ・アナロジーを行い「視野に入れる広範な枠組み」として開発されたのが『広告効果論』に紹介されたインテグレーションモデルである。

この『広告効果論』公刊後の取り扱われ方は，そのこと自体本書においても重要な論点である。

消費者行動の研究水準から見れば，『広告効果論』は，商品そのもの，使用経験，知覚品質，顧客満足，また価格，小売店頭，競合商品，製品カテゴリー間競争，セールス・プロモーションなど，様々なマーケティング変数や，消費者の購買時点に限らない消費の様々な情報処理全体の中で，「なぜ広告にのみ特化して

その効果や影響を重視するのか」という見方が生まれた。学の視野が，製品マーケティングや消費者行動の視点に立てば当然このような見解は肯ける。たとえて言えば，物流論全体の中で自動車（トラック）運送は扱われるべきで，自動車に特化した立論は「木を見て森を見ない」とされよう。

　しかしながら，『広告効果論』は，様々な消費者行動の情報処理の中でも，こと「広告が消費者に果たす部分」を中心に情報処理という考え方を適用したものである。またその考え方は「広告計画の立案ツール」としての用具性（使い勝手）に目的を置いている。視点と課題の限定はこのように先に断ってある以上，自動車運送を扱いながらも物流論全体を説明し得たとするような僭称は行われてはいない。さらに『広告効果論』はIMCの観点である「認知の変化や記憶の構造化」を主眼とし広告情報処理，ブランド情報処理，などを整理している。本来は『IMC効果論』とも称すべきIMC情報源泉全体に適用可能な枠組みではあったが，（第1章の冒頭で確認したとおり，IMC効果がいまだ日本語では一般的ではないという）出版事情からその書名が採られなかった。マーケティング・コミュニケーションという送り手の発信する情報全体に適用可能な整理を『広告効果論』は行っている。

　また，社会的言語としての日本語の広告の広さもある。パッケージデザインからイベント，ゆるキャラまでが広告と呼ばれ，英語のPR，IMCに相当することは本書でも度々触れている。

　メーカー間の品質差が極めて少ない製品カテゴリーが増加し，ブランドへの着眼のように消費における「コミュニケーション部分」「情報部分」のウエイトが増す状況の一般化の中，「認知の変化や構造化」を主眼とし広告情報処理，ブランド情報処理，などをオリジナルに整理した『広告効果論』の意義は決して小さくない。

　一方，実務家の『広告効果論』への反応は，「理屈が勝った」というものが大多数であった。個別の課題状況（例えば，AメーカーのブランドBの今秋の広告表現をどうするべきか）中で日々格闘する実務家にとっては，『広告効果論』の記述の一般性それ自体が理解の難易度の高いものと目に映った。

　しかし，仮にアカデミックな研究の世界と広告実務の世界を両端に置いて『広告効果論』をこの一次元でポジショニングすれば，相当『広告効果論』は実務よりの理論である。当然その実務は広告実務である。そしてその意義は「具体的な

広告計画において課題の所在」や「広告効果の進捗を阻むこと」を発見し，組織で共有するための計画用具である。個別の課題状況では，そもそも何が課題なのかに関して関係者ひとりひとりの見解が異なることがある。また，自ブランドの売上の低迷など何が原因なのか，対応可能な課題なのかそうではないのかが分からなくて随分と時間やコストが無駄にされる場合も少なくない。仮に「課題」さえ明らかになれば「その課題の達成や克服」は計画可能であるのに，不適切な「課題」設定に基づいた広告などマーケティング・コミュニケーションが力任せに実施されることも現実には多い。不幸な結果を跡づければ，多くの失敗事例が存在する。このような状況の中で複数の人間がどのような「マーケティング・コミュニケーション課題」が可能性としてあり得，どこまでが「判明していて」，どこからは「調査の必要があって」といった「課題計画」を合理的に推進するためのツールである，という1点に実務よりの理論として『広告効果論』はポジショニングされる目的を持っている。

　アカデミックな研究の世界と広告実務の世界を両端に置く一次元ポジショニングのたとえは，その距離の大きさ，扱う事柄の異次元性である。両者は目的も違えば，論理も違うことを行っている。理論的研究の重要性は何ら否定するものではない。逆に実践，現象のリアリティ抜きで，特に広告のような応用論理は生命を失う。したがって，この両者を結ぶことそれ自体はまた別途の研究課題である。[(2)]その過程で『広告効果論』が目指した課題領域がより適切な広告実践のために存在するのである。

　本書のポジショニングも同様である。アカデミックな研究の世界と広告実務の世界を両端に置く一次元ポジショニングでは，実務よりの目的的な実践上の秩序を目指す認識を指し示すこと。本書はこれを目指している。

2　広告効果の枠組みの拡大

・「覚えている広告」から「思い出す広告」へ　「IMC」と解題しようとする際に，広告効果の論理は極めて重要で参考になる。そこではIMCとは何か，効果的なコミュニケーションとは何か，が歴史的に積み重ねられているからである。「効果」に焦点づけて考察を深める際には，効果の議論の蓄積された広告効果の枠組みを知ることが有益である。再度整理を試みたい。

　古くから大きな支出費目である広告は，その費用対効果が論じられてきた。し

かしながら，一定の広告費が一定の広告対象商品の売上増といった販売効果を直接説明することは一般に難しい。この理由の説明には多くのロジックがあるが，次のような「攪乱項目」が一般に認識され，単純な広告の販売効果が見出しにくいことを説明している。

①　広告以外のマーケティング変数：広告は効果があり初回の購買は促進されたとしても，例えば食品の場合「味」の評価が低かった場合，再購入意向は働かず，結果販売が思わしくない場合がある。また，仮に広告が行き届いていたとしても，流通の状況が競合に比べて劣位であるので，販売に必ずしも結び付かないこともある。現代的にはスーパー，コンビニでの取扱いの有無，自動販売機の台数などが典型的な流通力の差を生じさせている事例である。

②　広告自体のコミュニケーション特性：広告にいかに効果的にまた大量にターゲット（見込み客）が接触したとしても，自動的に購買が誘発されるほど現代の消費は単純ではない。広告に接したといっても，広告の受け手は必ずそれを記憶し，店頭での購買時点まで保持し，思い出すかどうかは分からない。「販売促進効果」に絞っても自由意思を持った多数が行動を行う。誰も消費者に強制力を発揮できない。デジタルでは，露出そのものが店舗であり，購買に近いから，勢いインフルエンサーや取扱い店の多さが，コミュニケーションであり，チャンネルであるという混交形態となる。

③　消費者と製品の購買行動をめぐる関係：様々な製品・サービスにはおのずから製品ライフサイクル，競合の強さの度合い，入手の仕方，購入時の重視点と広告の関係，購買頻度の違い，新製品の発売頻度の違い，などがある。広告がそれらの市場や製品の違いによって役割が異なる，と考えるのがむしろ自然である。ある場合には「問い合わせ」や「来店」を誘発することに広告の目的があり，ある場合には「購入頻度の増加」に広告の目的がある場合がある。セールスマンが介在する購買が一般的な製品では広告の効果は副次的なものになり，ネットやテレビ，カタログ，電話，FAX でのショッピングなどダイレクト・マーケティングでは高い比重のものとなる。

そうした中でも，主として②の広告自体のコミュニケーション特性を中心に，広告の心理的効果が追求されてきた。

伝統的な広告効果の認識では，広告メッセージ（伝達内容，訴求点）を「覚えている」ことがまず重要とされてきた。しかしながら，生活者はメッセージを覚

図3-5-1　広告効果プロセスの統合モデルとしての「インテグレーションモデル」

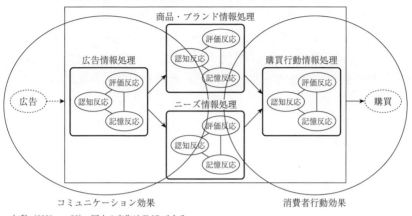

コミュニケーション効果　　　　　　　　　消費者行動効果

仁科（2001, p. 32）。図中の広告は IMC である。

えようとして接触することは極めて稀である。また実は「覚えていること」は実に莫大な大脳容量から考えてさほど難しいマーケティング・コミュニケーション課題でもない。一般的に考えて，商品を買おうかな，と考えた際に（店頭などで商品のパッケージを見たりして）広告に関係したことが「思い出されれば」それが真の広告効果である。「覚えていること」の多さと「思い出すこと」の希さは強調しすぎることはない。

　つまり，認知に働きかけた結果が，日常保持される形で記憶されることが，広告の果たすべき真の役割であったのである。もちろんこの「思い出され方」は通常いくぶんは「あいまい」である。しかし「見たような気がする」「聞いたような気がする」というレベルであったとしても，スーパーマーケットやコンビニエンス・ストア，また清涼飲料などの自動販売機の前，また車のディーラーの店頭では充分な広告効果と言える。

　デジタルでは，自分が欲しかったモノが手元にある画面のそれと同じか，似ているか，違うか，という形で記憶が呼び起される。

　インテグレーションモデルでは，受け手の能動性を全面的に捉え，

　①　広告情報：広告接触時に受け取るメッセージや表現への認知的・情緒的な反応，及びそれがエピソード記憶として貯えられる情報，

　②　ブランド（概念）情報：広告接触や過去の消費経験に基づく情報が，ブラ

ンドや商品ごとに整理され，長期概念（意味）記憶に貯えられる情報，

　③　ニーズ情報：自己の潜在，顕在ニーズを対象とした認知，その解決の必要性・重要性についての評価，ニーズの記憶と想起を行う情報，

　④　購買情報：購買ニーズが発生した際，商品やブランド選択を行うために，過去の記憶を利用しながら意思決定や購買行動を行い，その経験が手続き記憶として貯えられる情報，

の四つを独立して考え，ニーズがスタートで購買がゴールという消費者行動モデルと，広告接触がスタートで購買がゴールの広告効果モデルをハイブリッドに統合している。
⁽³⁾

　そこでの基本認識は受け手の「広告」に対する解釈（認知反応），長期記憶に繰りあがった「広告記憶」に対する検索容易性，体制化，等の能動的な情報行動を前提としている。

　こうした新しい精緻な認識を促した考え方が「情報処理モデル」である。

　広告によってもたらされる情報はいずれにせよ（送り手とりわけ売り手メーカーに近い方から見れば）「断片的」な限られたものである。その中でキャッチフレーズを正確に「覚えている」かどうか，が重要であるとするのが従来の考え方である。それに対して情報処理モデルでは，タレントの顔や情景などの（「メッセージ（伝達内容）」と言うよりは）「演出要素（伝達方法）」を，なんとなく「思い出せ」「見たことあるヤツ」「知ってる」「テレビでやってたアレ」と思えるか，をも含めて広告の効果と広く認識する。また広告の受け手は能動的に，つまり送り手から見れば「勝手な」解釈を行う。CMの音楽だけ，歌手の名前だけから様々な思いをめぐらせ，記憶を形作る。

　図3-5-1の背後には莫大な記憶の貯蔵があり，記憶反応がその出入口である。適切な記憶が瞬時に呼び出される。

　「認知反応」という認知心理学の概念がそれを説明する。再度確認しよう。認知反応とは何かに接した際に「あれやこれやと思い（思考）をめぐらせること」「感じたこと」「連想したこと」である。従来の広告の送り手視点からだけからはブランドに関連するキャッチフレーズなどのメッセージを「覚えているかどうか」だけが問題となり，受け手の能動的な認知反応などは「どうでもいい」ことであった。けれども莫大な大脳のキャパシティ（能力）を踏まえれば「覚えていること」は肝心な論点ではなくなるのである。

関連事例 5

　禁煙ゆえに分かるコーヒー豆を挽く際の「くらっ」と眩暈さえしそうな官能的な香りが店内に漂う。ラテやカプチーノ，エスプレッソといったコーヒーの味わい方がどの位楽しみの深いものかを感じさせる専門性。Fair trade（公正貿易）や環境配慮についての蘊蓄。それらを支える全店直営の教育の行き届いた従業員知識，態度。比べれば驚くほど一店一店違いのあるオリジナリティのある内外装。世界各国の主要都市に会わせてデザインされるオリジナルのマグカップやタンブラー，他コーヒー関係のグッズ。次々と開発される新メニュー。オリジナルの新聞，リーフレット類。スターバックスは様々な認知反応を訪れた人の記憶の中にブランドを核として記憶させる。2002年には県内に一店もなかった長野県で誘致運動が起こったとも聞く。ついに2013年には鳥取県以外の全ての都道府県に出店されたという。この経験装置創り IMC の周到さと成功は他にディズニーランドくらいしか比べるものがないのかもしれない。20世紀にはこれほど店舗が増えることは誰も予想していなかった。

　広告の効果を「思い出すこと」と主語自体を入れ替えて認識する際には「認知反応」は，その後につながる重要な情報処理のプロセスである。CM を見て，何も思わなかった場合に比較して，どのようなことであれ「認知反応」が生じた場合の方が，その後の記憶に残ることが，認知心理学や記憶の研究から明らかになってきたのである。もちろん「認知反応」の内容は好意的で送り手の意図との関係において望ましいものであるに越したことはない。しかし必ずしもそうではなくとも，例えば「（今見た CM のタレントが）うちのいとこに似ているな」「（CM の情景について）行ったことがあるところだ」「（CM の音楽が）懐かしい」といった，送り手と無関係なこともまた一般であることをまず認識する必要がある。認知反応から記憶へのプロセスを「広告接触時点での広告情報処理」と

捉えることが出来る。

　IMC の説明で，マーケティング全体を受け手の視点から，コミュニケーションとして捉える認識であることに触れた。広告においても「受け取られた情報への着眼」が IMC 的な効果認識となってきたのである。

　広告に接した際の「認知反応」が，ブランド（名）を中心とした長期の記憶（普段の記憶）の関係の中に「繰り上がる」。そのことでブランド連想に付け加わる要素が増え，またブランド関連の記憶の構造，結びつきの全体が変化する。この状態が「新しいブランド・イメージ」が新たな広告接触の効果として出来上がった体制，構造ということとなる。これが 「普段の広告効果」としてのブランド情報処理の状態である。

　普段の記憶としてのブランド（名）を中心とした記憶，意味を与える関係づけられた要素，思い出すことが出来る要素には様々なものがある。例えば，森永乳業のクリープ（68ページ関連事例 4 参照）では「自分が小さいときから実家の母が使っていた」「お湯で溶いて飲んだことがある」「子供が小さかったときの粉ミルクを思い出す匂い」「セブンイレブンにある」「会社でも使ってる」「他のより値段が高い」等の記憶の連想がある。これに「乳製品で出来ている」「レギュラー・コーヒーにぴったり」などを謳う広告や「牛」を登場させる広告表現要素が付け加わることで多大な成果が生まれた。

　スーパーマーケットの店頭で，競合製品とクリープが比較された際に「乳製品」であることなどの記憶が活性化し，つまり「思い出され」購入につながれば，それが購買情報処理であり「購買時点の広告効果」である。受け手の視点で受け手の能動性や解釈を中心に広告効果を捉えなおす，とはこのようなプロセスを想定し精緻に広告効果を認識し，仮に問題点があった場合の課題発見のための図式にし，プランニングを行う際の課題の共通認識を用意することとなる。

　しかしながら，現実には「商品の直接使用体験」と「競合ブランドとの比較による選好」が広告と購買の間には別途考えられなければならない。

　インテグレーションモデルでは，ブランド情報処理において広告などの IMC 情報処理と直接体験によって，継続的にブランド評価とブランド記憶が改変，蓄積，検索されることを想定している。ブランド認知，ブランド評価，ブランド記憶の 3 つの反応は日々商品使用時に再確認され，望ましくない商品使用経験や口コミなどは継続的にブランド情報処理として，ブランド毎に蓄積され，日常的に

検索されていく，と想定できる。しかしながらここでのブランド関連情報はブランド間比較は自覚的には行われない。独立して記憶がブランド（名）毎に，満足や不満足といったブランド評価反応の結果処理が蓄積され記憶反応につながる，と考えている。

　競合ブランドとの相対的な関係は購買情報処理段階で比較されることを勘案している。ニーズ記憶と複数のブランド記憶が，その都度突き合わされるのが購買情報処理段階と考えているのである。この枠組みは，こうした複雑な現実に対して各々が別のサーベイ・リサーチなどによって把握され，分離して課題が発見されうるという「課題領域整理型」の計画用具性を持っていることが再確認されるのである。

・**本来の DAGMAR とその補完**　既に触れたように DAGMAR とはアメリカ広告主協会主宰の1960年代の研究結果で，「測ることの出来る結果で定義する広告の目標（Defined Advertising Goals for Measured Advertising Results）」という英文字の頭文字である。本来の DAGMAR は，「ブランド・イメージ」でも「購買頻度」でも，広告で訴求された項目で，購買に結びつく心理状態を適切に設定できれば，どのような項目であってもいっこうに構わない広い枠組みであった。実務上その製品，その広告キャンペーンのテーマによってその都度，目標を定義すれば良い，という考え方であった。使用頻度の拡大やブランド・イメージの改善も当然，本来は DAGMAR で扱いうるのである。しかしながら，その考えを簡略化し，広告の効果を「商品名（ブランド）を知っているか」「製品特徴を理解しているか」「商品を買うと決めたか」といった「認知」「理解」「確信」を「商品名」や「パッケージ」を提示することで得られた調査データを DAGMAR と呼ぶ，という硬直した理解が，特に日本では流布され現在にまで至ってしまった。多くの広告課題はそうしたことよりも複雑で個別的である。また，実際の広告の心理的な効果，効果の発揮される時点ごとのプロセス認識，特に認知反応への働き掛けは，先に触れたようにもっと受け手の視点で考えれば全く違うものである。

　豊かな消費と情報過多を前提として，広告効果の考え方は硬直的な DAGMARからパーセプションの変化把握へと論点を移した。つまり「覚えていること」から「思い出すこと」への視点，論点の移動である。広告効果の視野の拡大，変更と言っても良いだろう。

　この考え方にしたがった，広告効果の把握に「自然言語解析」手法（その後テ

キストマイニング）が開発され実用化されている。先のクリープの事例のように普段こうしたジャンルの製品について，どのような認知があるのか，を把握する手法である。具体的には小サンプルのインタビュー結果や何らかの形で入手された自由記述回答，ネット上の口コミなどを，テキスト（文字）データ（ビッグデータと2010年代呼ばれる）として解析ソフトに掛けると，言葉と言葉の結びつきの強さをブランド（名）を中心に計算し測定，表示することができる。特定のキャンペーンの事前事後でこうしたブランド連想に変化があれば，それが広告効果と認識できるのである。ブランド連想の実態への接近がコンピュータ技術の進展によってここまで来たのである。

　この手法は，単に「ブランドを覚えているか」や，任意の訴求点を「覚えているか」といった代表性のあるサンプル・サーベイでの統計的定量的なデータ，つまり本来のDAGMARとは補完的（相補う）関係にある。本来のDAGMARによって定量的に確認・測定するべき，購買に結びつく（あるいは購買を阻害する）適切な項目を発見・設定するにも役立つ。また本来のDAGMARによって得られた定量的データの解釈にも有力なデータとなる[(4)]。

　このようにして，記憶のあり方，広告効果のあり方が，格段に精密に把握されるようになり，最終的な顧客満足が把握される。自然言語解析は，単に広告効果の把握に留まらず，ブランド連想の実態診断の技法であるからである。その結果，次回購入意向が「思い出しやすい」構造にあるかどうか，ブランド連想のあり方が購買時に活性化しやすいかどうか，も位置付けることが出来る枠組みである。

・関係性パラダイムの中での広告　1990年代以降マーケティング研究と実践の中でブランドが注目されたことは，関係性の中でのマーケティング・コミュニケーションを指し示す有力な視点であったことも理由である。先に見たように長期に保持される記憶なしには，広告などに接触した短期記憶が購買時点で再活性しにくい。ブランド（名）を核とした望ましいブランド連想の構築・維持がIMCの目的・目標となる際には，購買前だけでなく普段からの顧客との関係性が自覚されるのである。

　第3章第6節で触れるブランドの役割がここでは「普段の広告効果の目標」状態と認識されるのである。

　関係性を前提とした広告効果には，それまで気づかれ難かった「購買後の広告効果」も大きなウエイトを占める。使用時の満足の強化，確認の後押しを広告は

行う。実証調査でも，そのブランドのユーザーは非ユーザーよりもそのブランド
の広告に注目し，より理解が深い，とされる。機能的な性能，品質が明らかでは
ない製品においてとりわけ「選んで良かった」ことを確認し，ユーザーの選択を
肯定するようなコミュニケーションは重要となる。また製品に知覚される差があ
まりなく，バラエティを探すようなタイプの購買行動や購買頻度の高い商品でも，
再購入意向の喚起にこうした購買後のコミュニケーションは役立つ。

　ただ，多くのマーケティング・コミュニケーションは依然として，購買前に努
力を焦点づけがちである。その商品の新発売を謳う広告や販売促進はその最たる
例である。その製造販売企業のホームページを含めてインターネットで商品情報
が検索されるのは，むしろ購買後である，とする調査結果もある。これは典型的
には「取扱説明書」を読んだだけでは分からない耐久消費財などが想定できる。
また，自分の買った金額がはたして他の入手経路より安かったのかどうかを確認
したい，といった動機や，同じ製品のユーザーが満足しているかどうかを確認し
たい，といった動機もインターネットに能動的に向かわせ情報収集を促す，と考
えられる。

　こうした既存顧客のロイヤルティ形成につながる可能性が，特にインターネッ
トを使った広報，広聴（耳を傾けること）で認識され傾聴（リスニング）がキー
ワードとされていることも昨今認識されてきた事実である。そのテキスト・デー
タ（ビッグ・データと呼ばれる）の分析には自然言語解析（テキスト・マイニン
グ）のソフトが有力なツールとなる。

3　広告計画ツールとしてのインテグレーションモデルの理解

　さて，以上見たとおり，効果のシミュレーションを仔細に行う課題発見ツール
という目的を持った効果の把握モデルがインテグレーションモデルであった。で
は，2010年代からカスタマージャーニーと呼ばれるようになったこととは実際に
「どのような計画，プランニングに使えるか」を心理プロセスに対応させた原型
として以下で見てみたい。ここでは，効果が計画のコインの裏表であることをは
っきりさせるため，購買時点から遡って考えてみたい。117ページの図3-5-1
では右側から左側へ「遡る」こととなる。ここで行うのは「ソートリスト
（thought list）」「プロトコル」と呼ばれるその時点時点での認知反応のシミュ
レーション的記述である。

・購買時点の情報処理　コンビニエンス・ストアに入ったときのことを想定してみよう。様々な商品が店内には並んでいる。3000アイテムといわれる品揃えの内，70％は1年以内に入れ替わるそうだから，新製品も多い。少なくとも先週来たときにはなかった商品も往々にしてある。

　　今日はいつも買っている週刊誌を買いに来たが，立ち読みしてあまり面白くないのでヤメにして，店内をうろつくことにした。最近自分自身で太りすぎが気になるせいか，低カロリーのヨーグルトや体重管理に良さそうな飲料にやはり目が行く。
　　厚生労働省の「特定保健用食品」に加えて「機能性表示食品」も最近良く見る。よく分らないけれど付いていないものと並んでいるとマークが目立つ。なんとなくテレビのCMでやっていて，今度見かけたら買おうと思っていたのがあったので，まず試しに買うことにした。K社のパッケージが緑色だったと思っていたのでたしかだろうが，名前は正確には知らないけど。
　　インスタント・ラーメンの売り場では，具の野菜が多いことをパッケージに書いてあるものが目に止まった。インスタで見て興味が湧いたので一回買ってみて，具が期待より随分少なくがっかりした思い出があるから，見る度に「もう買わない」「買うまい」と思う。
　　缶コーヒーの売り場では，パッケージにテレビCMに出てくるタレントの顔が印刷してあるのがあった。他のものも含めて一通り飲んだことがあったが，プレゼント応募用のシールも貼ってあるからそれを買うことにする。

　このようなことが日常的に広範に行われている。最大のチェーンひとつだけで，年間購買顧客数が1店あたり約35万人，全店でのべ70億人が「購買」するのが令和である。[8]
　ここには様々な広告効果が顔を出す。太りすぎの自覚という顕在ニーズは低カロリーのヨーグルトには目を向けさせるが購買には至らなかった。しかし「特定保健用食品」等のマークがきっかけとなって，広告やPRなどのマークの記憶が結びついていて，かつパッケージの色だけが目印であったが，「今度見かけたら買ってみよう」という広告接触時の記憶も保持され，かつ検討時に関連してその記憶が活性化し，メーカーやブランドの同定には成功し，試し買いに結びついた。

ニーズとブランド，そして広告接触時の認知反応が，やや弱いが体制化していた場合の広告効果が購買時点で発揮されたのである。しかしながら，製品関与，購買関与の低いコンビニエンス・ストアで販売される低価格の商品の場合，試し買いは比較的容易に行われても，購買後に評価が行われる。ブランドが核になって不満足だった消費時点の記憶が再確認されれば，手が出ないことが再確認されるのである。缶コーヒーについては，マス広告表現の要素的記憶と同一の演出要素のパッケージへの展開という IMC の成果が上がり，プレミアム・プレゼント SP が相まって購買に至った。ただここで太りすぎと缶コーヒーの高めのカロリーの記憶が検討時点で天秤に掛けられた可能性は高い。あわせ技で購買に至ったと言うべきか。

　いずれにせよ，顕在ニーズとブランド，あるいは潜在ニーズの活性化とブランドが購買時点で出会う。店内での商品パッケージをきっかけとして広告接触時の好ましい認知反応までが思い出されれば，購買確率は極めて高くなる。「広告で見掛けた」「タレントを思い出した」程度の店頭での記憶検索で充分な広告効果が上がっている。また関連して活性化したブランド記憶の中に購買を押し留める要素がなければ，その広告記憶の活性化は充分購買確率を高めると考えられるのである。複数ブランドの比較がなされるのも購買情報処理である。様々なファクター（安売りしている，味に差は感じていない，新しいパッケージに目が行った，プレゼントシールが興味を引いた）が相対的に比較される。この場合は即断評価ではあるが，数秒以内の認知反応でも人々はこの程度の処理を（必ずしもはっきりと自覚して言語化しないとしても）行っている。

・ニーズとブランドについての情報処理　購買時点に上記のような認知反応を起こさせるのは，ニーズとブランドの記憶が普段から蓄えられているからである。この様態を同様に記述的に解題してみよう。

　　日頃から太りすぎが気になっている。特に去年の短パンがきつくて入らなかったのがショックだった。外食がちなこともある。ヨーグルトや野菜は好んで食べるようにしているけれども，乳製品はカロリーも高いと言うし気をつけなければいけないかもしれない。とにかく油モノは避けて，なるべく歩くようにしなければ，と思っている。今度の仕事が一段落したら何かスポーツを始めようかなぁ。スポーツクラブも二回入会したけれども何かお金の無

駄使いに終わった。○○ザップはシャワーがないし。生活習慣病も気になる。しばらくウーロン茶は飲んでいないけど、ポリフェノールは「黒」の高いものの方が良いらしい。本屋に行ってもそういう本棚に目が行く。生命保険の見直しも入院特約の良いのがテレビでやってたからそのうち考えよう。外資系の、テレビでよく見掛けるのも、ネットでは既に契約者数日本第2位と書いてあったし。

　　缶コーヒーは時々飲む。広告は楽しめるものもある、と思う。

　こうした身体の理想イメージと現実のギャップ、その原因であるカロリーの取りすぎや運動不足の解消方法、また漠然とはしているが将来の健康への不安、などを日頃途切れ途切れではあっても一般に考える機会が生活の中では多い。ニーズ認知やニーズの重要性評価はこのように普段の（必ずしも完全な言語化は伴わなくとも莫大な記憶から浮かび上って）内的会話でリハーサルされ構造がより強化される。書籍、テレビ番組、雑誌、新聞など広告に限らずこうした（広い意味で）消費関連情報に接触する機会も多いし、関心があればそこへの注目も高まるからその都度リハーサルが行われる可能性が高いと考えられるのである。

　この例ではブランド名にまで結びついた強固なニーズとブランドの体制化は見られないが、黒ウーロン茶、またヨーグルト、スポーツクラブという（製品）カテゴリーには何らかの評価が進行し、自己の評価の確認がなされていることが分かる。入院特約付の外資系生命保険もブランド名は再生されないが、契約者数日本一という鍵となるメッセージは記憶され、企業の同定と信頼感につながっているようである。

　購買時点では、こうした普段の消費関連生活の記憶が店頭等の刺激によって再活性する。このシミュレーションでは、上記のうち「カロリー」「保健用のマーク付き食品」が健康ニーズ記憶の中で活性化した。今後黒ウーロン茶、スポーツクラブ、生命保険について機会があれば情報収集を含めた購買（準備）行動が顕在化する可能性は高いだろう。

　広告に接触した時点、購買行動が生起する時点以外の普段の広告効果はこのようなニーズ情報処理とブランド情報処理、また相互の関係付けの形で理解が可能である。

・<u>広告情報処理のダイナミズムを利用する</u>　さて、インテグレーションモデルの

扱う情報処理ではこのように，不定形な認知を自己の内部にも外界の刺激にも適用し，記述可能である。そして複雑で，様々な段階で効果が発揮されうる広告記憶を掬い取るように確認するのである。購買時点から遡って最後に広告情報処理段階について同様に認知反応のシミュレーションを行ってみよう。

　　生命保険会社 A 社の広告を見る度に，所ジョージは説得力があるなぁ，と思う。YouTube を見ていたら同じ生命保険の広告があって出てたのでしばらく眺めた。介護保険は国の制度であり，商品名である，という言葉の混乱を何とかして欲しい。今度暇な時にネットで調べてみよう。契約は混んでいるかもしれない。A 社以外にも外資系の広告は多い。今度同窓会で生保に勤めてる奴に会ったらそれとなく聞いてみようか。

　電車の社内の広告で R 銀行が「年中無休。19時まで営業。」と書いてあった。ニュースがあれば，まだしも広告にもインパクトはあるな。同じような内容のことを言われても覚えもしないけど。
　S 社の Z という飲料の CM。いつも面白い。でも「カフェイン150mg？」。ちょっと濃すぎないか。コーヒーも飲むし。
　アイフォンの TVCM は実に芸術的だと思う。まだ買い替えないけど。
　こうした広告接触時の認知反応が必ずしも常にではなくとも生起することがある。その反応実態は受け手の能動性においてはこのようなものであろう。A 社の広告には先に挙げたようなニーズ情報処理が進行していることもあって，単に広告表現に対する認知反応に終わらず，ブランド，ニーズに関連する認知反応，購買行動に関する認知反応がある。もちろんお気に入りのタレントがきっかけ，またブランド同定させる要素になっているし，良く見かけるタレントへの好意がブランドに転移している節もある。特にその会社の信頼性，混み具合といったブランド情報処理や購買情報処理につながる精緻化が行われている。また同業他社についての推論も起こっている。今後情報収集行動が起きる可能性がある。購買準備行動中にブランド想起をタレントで行う場合も示唆される。R 社の広告に対しては傍観者的ではあるが，企業姿勢と広告メッセージ内容の有用性，新規性が注意と精緻化を促しこのこと自体は評価している。こうした精緻化を経た評価反応，記憶反応は長期の記憶として体制化されると考えられよう。ただ R 社に口

座開設するかどうかは分からない。このことが記憶され窓口に行く可能性はある。

S社，Z，については対抗的な読み（情報源への反発）が見られる。社会的規範に関する評価反応が誘発されている。S社，Zは友人との会話にこれらの広告がつながる可能性がある。メディア消費という言い方がけして誇張ではない事例であろう。

ブランド購買にまでつながるような深い処理もあれば，もっと表面的な認知反応もある。ただブランド名を中心とした体制化（必ずしも自覚を伴わないものも含めて）が，日常生活（普段）の内的会話の中でニーズ情報と結びついたり，その後購買（検討）時点で購買情報として処理される状況をここでは記述した。

• **行動を通じた学習，実験を通じた計画**　インテグレーションモデルはこのように，単にブランド名の認知や製品理解，ブランド好意，購買意向に限らず様々な広告からの情報の受け取り，反応，記憶を一連の情報の流れとして把握しようとする枠組みである。実際には以上挙げたようなことを，各々の時点の調査で得られた回答（認知反応）に基づいてテキスト・マイニングなどのコンピュータ・ソフトの支援を受けながら理解してゆく。

往々にしてカスタマージャーニーはメール等の手法について計画するためのシナリオだが，この節で触れたような心理的な裏付けのないジャーニーのシナリオは裏付けを欠くこととなる。

アカウントプランナーはこうした調査を企画実施し，得られたデータを解釈し，各々の時点で（この場合ブランド購買を仮の目的とすれば）促進的内容と阻害的内容を抽出する。仮に広告情報処理において特に競合ブランドに比べて認知反応形成力が劣ったり，好意的態度が形成されておらず，長期のブランド記憶やブランド評価につながりにくければ，広告表現の改善を計画するべきこととなる。また仮にブランド記憶とニーズ記憶の構造化が，普段の時点で競合ブランドや代替財に見られれば，それへの対抗策としてIMCを見直さなければならない。また以上の段階で購買へ望ましい状態が見られるにもかかわらず，実際の購買が思わしくない場合には，購買時点に出来るだけ接近した観察や店頭での認知反応を確認し，長期記憶や広告記憶の検索，活性化がた易くなるようなIMCの計画が必要となるだろう。

こうした行動を通じた学習を広告の送り手サイドが行う上で，様々な広告効果の発揮される時点，機能，役割を分離して分析把握する枠組みがインテグレーシ

ョンモデルなのである。

　また第1章で確認したとおり往々にして避けられていたのが，ブランド構築のための広告表現制作前の実験である。このリスクの大きさとその放置には驚くものがある。既に仁科（1976）以来マス広告表現の制作前，出稿前での調査が合理的な広告計画のために重要であることは主張されていた。しかしながら，いくつかの理由でブランド構築のための広告表現の制作前，出稿前調査はあまり実務的には行われないで現在に至っている。この理由とは次のようなものであると考えられる。

① 　完成した広告表現と絵コンテ（昨今はVTRに絵コンテやCGを使うことも可能であるが）ではHow to sayにあたる「演出要素」部分の完成度，精彩度があまりにも違うので調査の反応結果がどの程度完成広告表現の効果性を反映しているのかが不明であること。
② 　スピーディーな調査が広告計画のタイトなスケジュールの中では不可能であること。仮に改案となれば，さらにスケジュールがタイトになり，一層現実的ではない調査となること。
③ 　定性的な調査の場合，対象者の個人差がターゲット層を代表していない可能性が大きいこと。
④ 　定量的な調査の場合，対象者の反応データにリアリティがない場合が多いこと（例えばイメージ項目の平均スコアがどの程度ならばどう改善するべきかがわかりにくいこと）。
⑤ 　広告表現は広告クリエイターと言う専門職のアウトプットであり，いわば半製品を素人が行う調査で評価することの意味のないこと。
⑥ 　広告主側が時間，経費などのコストをあまり行っていない調査に割く必要を感じていないこと。
⑦ 　広告効果のうち多くの部分は広告出稿量によるので，広告表現の出来不出来で左右される効果部分は小さく，並みの表現で良いと判断されるから。(9)
⑧ 　チームワークが乱れるので。

　様々な抵抗がある。しかしいずれの見解も，ここではマス広告の資源浪費のリスク，広告でねらいうる成果の大きさ，目的の重要性に比しては極めて低レベル

の見解といわざるをえない。テスト，実験を経ない新製品はない。なぜ広告表現だけが例外と扱われるかの論理的な論拠は薄弱である。ただ，この件も多くは広告主企業の意思決定に掛かっている。オリエンテーションからプレゼンテーションまで2週間で，また競合で広告表現を決定し，制作までのスケジュールも数週間以下しかない場合，広告主側が時間，経費などのコストを今まであまり行っていない調査に割く必要を感じていないことが最大のネックになる。

　実験を通じた計画がインテグレーションモデルの枠組みで，広告表現制作前，完成表現，出稿後となされ，知見が蓄積されることの果実を考えても良い。認知心理学ないしはポスト近代的認識の寄与はこういった柔らかな実験や学習を拓いたところにある，と考えることもできよう[10]。

4　実践，専門，イニシアティブ

　さて，以上見たようにインテグレーションモデルは広告計画のための広告効果把握ツールである。アカウントプランナーがこれをいかに咀嚼し「行動を通じた学習」「実験を通じた計画」で成果を挙げるかが問われている。これが送り手の計画における実践秩序のための手掛かりであり，より IMC 計画の確実性を高める目的につながる道である。

　やや理解に手間のかかることを積み重ねる専門性の自覚も重要である。MROC（Market Research Online Community）グループ・インタビューのモデレーター（司会者）は別途の専門性もあるが，アカウントプランナーがそうしたことに無縁ではないのは論理的に明らかである。

　実践を切り拓く専門性とイニシアティブ（主導権），それは本書を駆動する願いそのものである。

　計画の合理性と創造性にイニシアティブを発揮するプランナーなしには，広告の受け手との乖離も接近もクリエイティブのアウトプット任せになってしまうこと，とりわけブランド構築という広告の中心において本書の冒頭から強調することはこのことである。本節の最後にインテグレーションモデルに生命を吹き込むのはアカウントプランナーであり，成果を享受するのは広告主企業であることを付言する。

注

（1）　情報処理という言葉自体，現在はコンピュータと不即不離の関係にあるが，消費者行動研究においては（むしろ機械とは逆に）「消費者の能動性」を客体化して扱う手法として意義を持った。本書ではさらにリアリティのある IMC の受け取られ方にアプローチするために，IMC 情報が記憶のスキーマによっていかに解釈され，取り込まれ，体制化し，検索され，（再）活性化し，意味を購買行動に生じるかに着眼する「解釈的」な（あるいは「認知的な」）解題を行う。この試みは，広告計画を広告効果のシミュレーションとし広告効果に生命を吹き込む手法として意義を持つ。

（2）　英文では「広告効果」に相当する言葉が二つある。advertising effect と advertising effectiveness がそれであり，前者が実証を重んじるアカデミックな心理学的文脈での「広告効果」，後者が実務的な文脈での「広告効果」と使い分けられている。本文の「実務と理論を両極に置いた一次元」と重ねてこのことを図表化すると下記の通り「時間的な関心の差」と「貨幣へのリアリティ」としても一部理解できる面がある。

　　　この表の表側の差異は Cook ら（1997）を修正して使用している。Cook らも ARF（Advertising Research Foundation ; 広告調査・研究財団）や SCP（Society of Consumer Psychology ; 消費者心理学会）での多くの実務的研究とアカデミックな研究との間での議論や先行研究を踏まえての整理がなされる点，日本との差異がまず驚かれる。この表頭を軸に考えれば，大きく「楕円」のように時間的な関心差が少なくとも「心理学的」広告効果研究と実務的広告効果の間では大きく違い，また「貨幣に感じるリアリティ」がベースにはあると言う理解が可能であろう。

　　　『広告効果論』でのインテグレーションモデルや本書の広告計画やアカウントプランニングへの関心は主として「象限C」の空白部分にある。計画当事者にとっての知識の有用性はここに根ざすかどうかにかかっている。「実務と理論を両極に置いた一次元」とは「デザイン知（計画につながる知）」と「理論知」の両極とも言い換えることができよう。第二章の多くの記述は象限A，Bにまたがることも確認して頂けるだろう。ただいずれも既存研究（販売効果，ブランド論等）のブレークスルーや補完的な役割を目指そうとしている。

　　　また本書第5章は「象限A」の空白を広告研究に明示的に取り込もうとしている試みである。

（3）　その後，仁科ら（2007）ではこのインテグレーションモデルは「第2章　広告効果と心理プロセス」と解説され「新しい広告効果モデルを考えるとしたら」と名称を付けずに指し示されるが骨子は同様である。本文とは別途インテグレーションモデルの構造と展開について，より明確にしておくと次の4点が挙げられよう。①「広告情報」と「購買情報」がハイブリッドに視野に入る点。図中の左側とは，例えばテレビ CM を見て面白いかどうか，何が認知反応として生じたか，という「広告情報」の領域であり，たしかに広告効果の接触時の側面である。ところがそのことと図中の右側，つまり極端にはダイレクト・レスポンス広告（0120の入っているような広告）やセールスプロモーション的広告（期間限定・特売など）のいう広告効果のある「購買情報」の領域がなかなか2つながらに捉えられなかったところを捉えたのがインテグレーションモデルの特性である。②広告クリエ

図 3 - 4 - 2　effect と effectiveness の間

時間的な関心	advertising effect	advertising effectiveness
	刺激と反応の一対一対応関係に関心 広告物に関心 プロセスに関心 一般法則性，モデル志向 個別性の相対的軽視 複雑な与件のコントロールに関心	新しい変化に関心 意図の実現に関心 貨幣，会計期間等のビジネス文脈 に依存した結果，正否に関心 キャンペーン単位での関心(IMC) 累積的，日常的状況 実践に有用かどうか
≧1年	象限A	ブランド論，ブランド資産
1年＞　≧1週間	象限B 遅延効果	販売効果(POSデータ，販売評価) 多くのフィールドサーベイ・リサーチ
1週間＞	実験室的広告効果研究 「広告に対する態度」研究	象限C
隠された見方	影響プロセスの説明	販売結果への効果

イターの領域と製品マーケティングの領域のハイブリッドでもある点。図中の左側とは
「広告物」，右側とは「売りにつながること」と言い換えてもいい領域である。③その中
間に，広告効果プロセスの最も重要な核として「ブランド情報」と「ニーズ情報」をポジ
ションした点。図中の左右が「統合されない」のは，論理として組み合わせる回路がない
からである。回路とは，広告で受けとめたことが「ブランド情報」と「ニーズ情報」つま
り，「認知・記憶の構造」を変化させたり，形成したりすることに他ならない。④俗流
DAGMARへの最終的な批判，つまり20世紀的な広告効果モデルの相対化に成功している
点。「ブランド情報」と「ニーズ情報」が進行することとは，本来のDAGMARとしての
「それを買いたい」という気持ちに密接に関係する心理変数をきちんと取り込んでいる，
ということである。ここに至って「俗流DAGMARは単純接触モデルの一種」，つまりト
コロテン的人間無視であることも明確化する。
- （4）　知名率や広告認知率，またブランド・イメージの特定の項目（例えば「高級な」）のス
コアなどの定量データがそのブランドの購買行動上の「適切な」プロセスを指し示してい
れば，それが本来のDAGMARである。なぜならば購買行動の構造が目標と効果として
押さえられているからである。しかしながらその「適切さ」を裏づける，つまり，選ばれ
た変数間の関係（関数，構造）が的確であるかどうかの判断を，自然言語処理（テキス
ト・マイニング）は助ける。過去に一旦選ばれた変数の適切性，説明力が低下する際，そ
の定量データは課題を明らかにする力を失う。その際の購買行動コンテキストの変化と新
たに設定，選定されるべき変数，関数を指し示す仮説探索，修正，再構築にも役立つ。定
量データが埃をかぶる際，つまり適切な手掛かりを失う際は，こうしたダイナミクスを当
事者が失っている場合である。
- （5）　広告効果が「購買前」にのみ関係して捉えられる，という誤解を「購買後」の広告効果
は鋭く突く。「購買後」とは，次の「購買前」である。この代表的な日本での研究に石崎
（1997）。

（6）　Kishi, S., Mizuno, Y. and Miura, T. (2003).

（7）　萩原（2011）は，シャーリーン・リーらの『グランズウェル』を引き，また内外のマーケティング・リサーチの動向を把握し，「消費者の言葉に耳をすます」「傾聴（リスニング）」をキーワードとしている。SNS や検索語データなどのビッグ・データのテキスト・マイニングもその手段である。従来の尋ねられたことへの返答を reactive とすれば，ここでの注目は明らかに non-reactive な行動（発言，書き込み，訪問など）である。

（8）　コンビニエンスストア合計では年間購買延べ人数が150億人を超えていると推計されている。

（9）　Stewart ら（1986）の行った1059本のテレビ CM の実証的研究においては広告効果に占めるクリエイティブの寄与度は15％程度とされる。この知見は「外側から」の目である。実践の適切性で言えば低いレベルのものの多い CM（広告未然広告物）を，これまた購買ターゲットでもない，あるいはまた購買タイミングにもない対象者を含めて提示した結果の足し上げが15％であったことを示すに過ぎないからである（別途，販売促進を主たる訴求としていない CM も含まれる点も無視される）。これを「残りの85％は露出量の大小に効果が依存する」と広告計画に携わる者が読みやすいのは決定的に視点の取り違えである。なぜならば「当事者の眼」は量の大小を増加関数的に効果の大小に結びつける論理のみでは表現されない。不適切な広告表現の量のみに頼る実施がいかに経営資源浪費的なものであるか，は本書の中心的メッセージでもある。量の大小を増加関数的に効果の大小に結びつけるのは，その怠業を支出金額の過半を占める媒体金額管理を管理と考え中心的に認識することで糊塗している部分が大である。この質量の論理の混同は社会情報環境の観点からも経済合理性の観点からも，あるいは CSR の観点からもいかなる視点からも正当化されない。

（10）　その後2010年代以降ウエブ広告，とりわけダイレクト広告に相当する，何らかの transaction に直接結びつくタイプの CTA（Call to Action）広告や販売サイトの一般化によって，A/B テストという「簡便に表現を差し替えて反応を実実験（実験室ではない実験）」することが当たり前のこととなった。マス広告において論理はあったが実践が伴わなかった，という本節の主張がある種形を変えて具現化した。ただしブランディング目的の広告においてはさほど容易い課題ではない。

　　ここでは A/B テストが（100点満点でいうと）40点と42点の比較はできるが，100点のクリエイティブが編み出せる訳ではないというある手練れの宣伝部長の卓越したコメントが思い浮かべられる。リサーチとクリエイティブを高いレベルでマネジメントする難しさは別のことである。

$$\langle 6 \rangle \quad 広告とブランド$$

　「覚えていること」よりも「思い出すこと」が購買情報処理段階で決定的な重要性を持つこと，またスポンテニアス（spontaneous）な「反応（mental response）」にこそ焦点をあわせて広告情報処理を認識する重要性など広告効果の要点を本章では解題した。その延長線上に自らの感情を仮託しうるブランド情報処理の重要性をこの節では強調する。

　いずれも商品の買い手，広告の受け手側から「駆動」「起動」する，自発する思いの重要性への着眼という点で本書の言う「『広告未然』あるいは『広告以前』の状態から広告が広告となる」ための契機を扱っている。この問題はマーケティング，あるいは交換が成立する様態を問う理論課題であると言えるほど普遍的な問題である[1]。

　駆動力（driving force）という言い方がなされる場合もある。そもそも顧客の行動なり認識が動かないマーケティングは成立しない。失敗である。成否を分かつこの瞬間にこだわる論考を続けたいと考える。

1　ココロを動かすことがブランド

　2000年，2001年と続いて同じ Emotional Branding と題する本が上梓された[2]。各々は別のアメリカの実務家による著書だが，1990年代以降今世紀にも理論面実務面で精緻化の一途をたどる様々なブランド論に，分かりやすい新しい視座を提供した好書が21世紀を画期したように筆者には思える。emotion＝強い情動という理論面においても語られにくく，実践面においてもマネジメントのボキャブラリーに馴染み難かった言葉を，これらの書がマーケティング関係書としてキーワードにしたことは，とりわけ我が国の関係者に重要な意味を持つ。なぜならば，日本語で「情動的ブランド構築」等という立論がマーケティング実践上オリジナルに（特に現場から）始められるとは考えにくいからである。たしかにブランドがキーワードになる前の1980年代までの言葉「消費者愛顧獲得（Consumer Franchising）」という言葉には emotional な側面が「愛顧」という言い方で大きく明示されていた。しかしながら，その当時でさえもまたその後も日本のマーケティ

表3-6-1　NHK「プロジェクトX」

放　送　日	回	対　象　企　業
2000.3.28.	1	気象庁，大成建設
2000.4.4.	2	JR，日本鉄道建設公団
2000.4.11.	3	オリンパス光学
2000.4.18.	4	ホンダ
2000.4.25.	5	JR・鉄道技術研究所
2000.5.2.	6	住宅都市整備公団
2000.5.9	7	JR
2000.5.16.	8	ミズノ
2000.5.23.	9	三菱重工業
2000.5.30.	10	東京電力
2000.6.20.	13	東京都上野動物園
2000.6.27.	14	ハザマ
2000.7.11.	16	三菱重工業
2000.7.18.	17	三菱重工業
2000.8.1.	夏スペシャル1	日本ビクター
2000.8.8.	夏スペシャル2	日本ビクター
2000.8.29.	20	コニカ
2000.9.5.	21	東京タワー
2000.9.12.	22	海洋科学技術センター
2000.10.31.	27	セブンイレブン
2000.11.7.	28	マツダ
2000.11.14.	29	マツダ
2000.12.12.	33	ソニー
2001.2.6.	40	南極観測隊
2001.2.13.	41	南極観測隊
2001.2.27.	42	東芝
2001.4.17.	48	シャープ
2001.5.8.	51	富士重工
2001.5.15.	52	三井不動産・三井建設
2001.5.22.	53	東京消防庁
2001.5.29.	54	ヤマト運輸
2001.6.5.	55	宇宙科学研究所
2001.6.12.	56	宇宙開発事業団
2001.6.19.	57	岩波書店
2001.6.26.	58	オムロン
2001.7.17.	61	アラビア石油
2001.7.24.	62	アラビア石油
2001.9.4.	64	諏訪精工舎
2001.9.25.	67	川崎重工
2001.10.2.	68	ヤマハ楽器
2001.10.16.	70	日清食品
2002.3.5.	スペシャル	大成建設
2002.4.9.	83	富士通
2002.4.16.	84	日産自動車
2002.4.23.	85	Jリーグ
2002.5.7.	86	本田技研
2002.7.2.	90	カシオ計算機
2002.7.16.	92	三菱電機
2002.8.27.	94	帝国ホテル
2002.9.3.	95	東芝
2002.9.17.	97	東陶機器

2002.10.8.	98	セコム
2002.10.22.	100	パイオニア
2002.11.5.	101	キヤノン
2003.1.7.	104	石川島播磨重工
2003.1.21.	106	五洋建設
2003.1.28.	107	日本ビクター
2003.2.18.	108	KDD
2003.6.3.	116	富士通
2003.6.10.	117	神戸製鋼
2003.7.1.	119	キッコーマン
2003.7.22.	122	ソニー
2003.10.7.	126	松下電器
2004.1.13.	133	関電工
2004.1.20.	134	コマツ
2004.2.3.	136	ヤマハ
2004.2.7.	137	トヨタ自動車
2004.4.6.	140	JR, 日立
2004.5.11.	143	日本無線
2004.6.1.	145	三菱電機
2004.7.13.	150	JRA
2004.7.27.	特集	スズキ, 富士通
2004.8.3.	特集	トヨタ自動車
2004.9.7.	151	プリンス自動車
2004.9.14.	152	ソニー
2004.10.5.	154	本田技研工業
2004.10.12.	155	ゼンリン
2004.10.19.	156	ニチレイ
2004.10.26.	157	前田建設
2004.11.23.	159	首都高速道路公団
2004.11.30.	160	KDD
2005.1.11.	161	奥村組
2005.1.18.	162	東洋レーヨン
2005.2.15.	165	TDK
2005.2.22.	166	日野自動車
2005.3.29.	167	日立金属
2005.4.5.	168	日本製鋼所, 久保田鉄鋼, 石川島播磨重工
2005.4.12.	169	ジューキミシン
2005.4.19.	170	理想科学工業
2005.5.17.	172	大成建設
2005.6.21.	175	松下電工
2005.9.6.	177	海上保安庁, 沖電気
2005.10.11.	179	熊谷組
2005.10.18.	180	熊谷組
2005.11.1.	181	JR 東日本, ソニー
2005.11.8.	182	熊谷組
2005.11.29.	184	京セラ
2005.12.6.	185	宝塚歌劇団
2005.12.13.	186	マツダ

ぴあ（2002）および NHK 番組ホームページ（http://www.nhk.or.jp/projectx/ 2013年現在では確認出来ない）をもとに1〜186回の番組から筆者作成。欠落している週，回は個人や学校，病院，小企業等が取り上げられ大企業が取り上げられなかった週，回である。またアンコール（「特選」と呼ばれた回もある）の週，回は除いた。

関連事例6

毎週この番組の主題歌である中島みゆきの「地上の星」を番組エンディングで聞いて
涙を流したという工学博士が筆者の先輩に居られる。

ング実践の中でのブランド論においては重要にもかかわらず，なぜか emotion
は直接には言及が避けられ，理知的（主知的）な分析がなされ，しかし実は暗に
主眼として期待されているように筆者には思える(3)。本節ではこうした問題意識か
らそのやや込み入った課題の所在を記述し，IMC（統合型マーケティング・コミ
ュニケーション）論に新たな貢献を試みようとするものである。

2　NHK「プロジェクトX」という番組

　30代以上の企業人，また経営，マーケティングの研究者にはご記憶の方も多い
と思われるが，2000年3月から2005年12月まで放送されていた NHK の番組「プ
ロジェクトX」（毎週火曜夜9時15分から45分間）は大きなインパクトを持った
番組といえる。まず公共放送の NHK が特定の企業の成功美談とも言うべきこう
した角度からのドキュメンタリーを制作，放送することはそれまでは考えにくか
った(4)。具体的には表3－6－1のように必ずしも民間企業が毎回取り上げられる訳
ではないが，それでも特定企業がテーマとなっている回が多いことには驚かされ
る。このインパクトの大きさはその後番組内容が単行本化，VTR 化，また DVD
化さらにはコミック化までされ市販されていることからも確認できる。企業の採

用候補者のための会社説明会，また社内研修や大学等の授業でも教材として使われている，とも聞く。

　そもそも日本経済新聞やビジネス誌を日常的に読むいわゆるビジネス・ピープルを別とすれば，一般に企業が日常生活の中でどのような接点を持つのであろうか。もちろん第一にはその製品，サービスのベネフィットを通じて，である。次いで広告などの企業発のマス・メディアに載ったや SNS での口コミなどの情報が関わる。いわば「モノ」と「売り口上」である。それを越えて企業がどのような接点を持つか，と問えば，「顔の見えない」と評されるかもしれない。時折報じられる欧米企業の CEO の表情豊かなプレゼンテーションには，異文化ながら魅力を感じる人も多いだろう。この国の組織コミュニケーションはそもそも「表情を欠く」のではないだろうか（少なくとも X（旧ツイッター）の企業の「中の人」はそこを一部補なおうとしている。）。

　地道で真面目な企業の熱意，志，困難に立ち向かう努力やその課題を克服達成する能力などが「プロジェクト X」のような人間ドラマの形をとって，いわば寡黙だが魅力的な顔付きで，一般に知らされた意義は企業の表情が乏しいとすると，一層大きかった，と言えるのではないか。「初めて知った寡黙なその人の尊敬せずにはおれない魅力」がテレビを見ていたら目前に現れ己れ自身や「うちのパパ」が重ねられたのである。

　この番組で接した企業が，それ以前と比べて違った風に見えることは理解しやすい。事前事後で「技術力のある」などといった質問紙調査をするのも野暮である。

　いずれにせよ，企業 PR，インフォマーシャルと概念はあって，長尺動画という当時不可能だった画期的なことを NHK が，まるでコロンブスの卵のように行った。日本のマーケティング，企業コミュニケーションに携わる者にとって忘れられるべきではない出来事である，と考えていいだろう。(5) 30代以下の人にも知って欲しい出来事だったのだ。

3　ワールド・カップというスポーツ・イベント

　2002年6月に日本韓国共催で行われたワールド・カップの盛り上がり方は，正直に言って「ここまで盛り上がるとは（事前には）思わなかった」極めて大きな社会的な広がりを見せた。6月の試合のあった日の夜は，飲食店などは客足が引

いた様になっていた。また，家電量販店店頭などでは黒山の人だかり，という光景さえ見られた。まるで，これは歴史的なマス・メディアの影響力として例に出される，ラジオドラマの人気番組が始まる時間には銭湯の客足が引いた，また力道山のプロレスを放送する街頭テレビを人々が取り囲んだ時のことを「きっとこんな具合だったんだ」と髣髴とさせるような出来事だった。実際，6月11日の各紙には次のような共同電が掲載され，その社会的インパクトの大きさが示され，その後の4年ごとのW杯等でのサッカーの日本代表戦のさきがけとなった。

　（6月10日）ロシア戦の瞬間最高81.9％・視聴率も歴史的“勝利”サッカー・ワールドカップ（W杯）日本―ロシア戦生中継（フジテレビ系）の視聴率が，関東地区で66.1％を記録しサッカー中継では歴代最高，スポーツ中継全体でも1962年の調査開始以降，歴代2位の高視聴率となった。関西地区は58.1％だった。ビデオリサーチが10日午前，発表した。関東での瞬間最高視聴率は，試合終了直後の9日午後10時20分の81.9％。同社が1世帯で複数台数の視聴実態を調べるようになった77年以降では，スポーツ中継で歴代最高の記録。（中略）同社によると，サッカー中継のこれまでの最高は関東で，98年「W杯フランス大会日本―クロアチア戦」（クロアチアとは因縁が続く！）の60.9％だった。スポーツ中継の歴代最高は，64年「東京五輪女子バレー決勝」の66.8％となっている。ロシア戦の視聴率は，中田英寿選手の惜しいシュートがあった前半28分ごろには関東で70％台後半に。ハーフタイムにいったん60％を割ったが，稲本選手がゴールを決めた後半6分ごろから再び急上昇，日本が攻勢に出ると80％を超え，終了直後に頂点に達した。

　いまだスマホのなかった時代，関係スポンサーでは，この件に限っては「広告効果はどうだったか」を問うまでもない状況だっただろう，と推察するのは決して難しいことではない。たまたま筆者は試合のあった夜を渋谷で過ごしたが，ここは日本ではない，とさえ感じられる熱気に包まれていた。ハチ公前のスクランブル交差点は警察によって，歩行者が一方通行規制され，センター街は通行が不可能なほど人で溢れた。そこここで歌が歌われ，旗が振られ，「ニッポン」コール，「トルシエ（当時の監督）」コールがこだました。道頓堀で何百人が飛び込んだ，とその後多くのメディアが報道した。

サッカーのファン層は，野球のファン層に比べて，特にプロ同士のそれでは支持層が「コウホート（世代）」的に異なるとされる⁽⁶⁾。

　たしかに稲本潤一選手（W杯初の勝ち点（引き分），初の勝利でゴール）がゴール後に「自分の顔を幾度も指差しながら『俺がゴールしたんだぜ』」とばかりに走る素直な喜びの表現は，もちろん強い共感をもってファン層に受け入れられた。

　その動機を立ち入って推察してみたい。仮に大相撲で，横綱を倒して優勝を決めた力士が「自分の顔を幾度も指差して」勝利の喜びを表したらばどうだったろうか。もちろんくどいようだが仮に，の話だが，次の日の新聞には「相撲協会，厳重注意」などの文字が躍ってもおかしくない。また，プロ野球ならどうだろうか，と考えてみるのも興味深い。おそらく大相撲とサッカーの間位の評価を受けるのではないだろうか。いわく「少々自己主張に過ぎる」，「野球にふさわしい振る舞いだったのだろうか。」くらいの評価はなされそうではないだろうか。高校野球だったらばさらに進んで「優勝のかかった試合に出られなかったチームメイトへの配慮」やら「相手チームへの思いやり」「今後の選手教育に一考を要する」などと場合によっては言及されるかもしれない。

　成果の主張，喜びの表現においてこの稲本選手のとった表現は，筆者には象徴的に思える。10代20代の層にとって，「自分の個性が発揮できる」ことが就職先選択の動機となって久しい。一方，自分を殺さなければならない，結果として無個性に見える「サラリーマン」を幾ばくか以上の軽蔑のニュアンス，また揶揄的な感情を込めて「リーマン」と呼ぶことも一般化した。

　素直に感情（まさにemotion）を表現することを良しとしない空気がこの国にはあることに21世紀，特に若い層は敏感である。この良しとしない空気とは，先に触れた大相撲，野球で論評されるであろうロジックへの予期につながる。

　サッカーが新鮮なのは，そうしたある種「低血圧」⁽⁷⁾な空気を色濃くもつ他のスポーツに比べて，新しくこの国で登場したからではないか。また背後には当然，フーリガンに象徴されるようなヨーロッパ，ラテンアメリカでの「感情の発散」という文化をもサッカーは持っていた。その文化込みで日本の若い層はサッカーを受容し，自分のものと感じているのではないだろうか。昭和天皇が存命中の記憶のない世代には「君が代」も違って聞こえ，「ナショナル・チーム」に日の丸を掲げて応援することは新たな意味を獲得した。

その後2003年9月には18年振りとなる阪神タイガースのセ・リーグ優勝の社会的興奮が引き続く。道頓堀では当日約5300人の飛込みが報じられた。つまり現在の日本社会は何かの契機といくつかの条件が揃えば，極めて扇情的な大衆行動の生起しやすい状況にある，と考えられるのではないだろうか。以下諸学からの知見を借り，このことをさらに確かめてゆく。

4　感情——外部から来るもの

エピソードとして極めて21世紀を象徴するemotionの社会に拡がるあり方を見た。

巨視的な観点を持つ社会学者，岡原ら（1997）によれば，歴史的に見ても近代そして現代は「感情」が人間の生活の中で大きなウエイトを持つ時代である，とされる。[8]特に近代社会においては，感情が「自分らしさ」「個性」「生きがい」といった個人のアイデンティティを構成する大きな要素として認識されている。実証的な調査研究でも現代は「感情を持つことを肯定的に考えている」エモーション・コンシャスな時代である，と位置づけられる。実証的な調査研究でも「涙を流す」ような強い感情体験が若者にとって一層，自らと生活の中で極めて重い意味を持たされていると岡原は言及する。山崎正和（1986）が「自分の自然な感情の流露を美徳とする」ことを指摘したことも，感情社会学の発展に影響を及ぼす。歴史的にも小説，手記，日記，書簡が噴出した18世紀のヨーロッパでは，読み書きが出来る人の間で「様々な個人的な感情」が現代につながる主題となった，という。携帯メールその後のSNSが爆発する現代日本は，有史以来最も人々が文章を書く時代である，とも考えられる。この考え方でも現代における感情の主役化が強く示唆されるのではないか。

プロジェクトXとワールド・カップで見た感情はもちろん高次なものであり，単純な心理作用や理念的な解題（基本感情として「恐怖」「怒り」「抑鬱」「満足」を挙げ，その組み合わせや派生で感情を理解しようとするような試み）を越える。複雑ながらも理論的な基底をいくつかの学から借りてくる意義は深い。

例えば，感情社会学者には「感情は意志や思考ではコントロールできない欲求を伴うもの」で「そのように受け止めるよう仕向けられ，様々な社会的経験をそのような感情に結び付けるよう動機づけられている」とし，「内側から突き上がる」ものに社会が「レイベリング（名付け）」したものが感情である，と認識さ

れる。ある薬物を投与し，何らかの生理的な反応を実験的に与えたとしても，同じ薬物の作用が「怒り」であると教唆されれば人は「怒り」，「多幸」であると教唆されれば人は「多幸」を感じるという。内側から突き上がる何らかのもの（心理学的には単に Arousal ＝興奮）にどう意味を付与するのか（特定の感情を感じたと感じるのか，名付けるのか）は社会や文化が大きく規定する，と考えられる。

　社会史の研究では，中世までは個人の内面は観察，記述の対象ではなく，したがって人間と自然がはっきりとは区別されていなかった，と言われる。さらに中世までの人間には「表情がなかった」という説すらある。恋愛感情や親子の愛情すら，ある時代や社会が「そう感じることは正しい（「感情規則」と呼ばれる隠された規範）」とするから様々な感情が形をとり，また批判されたりする，と考えるのが感情社会学の基本的な認識である。先に見たようなより高次の「達成感」や「愛国心」となればさらに一層，時代や社会，また世代やライフスタイルによって様々なルールに照らして感情が意味を持つことが理解される。同じ世代やライフスタイルにおいては強く感じられ，共有される感情でも，違う世代やライフスタイルにおいては全く感じられず，共有されない，ということが分かる。先の事例では，プロジェクト X に反応する人とそうでもない人がいるだろうし，ワールド・カップに何の関心のない人もいることとなる。

　また倫理学の立場から高島元洋（2000）は，日本書紀，万葉集から荻生徂徠，デカルト等を逍遙し「『感情』の問題が単なる『心』の問題でなく，無意識・無自覚なものであって『心』以外の何ものかの働きを想定しなくてはならない」と整理している。デカルトの「心身二元論」では「感情」は身体から受動的（パッション）に「精神」が受けるものとされるようである。感情は身体の方に分類されるとも解されよう。

　たしかに，身近な犬や猫を思い浮かべるだけでも，恐怖や怒りは動物にも存在するから，大脳（思考や自覚された意識や言語など）を人間の中心に考えれば，小脳や中脳などの系統発生学的により古い，いわゆる「爬虫類の脳（つまり身体）」から感情は沸きあがってくる，と考えるのも分からないでもない。と考えれば「感情はどこか意識の外部からやって来る」，したがってコントロールできないものであることは納得される。またその意味は他者によって形成された「社会」性を色濃く帯びるという意味でも，もともとは個人の「外部」から押し付けられている。つまり二重の意味で「感情は外からやって来る」のである。

図3-6-1　ブランド強化育成戦略の6つの施策

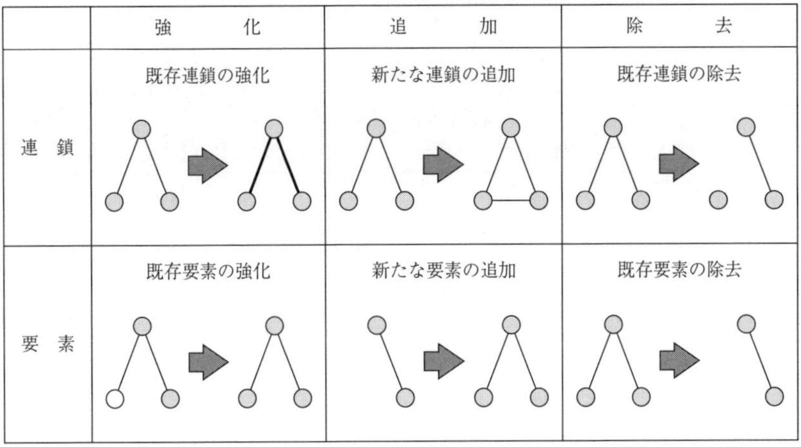

	強　　化	追　　加	除　　去
連　鎖	既存連鎖の強化	新たな連鎖の追加	既存連鎖の除去
要　素	既存要素の強化	新たな要素の追加	既存要素の除去

丸岡（1996）を修正して使用。

　この感情の「外部性」はもちろん日常では自覚されにくい。感情が極めて個人的なものと自然に認識されているからである。[13] ただこうした分析は感情の持つ隠された性格をあらわに記述させ冒頭のエピソードのような事象が，今日何かの契機でたやすく起こり得ることを示していると言える。

5　感情──隠された「広告効果」

　では，広告研究の中で感情はいかに扱われてきたのであろうか。詳細は岸（2001）の包括的かつ専門的なレビューに譲るとしても，[14] 広告の効果は長らく「未知，認知，理解，態度（好意），購買意向」と言った「段階的説得モデル」（定義された結果という意味でダグマーである）が必ずしも有効な時代ではなくなってその際の広告効果の考え方として「広告に対する態度」研究が始まったことが理解される。

　この論点における広告効果，またIMC効果とは3つの時点で認識される。第一の時点は広告やIMCに接した際に「どのような心理的な反応」をもたらしたか，という接触時点での効果性である。感情はその際の大きな成分である。第二の時点は，普段の生活の中でブランドにどのような広告やIMCを源泉とする連想要素が付け加わったか，という日常時点での効果性である。多くの顧客ベースのブランド研究はこの時点に論点がある。そして第三の時点は購買時点である。

表3-6-2　「意味づけ」「関係づけ」

	認知的（主知的）理解	＋感情的理解
プロジェクト X の事例	富士重工にはスバル360という歴史があった	富士重工にはスバル360という世界的に独創的で素晴らしい歴史があった
ワールド・カップの事例	サッカーの世界大会が日本で初めて催された	サッカーって言うのはこんなに見所があって面白いものだったんだ

　店頭等の購買時点で，普段のブランド連想がどう思い起こされ，活性化するかを問う効果性である。第二，第三の時点に第一の時点の感情が保持・活性化される契機となる場合が注目されるのである。

　普段の生活時間におけるブランド連想（接触時点の短時間さと比較して長期記憶とされる）にどのような働き掛けを行うかに関して丸岡（1996）は図3-6-1のような整理を行う。

　この整理は錯綜しがちなブランド連想を広告計画の目的関連項目として記述する際に，稀有な理解を促す貴重な枠組みである。しかしながら，要素や連鎖が「外部」から新たに付け加わる際のことをさらに考察すれば，「要素」だけが連鎖なしに付け加わることは論理的に考えられない。何らかの記憶の中の既存の要素と「連鎖」されることで初めて「追加」されうるのだろう。この意味で，ブランド連想の連鎖が要素以上に重要性がある。

　田中・丸岡（1991）では，この「関係づけ」の重要性が広告の心理的効果として指摘されている。また岸（2000）も広告の基本的機能として，従来の情報伝達，説得的コミュニケーション，受け手との関係構築（信頼関係の構築）の3つに加えて「広告主の意図したブランドの象徴的意味を受け手の頭の中に作る『意味づけ』」を明示する。意味づけとは既に記憶されていた要素と新しい要素が結びつくか，または既存の要素間で新たな関係が出来，新しい理解や解釈が内的に可能になることに他ならない。[15]

　その関係の成立，意味づけのためには，表3-6-2のように認知成分だけよりは，感情の随伴がより重要であることは確認しやすい。

　一瞬に行われる広告に対する認知反応，ブランド連想への追加，また検索，活性化されやすい記憶の体制化，いずれにも，感情を重要視する時代的な流れと，多くの製品の「基本機能」には差が求めにくいマーケティング状況から，感情は大きな役割を果たすと考えられよう。

　しかし，こうした感情は，当人にとっては外部だけに，いわば「ふたを開けてみるまではその箱の中に何が入っているかわからない」ように欲しかったものに出逢う感情である。またそのアクチュアルな体験は，あたかも「箱を開ける一刹那前，一瞬前に箱の中で出来上がった」様な新鮮でオリジナルな感情である。つまり「箱を開けなければ箱の中には何も入っていなかった」と感じられるような体験なのである。第三者には戦後の愛国心に対して「屈折した感情」「政治的意図」の記憶を持たない世代が，当人たちにとっては「感情高揚の貴重な出口」として，手垢の付いていない（「低血圧」感情規則が定まっていない）サッカーのサポートを選んだともいえよう。つまり「隠された物語」を外部から事後的に解釈するのが第三者である。日韓共同開催時のサッカーのワールドカップ当時当人たちにとって，この第三者の目が「フェース・ペインティングやトサカ・ヘアに呆然」としながらも，既存のマス・メディアの大量報道として，結局は「肯定・支持」に回ったと感じられたはずである。（低血圧の）第三者も唯一反応を正当化する論理「経済効果」を持ち出しサポートするに至った。

　「箱を開けたことで果たされたある感情との出逢い」は，一旦出遭ってしまえば，当人にとっては，あたかも以前から世界を構成していたがごとき自然さで他の諸々のものと関係する。いわば，隠されていた物語が現前する感覚である。感情が「外から来る」にもかかわらず，アイデンティティの極めて近いところに感じられる，とはこうした感覚なのではないか。その不思議さを「箱」に喩えた。

　環境の認知と，それをどう見るべきかという評価の視点の獲得の二つは厳密にはまったく別の問題である。ただ一般に前者には理知的な成分が多く，後者に感情的な成分が多いことは納得される。具体的には「製品Ａの味という属性（環境の認知）」と「あのアンズの味はめったに食べられない懐かしい味で嬉しかった（評価視点の獲得）」という二つである。論理的には別で，一見別々に扱われるこの環境認知と評価視点獲得は，現象的には実は同時に，一度にあわせてなされる。手段目的連鎖の中で，手段選択と選択評価が同時に行われる情報処理を指摘する栗木（2001a；2001b；2002）の論点もここに重なるように思える。その不可思議な「真実の一瞬」をプラシニングするにあたって，はたしてIMCの実践は資源配分に充分自覚的である，といえるのだろうか。

6 「感情労働」という視点

　岡原は前掲書の中でアメリカ人社会学者ホックシールドを引き「ある感情管理が労働者に対して雇用者や企業によって強制される事態」を「感情労働（emotional labor, sentimental work）」と呼び疎外論的な図式の中で批判されることを紹介する。[(17)] 典型的には航空会社の客室乗務員や病院勤務者があてはまるとされ，内面的な「感情」をサービスするように求められる，と分析される（ただし，こうした典型的な職業に限らず多くの職業が幾ばくか以上その色彩を帯びていることも，ソフト化，サービス化，また経験化する経済からまた納得されやすい）。そのような感情を交換対象としてサービスと認識することが「感情労働」として概念化されたのである。ドイツ人社会学者ドゥンケルは，その「感情労働」の概念をさらに次のように拡張する。感情が労働の対象になる様態は，①対象としての感情：顧客の感情への働き掛けや操作，②手段としての感情：顧客の感情状態を理解するための感情移入や共感，③条件としての感情：自分自身の感情の管理である（ドゥンケル以外の研究者にはこれ以外に「他者の感情を扱い，感情制御を核心的要素とする労働」もある，とする）。

　このような概念化には驚かされる。マーケティングや広告に携わる職業が，正面から批判されている感すらある。とりわけ「感情に働き掛けるブランド構築（emotional branding）」とは，感情を「核心的要素」として扱おうとすることに他ならない。一方，それに伴う社会的責任や倫理は論じられた形跡すら見出せない。期待と魅力の演出はマーケティングや広告の実践には付き物としても，単にそれを「技術」としか捉えない没価値的態度に鈍感であることは必ずしも正当化されている訳ではない。

7 結論とインプリケーション

　この国の低血圧という文脈ゆえもあり，現代の「感情」が噴出する際にはそれだけに大きなパワーを形作る。マーケティングが実践としてそれをどう捉えるかについて本節の結論として3点の実践的提言を以下に掲げることでまとめとしたい。

　① はたしてその判断の結果は自分の子供や孫に影響を及ぼし，判断を構成して良いか，という問い

　本節で述べたような「感情をマーケティングする」という行為は，石井淳蔵（1993）が競争的使用価値論争の結論として認識する「文化の創造としてのマーケティング」につながる。関係者を鼓舞するような言葉使いとは別の，冷静な水準で「感情」や「文化」を（結果として実を結べば）一私企業が創造することを考えてみた際には，自ずと真摯な倫理が要請される。特定のブランドを見て特定の感情が沸くことになった場合，大きな責任がそこには発生するのである。岸井保（2001）による広告キャンペーン事例には，韓国には「国産ブランド」であるあるスポーツ・シューズのブランドが，国産品愛用を謳うために「戦前の従軍慰安婦の格好をした若い女性」を広告表現に使い，反日感情を利用したものが紹介される。その歴史的認識は別儀として，ある一私企業がそのような感情を利用し，ブランド構築を行ったことには自ずと大きな責任と倫理が発生する。この社会的責任は公正な取引，メッセージの虚偽を越えることは生活習慣から常識，セルフイメージ等をも操ることになり得る（この論点に水野（1999b））。

　もちろん企図は必ずしも実らない。しかし駄目になったら終売，その件は完了という問題でもない。既に触れたように岸・田中・水野・丸岡（1999）では，場合によっては30年以上もの間特定の広告表現の記憶が個人の中で保持される「超長期記憶」の存在を指摘した。特に本人はまだ10代で，その商品のターゲットではない際の記憶が，その本人の成人後ブランド・イメージに影響を及ぼしている事例が数多く確認された。ある個別ブランドの振る舞いといえども長期にわたって企業ブランドやその後のマーケティングに影響を及ぼしうるのである。

　特に「他人の感情をマネージしようとする」場合，その不遜さについて幾重にも実施に携わる実務家には議論を促したい。我が国の大企業のブランド，それも個別ブランドのIMCに関わる作業が，当期だけの締め切りにばかり気をとられる，顔のない浅いタスクに終わっていなければ，と考える。もちろんその視野は，典型的には海外展開時に異文化にまで拡がる。マーケティングはもちろん，ブランドやIMCが単純な技術論に終わらない認識が要請されている。

　一方，いまだ開けられざる箱の感覚を感じられた際のたかぶりの大きさは，大きな成功に結びつく。そのプランニング努力のむくわれ方は「ナイキ」「スターバックス」あるいは「ディズニーリゾート」「アイフォン」にも見られる。自らの肉親もその喜びを感じて欲しいという消費が読みとれよう。

②　IMC 効果は受け取られて初めて成立する

　IMC 研究のドン Schulz と Kitchen（2000）は，既に「知名」や「理解」を殆ど
と言っていいほど論じない。代わりにターゲットにとっての relevancy（重要性，
関連性）と receptivity（受容性，受容準備状態）に焦点を合わせる。たしかに
受け手は自分がターゲットとは思えない財の IMC 露出には，何の注意も示さな
いし，接した記憶が残存することは稀である。男性にとって，化粧品の新製品の
ブランドも新たな訴求ポイントも，何度広告を見ようとも，何度 CVS で前を歩
こうとも知らないことがようやく枢要な論点となった。これが relevancy の強調
である。また，IMC 露出がライフスタイルや TPO にフィットしているかを問う
のが receptivity である。真夏にストーブの広告を行う企業はないが，程度の差
はあれ receptivity の検討が不十分な事例も目に付く。「なんとなく欲しいな」と
いう気分の際に，差し出される提案が効果的なのは間違いない（卵が孵る際，中
と外から同時につつくという「卒啄機」という禅宗の説話が頭をよぎる）。箱を
開けるとはこの releavancy と receptivity の統一的なたとえに他ならない。メデ
ィア・プランニングも，単に効率を問うのではなく，この効果作りに向けての視
座を持つべきであろう。2010年代中ばからの行動ターゲティング広告はもちろん
2010年代に唱えられたコミュニケーション・デザインはまさにこの点への努力の
焦点づけである。
　課題状況にあてはまらない「知名」や「態度」の硬直的な項目データの比率だ
けを見て「広告効果データは新たな戦略に何も役立たない」などと嘆き「予算カ
ットだから調査費からまず削った」と判断するのは，嘆く本人の「広告効果観」
と「IMC 観」がずれているのである。何を受け取って，どう長期記憶が成立し
て，どのようなブランド連想だから，競合に劣り，カテゴリー・ニーズと遠く，
購買時点でも活性化しにくいのか，がきちんと述べられるのが「課題把握」であ
る。その際，どのような感情がブランドと IMC の核として存在し，利用可能で
望ましい状態とは何か，を問うのが「ブランドと IMC 戦略」でなくて何が戦略
と言うのだろうか。あるべきブランド・アイデンティティはとうとうと語るが，
現状のブランド連想や IMC へのアクチュアルな反応が分からないのでは，海図
なしに腰ダメで漕ぎ出し，かつまた，はたして前に進んでいるのかどうかに関心
を持たない（当事者は進んでいるに決まっていると疑わない）ようなものである

（詳しくは仁科（2001），本章第1章，第3章第1節参照）。

　IMC の受け手を「自分と同じような人だ」「関係者と同じような人だ」と思い込んだがために，支配的な市場シェアを失い二度と戻らない事例すらある。受け手はそのメッセージが「何を意味しているのかを解釈できる知識（要素）の関係を持っていなかった」のである。本書の冒頭から度々確認するように，要は「受け止められて」後に初めて「広告は広告に」「IMC は IMC に」そして「ブランドはブランドに」なるのである。

　こうしたプランニングの中心が認識されにくいことを主張する。

　③　ブランドは人々の情動・自発性と自覚されることを企業が共有・共創する
　　　こと

　人々の自発性や情動は一旦発動されれば，極めて大きなパワーがある。対人地雷除去の NPO やボランティア活動に割かれるエネルギーもその一環で理解可能かもしれない。総務省・社会生活基本調査（2001年10月実施，全国，無作為抽出，サンプル数20万人）によれば，2020年10月から2021年10月までの間に何らかのボランティア活動を行った人は，2005万6000人で，10歳以上人口に占める比率は17.8％の数字もある（コロナ禍ゆえ前年より比率・人数は減っている）。熊本や佐賀での災害ボランティアの行動者率が高い。

　企業が cause related marketing（本業以外への寄付や貢献を売上や利益の一部として行うことを明示したマーケティング，販売促進活動）を行うことだけがそれに該当する訳でもない。

　学生の中には「外国人雇用」や「身障者雇用」の実態を就職活動の上で必ず企業に確認する者もいる。思わず襟を正す振る舞いであろう。

　戦前の修身教育の復活という政治的経緯から，この国の団塊の世代は「道徳」「倫理」の授業を知らずして社会人となり今も社会の指導層を形成した。教育効果を問う訳ではないが，企業倫理がマス・メディアで頻繁に取り上げられる言葉にようやくなったのは，21世紀からの短い歴史である。社会的正義について企業が関わる形式はまだまだ探れる可能性が高く，このことが大きな成果を生む可能性もある。

　日本マクドナルドでは，「財団法人ドナルド・マクドナルド・ハウス・チャリ

ティーズ・ジャパン　デン・フジタ財団」の設立を行った。自社 HP から以下に
リンクを行い，活動内容を掲げている。

　　フィラデルフィアでアメリカンフットボール選手として活躍していたフレ
　ッド・ヒルの愛娘（3歳）が白血病にかかりフィラデルフィア小児病院に加
　療のため入院することになりました。娘の入院中フレッド・ヒルがそこで目
　の当たりにしたものは，狭い病室で子どものかたわらに折り重なるようにし
　て寝ている母親，やむなく病院内の自動販売機で食事を済ませている家族で
　した。彼もまた入院先の病院が自宅から遠く離れていたため，金銭的にもそ
　して精神的にも苦痛を感じていました。そこで彼は病院の近くに家族が少し
　でも安らげる宿泊施設ができないものかと考え，さっそく活動を開始しまし
　た。病院の近くにあるマクドナルドの店舗オーナー，病院の医師，そしてフ
　ットボールチームの仲間の協力を得て募金活動が進められたのです。そして
　1974年，フィラデルフィア新聞社主が提供してくれた家屋を改造し，世界初
　の「ドナルド・マクドナルド・ハウス」が誕生したのです。彼らの切実な願
　いを数多くの人たちが分かち合い，3年後にはシカゴに第2号ハウス，そし
　て第3号のハウスがデンバーに誕生しました。やがてこの活動が世界的に広
　がりを見せ，今では世界中に2021年9月現在45カ国377カ所にも達していま
　す。日本でも全国で20万人以上といわれる難病児及び重病児の一日も早い回
　復を切に願って，ハウスの建設をすべく1999年4月に今の公益財団法人ドナ
　ルド・マクドナルド・ハウス・チャリティーズ・ジャパンが設立され2001年
　に日本第1号の「せたがやハウス」が誕生しました。(http://www.dmhcj.
　or.jp)

　こうしたことに偽善を感じる人の割合と，やること自体やらないで困っている
人がいるからやった方が良いと思う人の割合では後者の割合が増加している可能
性がある。少なくとも日本マクドナルドはこうした判断を行う。HP でこうした
活動を知った人のマクドナルドのブランド・イメージと知らない人のブランド・
イメージを聞くのは野暮ではあるが，既に確認済みかもしれない。
　21世紀のコミュニケーション・メディアの大爆発は，企業発の情報のウエイト
低下につながった。企業にのみ都合のよいメッセージはもはや受けとめられない

と考えるべきである（本書第1章からの「意図せざる結果」）。であるならば，多くの人々に「共生に値する企業」と認知されることは，マーケティング上も決定的に重要である。池尾・青木・南・井上（2010）は「マーケティングにおける社会性と倫理性」として，和田・恩蔵・三浦（2012）は「ソーシャル・マーケティング」としてこのことに章を割く。

注

（1）　栗木（2003）。

（2）　Travis, Daryl（2000），Gobé, Marc（2001）の二冊。

（3）　岡原正幸（1997）の整理によれば，感情社会学も，人類学，歴史学，政治学，経営・労働組織論などで1980年代から，それまでの合理主義的，主知主義的な研究に対して「感情」がメインに取り上げられた研究が現れその後ブームとなった，という。それらの書き出しは共通して「○○学では感情が顧みられなかった」と一致する，という。感情は長らく社会科学の「影（シャドウ）」として分析することが不可能，または説明しきれない残滓のように扱われ，人文科学の領域に属するものとされていた，とも岡原らは整理する。多くは社会心理学また近代経済学の影響をマーケティングや広告研究は受けてきたので，理論的基底を感情社会学などにようやく求められる時代になった，と考えられよう。その後，2006年（平成18年）には日本情動学会（the Japan Emotionology Society）が，広く精神医学，教育学，心理学の専門家によって設立されるに至っている。

（4）　ぴあ（2002）の中で，番組キャスターの国井雅比古は「この番組はNHKの公共放送としての枠を，一歩踏み出したっていう実感があ」ることを述べている。

（5）　その後の民放収益低下により「カンブリア宮殿」「ソロモン流」他企業を扱う番組が誕生しているが，放送の公共性との議論は未生成である。

（6）　和田有子（2001, p. 128）。プロ野球ファンが1936〜45年生まれのコウホートに集中して存在していることを分析している。

（7）　この意味での「低血圧」の用例に司馬遼太郎（1987, p. 37）がある。司馬は，平安初期の渤海国の国使がしきりに日本に来るのに日本側がその意味が分からなかったことを次のように記述している。「渤海国は遊牧民族がたてた軍事国家だから，安全保障条約をもとめてきたのかもしれないが，この大海の中の蓬莱島ともいうべき日本列島に住んでいると，低血圧がこの国の風土病（？ママ）であるように，まったく安全保障の感覚がなくなってしまうこと，こればかりはむかしもいまも変わらない。」と記述している。この「脱感作」感情に適切な日本語はないのだろうか。

（8）　Giddens（1992）は19世紀以降，セクシュアリティが妊娠・出産と独立・分化し，男女の結びつきの基礎を，物質的なものから感情的なものに重点移動させロマンティック・ラブ概念に結びついた，とする。性と生殖の分離が「感情革命」を促したと整序される。

（9）　岡原らの前掲書の中で岡原は，このレイベリング説の論拠として実験社会心理学者シャクターとジンガーの1962年の実験研究を挙げている。

(10) 阿部謹也（1998）による認識もこれにつながる。岡原らの前掲書の中で，岡原は文化人類学者レヴィ＝ストロース，社会史学者アリエスらの研究を引き，中世に「感情がなかった」というよりも後述の「感情規則がなかった」と考えれば整理がつくことを示している。

(11) 例えばTravis前掲書の中で，アメリカ人にとってコカコーラが星条旗やアメリカ国歌，従軍体験と関係づけられるコンテキストが挙げられる。コカコーラは第二次世界大戦以降1940〜50年代，アメリカ軍のあるところ世界中どこであれ5セントで飲めるようにデリバリーしたというが，コンテキストを共有しない者には分からない感情がそこにはある。

(12) 専門的な厳密性をいえば，高橋雅延・谷口高士（2002）では視床下部とされるが含意は本節と矛盾しない。

(13) 岡原らの前掲書は，岡原による章「感情自然主義の加速と変質——現代社会と感情」に一章を割き「自分や他人の感情状態にすこぶる感受性豊かで，感情を自然で真実に近いと考え，感情を積極的に求め表現しようとする文化（感情文化）」に現代日本が置かれていることを相対化し論証する。

(14) 岸（2001）のレビューは詳細だが，その骨子は①低関与が一般である広告効果としての広告への感情的反応。多くは「広告への感情」がブランドへの感情に転移する立場で広告効果を理解する。②認知的な反応にも促進的な影響を与える感情と「広告に対する態度」が存在する。③購買動機と関連した感情を広告の受け手も経験することが効果的。④自己との関連づけ，共感という感情は，広告に対する反応としても稀ではない。いずれも実証的研究の膨大なレビューによりとりまとめられている知見であり，実証的広告研究の水準が示されている。

(15) その後の脳科学の進展によって「報酬予想誤差」というサプライズの詳細化もなされた。期待・予想（前頭葉）と異なる結果によってドーパミンが中脳から出，学習が強化される（大脳基底核・線条体）とされる。学習のためにはサプライズが要るようである。

(16) ここで「箱」の比喩を使うのは広告研究史上有名で経済学的概念である「隠された品質（hidden qualities）」にヒントを感じたからに他ならない。エモーショナルなことが「出逢うまでは，自分と関係ない，つまり『外部』だが，一旦出逢ったらアイデンティティの構成要素という扱いを主観的に受け，あたかも以前から自分のものであったかのような自然さで受け入れられる」のは，隠された品質を謳う広告に接することで，それまでのブランド評価が不連続に変化し，信念や認知の構図を一瞬にして変更するような大きな効果を持つロジックと同型のものがある。

(17) 中河伸俊（1999）はJ.クルターを引きつつ，より徹底して構築主義的分析を推し進め，感情の基底を精査し，ホックシールドの疎外論の埋め込みや岡原のそれに基づく理解を批判しているが，マーケティング実践へのインプリケーションを求めやりとりを図る本書の役割を越えるためここでは立ち入らない。

第4章　広告の計画

　さて，ここまで「広告の定義」と「広告の効果」について論じてきた。

　それはひとえに，送り手の「広告の計画」が「広告効果のシミュレーション」に他ならないからである。効果についての知識がタップとクリック，ページ遷移とCV（コンバージョン）だけならば，その仕事は容易にAIに代替される。生成AIもそれを使いこなすのはヒトであり，判断も責任も免れるものではない。

　広く社会に対し，何事かを伝え，影響を与えようとするならば浅薄な知識では歯が立たない。逆にそうであるからこそ，広告は送り手組織に長期の利益をもたらすことの手段ともなりえるし，社会に意味や価値を打ち立てる可能性を追求できるのである。

　本章では，いわゆる大企業で議論されるその「長期の利益」と見方と，残念ながら不祥事が解決出来ない「アドフラウド」の2つの項に触れ，現代の広告ビジネス（計画はビジネスである）についての理解を深めたい。

 ①　デジタルシフト──広告環境の激変と対応

　本章では，いわゆる大企業の中で「広告の計画」を論じる際，21世紀的なトピックとなっている「CMO（チーフ・マーケティング・オフィサー）」を切り口に，より小規模な事業，組織にも通じるような考察を試みる。CMOは，マーケティング担当重役だが，少なくとも日本的な文脈では，単に営業の言い換えだったり，それまでその職がなかった企業では，逆に無任所（特定の担当，ルーティンのない）ポストであったりする（非常勤のアドバイザーさえも居る）。

　以下，デジタルシフトから今の宣伝部の置かれた変化状況について触れ，その同時期に見られるようになったCMOを概観し，最後に宣伝部長の採るべき方策と大規模組織以外への示唆について論じる。

表4-1-1　宣伝部長93人が答えた「『令和』時代の広告戦略」調査結果

```
●1年以内の宣伝関連部門の組織改革があった……41％
●1年以内の働き方を改善する体制変更があった……24％
●過去取引のない新たなパートナーとの1年以内の取引開始があった……68％
●今後重視したい媒体……① テレビCM54.9％，① （同率） ネット広告（動画） 54.9％，
　③ ソーシャルメディア広告39.2％，④ 自社Webサイト33.3％，⑤ インフルエンサー29.4％
●2019年度の注力したい施策・領域（3つを選択）……
　① 企業ブランド価値向上71.4％，②商品の売り上げを宣伝施策で高める51.0％，
　③ 部門内の人材育成28.5％，④見込み客の発掘24.4％，④ （同率） 営業部門との連携24.4％，
　④ （同率） メディアの効率的なプランニング・バイイング24.4％
```

『宣伝会議』2019年8月号。下線は水野による。

1　デジタルシフトは宣伝部変化の一大過渡期

　あらゆる経営にデジタルシフトは関わる。それは，業種にかかわらず，という意味もあるが，研究，開発，生産，物流，販売，管理他経営の多くの面で関わっている，という複雑さもある。広告については，電通が推計する「日本の広告費」では，2018年，漸減して来たテレビ広告費（約1兆9千億円）に，高成長を続けるインターネット広告費（約1兆7千6百億円）がほぼ並び，2019年には逆転した。欧米各国には遅れたが，日本の広告費のデジタルシフトもついにここまで進んだ。

　むろん，業種にも，企業間にも置かれた「広告環境」は違うから，個々には様々な広告費の媒体別支出配分は異なる。とはいえ，日本の広告費総体として，テレビというカテゴリーがはじめて他のカテゴリーに逆転されその後マス広告全体もインターネットに上回られるというタイミングに2020年代初頭があることは，広告コミュニケーション全体の大きな過渡期を明らかに示している。

　「大きな過渡期」とは，何か。広告の受け手，媒体業界，仕事の考え方・やり方，そもそも「広告」とは何か，についての世の中の認識，と列挙するだけでも，その変化の大きさと，近未来の見通しにくさが「大きな過渡期」だという意味である。

2　IMCの組織能力（ケイパビリティ）

　環境がデジタルシフトに象徴されるように構造的に激変し，組織も対応の時機にあるとすれば，宣伝部長には，新たな「宣伝部の業務規定」や「仕事の進め方のルール創り」，そして「組織能力（ケイパビリティ）の陶冶」などが求められ

ることとなる。『宣伝会議』2019年 8 月号には92社の宣伝部長に対する調査結果
として，表 4 - 1 - 1 の諸点が挙げられたこともこの認識と軌を一にする。

　むろん『宣伝会議』誌のアンケートゆえに，この93社は B to C の企業群が中
心と考えられるが，デジタルシフトの間接直接の影響の結果が，「組織改革」「新
しい取引相手」に結び付き，動画の「ネット広告」「SNS 広告」「インフルエン
サー」といった新たなメディア，手法への関心を招いていることがよく分かる。
B to B 広告主企業にも程度の差はあれこの傾向は今後影響を及ぼすのではない
か。ビジネス・ピープルも一般生活者もスマホ依存は変わらないからである。

　しかしさらに重要なことは，こうした変化と対応にもまして「企業ブランドの
価値向上」はもちろんながら「部門内の人材育成」といった中長期を睨んだ課
題・施策が挙げられている点が重要である。

3　宣伝部長に中長期期待されていること

　以上触れたように，現在の宣伝部を取り巻く課題状況は複雑化，高度化してい
る。

　IT の基本知識の理解の上に，デジタルチャネル（E コマース），自社公式サイ
ト（ホームページ，ランディングページ），SNS，ネット上の口コミ対応や海外
事業や人材募集など，創造的・戦略的な課題が山積である。

　これに対して「広告会社とマスメディア」等ごく限られた折衝相手とだけ関わ
ってきた「20世紀的な宣伝部イメージ」を，経営層が陰に陽に持っていることが
あるとすれば，そのこと自体が問題であろう。現在の宣伝部の多忙さはもっと構
造的な激変なのである。

　ある B to C 広告主のデジタル系の幹部は「現場では 1 ， 2 年もすれば本人も
もう『デジタルは分かった』となる。けれども，その程度のスキルではイノベー
ションは起こせない。」と言う。さらに続けて「 1 ， 2 年で身に付くデジタルス
キルは PDCA を高速で回すこと，やその定型的な効果測定のレベル。SEO
（サーチ・エンジン・オプティマイズ）といった特殊な専門や，インフルエン
サー・マーケティングといった新しい領域に取り組める応用的なスキルは， 1 ，
2 年で身に付く，と言えるものではない高度なものだ。」とも聞いた。

　直近の販売への寄与（これはこれで個別の「販促」課題であるとして）を超え
て，宣伝部としての課題・目標が「ブランド価値への貢献」といった中長期のも

のであることと相呼応して，宣伝部員のケイパビリティは，デジタルシフト下「中長期の能力の高度化」を求められていると解することができるのではないか。たとえば，10年後こうした人材が「CDO（チーフ・デジタル・オフィサー）」となる可能性すら絵空事ではないから，宣伝部長の部員能力の陶冶は，単に「研修に行かせればいい」といったものではない。事実，こう語った「あるBtoC広告主のデジタル系の幹部」氏は，数年前まで「Web担（Web担当者）」として，IT専門職であったが，現在そのCDOの立場にあり，ブランド担当や事業担当からデジタル系の課題についての「駆け込み寺」のような機能を（本来のデジタルマーケティング業務に併せて）持つ部門長でもある。

　ITの基本知識の理解の上に，コミュニケーション可能なデジタルチャネル（アマゾンはメディアでありチャネルである），自社公式サイト（スマホ対応も進む），SNS，LINEなどへの創造的対応という課題が山積である。海外事業や人材募集においても企業イメージの点検とシナジー追求が不断に必須であり，宣伝部の課題にイノベーションが求められていることが分かる。

4　CMO（チーフ・マーケティング・オフィサー）への注目

・上場企業の1割にCMO　さて，外資系企業，またベンチャー企業でCMOの肩書は珍しくない。とはいえIR（インベスターズ・リレーション）上，外国からの資金調達，外国の投資家対応の必要のある企業では，CEO（チーフ・エグゼクティブ・オフィサー），COO（チーフ・オペレーティング・オフィサー），CFO（チーフ・ファイナンシャル・オフィサー）等と明示する並びで，CMOを見かけることも少なくなくなってきた。CMOをGO（グロース・オフィサー）と呼ぶこともある。

　田中他（2019）の研究では，現在全上場企業の約1割でCMOが存在するとされている。[(2)]

　むろん，企業ごとに歴史も組織も戦略も違うから，個々にはCMOという職位が必要か，また有用かどうかは異なる。単なる流行で「マーケティング担当重役」が置かれる訳はない。とはいえ，デジタルシフトの大きな焦点のひとつが，コミュニケーションの容易化，頻繁化であるとする見方に立てば，顧客のココロの中のブランドに棹差す広告を中心とするコミュニケーションの統合の必要性が高まり，CMOのような立場が広告，PR，SNS，デザイン，販促，場合によって

は新たなビジネスモデルなど顧客に到達するコミュニケーションの統一的な運用
やシナジーを，全社の製品戦略やチャネル戦略との間でも図るべき，という論理
が出て来る。部分最適化ではなく全社的なマーケティング全体を見る幹部が必要
なのは，教科書的には随分と以前から書かれていたが（20世紀中葉からある「マ
ネジリアルマーケティング」という言葉は「経営者のマーケティング」の意味だ
った），経営全体，市場対応全体の中のコミュニケーションの持つウエイトがデ
ジタル化によって現実に飛躍的に大きくなったのであり，具体化したと考えられ
るのである。

・「顧客志向」と「市場志向」分離こそがマーケティング　似た言葉だが，「顧
客志向」と「市場志向」は異なる。おそらくどの業界においても「顧客志向」と
は，目の前に居る顧客への対応のこと。したがって，営業，セールス部門は問屋
や販売代理店を含めて「顧客志向」になる。方や「市場志向」は，そういった
個々個別のことではなく，顧客を全体として捉え，やや抽象的ながらも，全社的
な対応状況や社内体制，企業文化などを指す。マーケティング研究でもこの辺り
はさほど古くから言われてきたことでもないので，この「顧客志向」と「市場志
向」の2つはさほど区別していない人も少なくない。

　表4-1-2はその「市場志向」について，自社がどの程度当てはまるか，に関
して測る物差し（尺度）で，とりわけBtoB企業用に改良されたものを筆者が
さらに修正して引用したものである。

　つまり表4-1-2で感じてもらえるように，「顧客志向」とは「クライアント
ファースト」，あくまでも目の前の顧客への，たいていは営業的人的なサービス
である。それに対して，「市場志向」は社内の文化や社風と呼ばれるような全体
的な性格を指し，社内的なそれに対する抵抗の少なさ，フレキシブルな対応を営
業セクションだけではなく協力して複数のセクションが行う体制やスピードを言
う。これが全体としての「市場志向」である。いわば「顧客志向」は営業部，営
業拠点によって程度の差があるが，「市場志向」は当該の企業全体についての性
格なのである。

　BtoBマーケティングの第一人者である余田も，こうした「市場志向」が
「組織成果」「顧客満足」「イノベーション」「従業員満足度」など幅広い成果と
結びつく「マーケティング」であることを強調している。つまり，「顧客志向」
の営業に強い企業とは別途の評価軸で，どの程度マーケティング企業であると言

表4-1-2　市場志向の判定尺度（例）

1　将来必要となる製品やサービスについて「顧客と」検討を行っている
2　市場や顧客についての聞き取り調査やリサーチを「頻繁に」行っている
3　製品（サービス）の「知覚された品質」を少なくとも年に一回は顧客対象の定量調査を行っている
4　取引業者とは「定期的に」情報交換を行っている
5　業界動向や最新の変化（競合・技術・ビジネスモデル・規制等）を把握するのが「他社より早い」
6　社内で，自部門他部門を問わず，「顧客の将来のニーズについて議論する」ことが多い
7　社内で，非公式な場でも，「競合の戦略や戦術に関する話題」が多い
8　市場情報や顧客情報は，必要な部署に「即座に」伝えられる
9　事業部門内の隅々まで，「顧客満足度調査の結果」情報が伝えられる仕組みがある
10　競合について何か大事なことが分かった際に，必要な部署に速やかに注意喚起する
11　何らかの理由により，顧客のニーズの変化を無視することもある
12　競合の価格変更にどう対応するのか，迅速に決まる
13　思いついた良いアイデアを「タイムリーに顧客に提案」することができる
14　取扱う製品（サービス）ラインは，社内的な政治力よりも「市場のニーズ」で決まることが多い
15　顧客が自社の製品（サービス）の質について不満だと分かった際に，「即座に」対応策を実行する

余田，2011，p.210を元に修正・使用。

えるかどうか，が「市場志向」なのである。

　この認識がマーケティングの現代化と，その性格上全社的な行動が求められること，から「顧客志向」の営業本部長とは別に独立して「市場志向」のCMOをポジションとして顕在化させたと見ることが可能である。

・見える範囲（スコープ）と見る時間幅（レンジ）が広いのがCMO　先の「市場志向」が主として社内外の「見える範囲（スコープ）」についての話であったのに対して，同様に「見る時間幅（レンジ）」についても，激動の状況下，視野の広さが求められていると考えられる。

　逆に言えば，IT，ICTの一般化とデータ蓄積，加工の容易化が「現場判断への権限移譲と迅速化」を当然視させるに至った。金融，保険，卸売，小売，のあらゆるところで，タブレットやスマホで「顧客選別（セグメンテーション）」や「カスタマイズされたサービスや在庫確認（マーケティングオファー）」，さらには「営業実績とインセンティブ（人事評価）」までが，現場化，リアルタイム化しているのが現代のビジネスである。

　であれば，その分，ビジネスの中枢である「全社マーケティング責任」のポス

表 4 - 1 - 3　CMO の遂行業務と属性についてのインタビュー結果

《CMO の遂行業務》
● マーケティング統括会議を統括している
● 組織横断連携の促進，調整，介入（※）
● 新たなビジネス・モデルや営業・マーケティング活動への社員の意識改革（※）
● ブランド価値を測定している
● ブランド構築予算権限をもっている
▲ 将来市場動向への洞察と見通し（※）
▲ マーケティング組織再定義，役割の徹底（※）
▲ 将来予測とビジネスモデル・イノベーション検討（※）
▲ 人材育成とプロモーションの基準設定（※）
《CMO の属性》
● 役職が執行役員以上
● 国内でのマーケティング経験を有している
● 海外マーケティング経験を有している

(注)　●が最も多かった回答，▲がそれに次ぐ回答。
岩田，2018。※は今村，2015の調査結果。

トである CMO は，その視野の空間的時間的な広さをこそ問われる立場となるの
が論理的帰結でもある。

　とはいえ，もともと欧米的な経営者機能の一部である CMO についてここでこ
れ以上紙幅を割こうとは考えない。CMO とはこういうものである，という法律
があるわけでもないし，演繹的にそのような議論を行うべきタイミングにもない。
表 4 - 1 - 3 は，マーケティング研究者の岩田（2018），今村（2015）の行なった少
数サンプル（岩田は 5 社 5 人，今村は 6 社 6 人）のインタビュー結果のうち，も
っとも多数を占めた「CMO の遂行業務と属性」とそれに次ぐ項目のまとめであ
り，限定的な参考資料ではある（今村（2015）は，未だ「CMO は明確な役割と
いうものを体系的に定義することが困難」であることもインタビュー結果から述
べている）。

　したがってインタビュー結果は小サンプルの定性的なものではあるものの，
CMO とはどんな仕事をしているのか，と言った場合，全社的横断的な権限と責
任のあること，また「ブランド価値の測定と構築予算権限」が，帰納的に見出さ
れた日本の現代の中心的な特徴と暫定的ながら言えよう。

　図 4 - 1 - 1 は，資生堂ジャパンの CMO 経験を持つ音部（2019）の言う，その
「ブランド価値の測定と構築予算権限」を示す概念図である。

　広告，また戦略 PR が経費ではなく投資だ，とは「受注側の論理」としては20

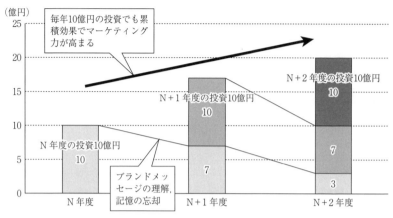

図4-1-1　ブランドへの投資概念図

（億円）

毎年10億円の投資でも累積効果でマーケティング力が高まる

N＋2年度の投資10億円

N＋1年度の投資10億円

N年度の投資10億円

ブランドメッセージの理解，記憶の忘却

N年度　　　　N＋1年度　　　　N＋2年度

音部（2019，p.44）。

世紀にも語られたことがあった。けれども国際会計基準の日本での理解，一般化も進む中で，「投資がブランドへの投資」と明確に位置付けられる考え方も妙なことではなくなり，事業企業 CMO のいわば「軸となる主担事項」となったことが，この図4-1-1の概念図で分かる。このブランド価値の測定，KPI 化，そして投資予算の正当化論理が決定的な CMO の仕事なのである。

5　CMO の問題と宣伝部長の強み

•重量級かそうでないのか第3の道か　さて，ではデジタルシフトの環境下，CMO という機能，ポジションが「導入期」にある現在の日本において，宣伝部長は自らを「将来」を踏まえていかに考えればいいのであろうか。これが本章の眼目ということとなる。

　ひとつには，CMO が未だ正式には制度化されていない企業の場合，宣伝部長が以上に概観したような CMO の仕事を手掛かりに「実質的な CMO の仕事」を行う，という選択肢がある。仮に CMO が制度化されている場合には「その役割を奪いに行く」イメージである（もっとも良くできる部下，上長の役割が分かった部下になることとイコールである）。

　かつて石井（1998）は，やや試論的ながらも「重量級広告マネージャー」の概念化を行ったことがあった。社内の他のセクション（事業部，営業部，開発部，

財務部などがイメージされる）に対して，その見識，実績，専門性などあらゆる
資源で「あたかもアスリートの重量級のような押し出し」で，対抗論理を通し，
リーダーシップを握る，といったイメージである。BtoC 企業で「宣伝上手」と
目されている企業の中には，たしかにこうした「重量級広告マネージャー」の顕
在型を見ることもできよう。[(3)]

　その場合は，今日的には，宣伝部長はまず「ブランド価値の投資的概念」を仕
事の中心に据えて，その計測，KPI 化，営業利益，株価の時価総額等との関係に
ついての回帰分析などを率先して行い，これを「正当化論理」として，社内の
「横断的な調整」や幹部社員の「啓発活動」にまい進する，といったこととなろ
う（広告予算の獲得行動の今日型である）。

　またこの場合は関連して，顧客満足度へのコミット，B to B 企業の場合は
「成分ブランディング」への主導的な関与，DMP（データマネジメントプラッ
トフォーム）を基盤に MA（マーケティングオートメーション）や CRM（カス
タマーリレーションマネジメント）といった「顧客情報」のシステム的な組織も
宣伝部内に持つこともありえる。なぜならば，そうした積極的な姿勢が，従来の
マス広告，販促とあわせ，大きな予算権限につながり「顧客コミュニケーショ
ン」担当というデジタル時代の新たな仕事を明確化させるかもしれないからであ
る。新たなマーケティング関連の社内外のプロジェクトにも積極的な役割が期待
されることになる。

　第二の道としては，（議論をシンプルにするための思考実験であるが）重量級
ではなく，逆に「少数精鋭の専門部署」になる，という選択肢がありうる。

　たとえば「あらゆるコミュニケーション活動において『その企業らしさ』」が
達成されているかどうか，をコンセプト，デザイン，伝達方法，効果性といった
多面的な評価・監督を行うようなセクションのイメージである。契約書を結ぶ際
の「法務セクション」になぞらえることができるような部署イメージである。た
だし，それを確立し順守させるのは簡単なことではないかもしれない。

　また第3の道が考えられる。これは先の大宣伝部，少数精鋭とは矛盾しない考
え方であり，先の表4-1-3の調査結果から導かれることである。それは「組織
横断連携の促進，調整，介入」であり，コミュニケーションにかかわる各種の全
社会議の主導，ハブを仕事とするイメージである。兼任，兼務，あるいはマトリ
クス組織などの形態もあり得よう。

やはり SNS や海外のことを想定すると分かりやすいが，各営業所や場合によっては社員個人が SNS で所属企業を名乗って発言行動する混乱を，多くの企業は経験したに違いない。結果「禁止事項」が社内的に取り決められて今に至ったことと思うが，その「積極版」がこのコミュニケーションにかかわる各種の全社会議のイメージである。企業のコミュニケーションのコンセプトや「その企業らしさ」の共有，各種の成功事例の部門間，国際間共有などが不断に目指されることは，先の「市場志向」の考え方にも合致する。

　思考実験はやや抽象的にならざるを得ないので，表 4 - 1 - 4 にコミュニケーション課題の層化した整理を行い参照に供する。

・宣伝部長の強みか CMO の弱点か　現在 CMO（及びそれに相当する）の肩書を持ち，マーケティング関係の業界向けセミナーで登壇する方々は，たしかに魅力的で実績のある方々が多い。筆者も何人かの話を直接伺う機会があったが，総じて，ご自身のキャリアの関係もあって「外資等の事情にも明るく」「MBA 的なビジネス素養にも溢れ」「ロジカルでアイデア」ある話をされる。誰もが知る著名な消費財企業ブランドの CMO であったり，複数の年商100億円といったブランドを束ねて居られたりした説得力は卓越している。そのことは否定しない。

　一方，消費者の行動がデジタル化で，計測可能性が高まった一方で，そのデータと論理によるソリューションがコモディティ化している，という見方がある。言葉を換えれば「解決策が金太郎アメ」になってきている，ということである。

　宣伝部長の強みとは，こうしたデータと論理以外の「広告とコミュニケーションに関する見識」である。たとえば，広告の仕事は「相手の期待を（いい意味で）裏切る」ことが重要である。このことは広告表現に限らず，新しい手法・媒体の使い方なども当然入る「広義のクリエイティビティ」に関わることである。あるいは「分かりにくいことを一言で表す」ことも，広告コンセプト（マーケティングの製品コンセプトとは出自が違う概念である）やいわゆる「伝達内容（what to say）」と「伝達方法（how to say）」の一体化に連なる広告に関する重要な知識だろう。これらも「広告コピー」であることもあるが，より深い効果的な「広告コンセプト」についての見識の問題である。

　「加齢臭」「5歳若い肌」「二世帯住宅」「知育」「婚約指輪は給与の三カ月分」「卒業旅行」と思いつくままに列挙してみるだけで宣伝部長とは「相手の期待と混沌さを（いい意味で）一言で裏切った」言い始められた当時の送り手の技量，

表4-1-4　まとめとしての「課題レベル」と課題例

レベル	課題例	共通課題
経営の中のコミュニケーション課題	新しいビジネス・モデル，新規事業対応，人材募集，従業員満足への寄与，海外サポート，広報への統合的なサポート	クライシス・マネジメント
マーケティングの中のコミュニケーション課題	顧客満足度への寄与，成分ブランディングへの寄与，新しいコミュニケーション可能なチャネル対応，新製品導入・ダイナミック・プライシング等への対応，デジタル販促，DMP構築・運用	新たな市場戦略 新たな競争戦略
統合広告コミュニケーション課題（狭義の宣伝部課題）	ブランド体験価値構築，DMP運用，SNS，インフルエンサー，戦略PR，スマホ・ネット前提の動画，自社公式サイト，企業イメージにかかわるデザイン領域，統合コミュニケーション人材の育成・組織化	ブランド価値への寄与，専門人材育成，イノベーション，働き方改革

初めて聞いた時の受け手の反応がハッキリと理解・感得できる見識なのである。[4]

　こうしたコミュニケーションについての見識が，規模の大小は別として，宣伝部が持つ専門性であり，強みであろう。なぜならば，他のいかなる部門からも，もっぱらこうした知見は陶冶されにくいからである。

・広告の社内責任とCSR（企業の社会的責任）──専門性のもうひとつの論拠　人事異動についての自己申告制度やキャリアデザインへのサポートの程度は企業によって異なるとはいえ，「宣伝部門が異動希望の多い部署か否か」は，実は宣伝部長の長期評価項目と言っていいだろう。

　長期雇用慣行の崩壊と高齢者雇用の維持といった複雑な近年の人事制度状況の中，大卒が全員いわゆるゼネラリストを目指す「日本的とされていた人事慣行」はいよいよ真の「専門職志向（ジョブ型雇用）」へと変化が見られる。個人のキャリアデザインとはもともとそうした視点である。その際に，真の「専門性が培え」て「スキルアップも確実」といった要素が21世紀的な「宣伝部への社会評価」であることが望ましいだろう。

　異動希望の多寡は「宣伝部が良い仕事をしているかどうか」による。社内がま

ずそう思うことが「宣伝部長の社内責任」の中に入るだろうし，たとえばネット広告のアドフラウド（広告詐欺，次節参照）への「安心・安全な対応」などは，上層部や社内啓発の責任のあることは明らかである。

　近年の「世の中一般の『広告観』が『スマホの中の邪魔なもの』」といった逆風にあることも，大きな意味で広告の CSR が達成されていないことにつながる。ただただ自社の「売らんかな」ではないように広告は振舞わなければならないし，それが宣伝部の隠された専門性のもうひとつの論拠かも知れない。このことはちょうど「広報部がマスメディアに対して持っている専門性」と相並んで「宣伝部が世の中に対して持っている専門性」なのであろう。

6　大規模組織以外への示唆

　さて以上の CMO の議論は，いかにも大企業向け，それも海外展開するような規模の企業の議論である。ではここで，大規模組織以外への示唆を引き出したいと思う。

・長期の利益の最大化　21世紀のブランド論はもともと長期の価値を言い，1年2年単位での利益を評価され，更迭されかねない欧米流の会計基準重視の CEO 等の幹部の振る舞いを大きく牽制する。オーナー系企業に「ブランドの長期価値」を重んじるという文脈も生じ，「オーナー企業は広告上手」であるという立論にも触れたとおりである。

　と考えれば，老舗の中堅企業，地域で伝統ある企業，ファミリービジネスには，こうした「経営の目的は長期の利益の最大化」であり，その無形資産部分であるブランド価値に資する CMO の視点は，経営者にも有効であろう。催事，販促，集客も「のれん」（市場内資産）あって初めて有効，ということである。

　ベンチャー企業では，創業に関わったメンバーのストックオプションの価値にも，事業売却時の価格にも，この「ブランドの長期価値」が関わることは明白である。会計学風にはブランドが「株価の現物資産の裏付けのないプレミアム部分」と解されうることに通じる。

・市場志向と顧客志向の違い　先に触れた，市場志向と顧客志向の違いも大きな思考のテコであろう。

　目の前に居る「顧客」を超えて，長期に大きく考えることがマーケティングである。

資産は5章2節でも触れる「企業博物館」やアーカイブスといった一見非財務的な資産にも，「のれん」，ブランド，取引先，取引歴，という市場内資産にもある。企業の歴史も地域が記憶している資産なのである。こうしたコミュニケーションに特化して考える時間や担当を，経営層にも欲しい，ということがもう一つの示唆である。

経営学などでは「資源ベース」といわれる見方である。

・<u>広告は販売促進カンフルと同じではない</u>　広告というと，Web行動ログデータの分析や，販促イベントの企画を広告であると考えがちである。むろんそうした販売促進につながる広告もある。タップ，クリックの積み増しも重要なWebマーケティングであろう。

しかし繰り返すように，目の前に居る「顧客」を超えて，長期に大きく考え長期の利益の最大化につなげるのが，戦略としてのマーケティングである。広告はその際の「表現形式」の有力なひとつであり，顧客，見込み客のココロの中に積んでいくことにつながる。

自社に似合うコミュニケーションと，ふさわしくないことの区別が実は，経営者には盲点になりがちであろう。

注
（1）　本稿で言う「宣伝部長」とは，全社（グループ本社内）スタッフ部門の広告・戦略PR，全社販促等を担う部署長を指す。現在の名称では，コミュニケーション，企画，ブランド，企業広告等様々に称されることも少なくないと思われるが，日本企業の伝統も踏まえ一括して「宣伝部」「宣伝部長」と表記する。また事業部，カンパニー内の同種の部署，部署長には別途の課題があるだろうが，記述が複雑かつ煩瑣になるので，適宜読者には当てはまる部分を中心に読み替えて頂きたい。
（2）　株式会社Nexalの企業データから外的に観察できる「人事ニュース」の中の肩書によって判定した，と田中他（2019）には書かれている。役員以外のマーケティング部長や執行役員（ダイレクトマーケティング担当）等もカウントされている。したがって，全上場企業に占めるCMO設置率は，せいぜい数％程であろう。それでもおそらく「過去最多」の存在率と推論される。
（3）（6）　水野（2012）ではそれがオーナー系企業に多いことを実証的に議論した。
（4）　送り手の意図と受け手の効果の両方がすぐに分かるという意味では第1章注（3）の2点を一瞬で了解する見識である。
（5）　第6章第2節に触れた，ターゲット以外にも到達する広告の，多くの人々への配慮でもある。

② インターネット広告計画の闇
——アドフラウド問題への対応を

• はじめに　広告業界でいわゆる「アドフラウド」と呼ばれる不祥事が，日本ではとりわけ2010年代後半から認知され始めた。「アドフラウド」とはどのような広告主からのインターネット広告においても，その広告費支出の約5％内外が，反社会的勢力やテロリストによって密かに掠め取られている，というショッキングな事象である。こうした事件は人間ではなくデジタル・ロボットによって，ネット上のページが改ざんされ広告費が奪われるという点や，先端的な技術によってなされる犯罪であるという性質自体から気付かれにくい。筆者は，こうした重大事件の社会的な不祥事現象に広告研究として警鐘を鳴らす。そのこと抜きにはインターネット広告の計画の理解はあり得ない。

1　アドフラウドとは何か

　「アドフラウド（Ad fraud）」とは，直訳すれば「広告詐欺」である。しかしながら，少なくとも「詐欺まがいの商品・サービスを優良（または有利）誤認させる」悪徳商法の広告は，別途充分に長い歴史があり，そのこととネット広告に特有でボット（bot, robot の略称）による高度なデジタル技術を使った機械的なこの犯罪，との混同は避けたい。したがって，日本語訳の際に Ad fraud は，不正広告という婉曲な表現もあったが，カタカナでアドフラウドと呼ぶようになったものと思われる。

　ちなみに，ネット広告業界で最も網羅的なハンドブックと思われる『必携インターネット広告』（日本インタラクティブ広告協会編著，インプレス，2019）他の業界資料によれば，アドフラウドとは，自動化プログラム（bot）を利用したり，スパムコンテンツを大量に生成したりすることで，インプレッションやクリックを稼ぎ，不正に広告収入を得る悪質な手法のことをいう。その犯行の主体として，小遣い稼ぎ目的の一個人から，反社会的勢力，テロ組織との関連が疑われるような国内外の悪質事業者まで，様々なプレイヤーの介在が疑われている，とされる。

　こうしたアドフラウドがいったいいつから日本語で，広告に関係するビジネス

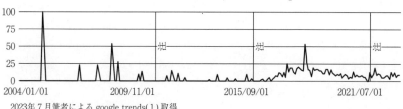

図4-2-1　ネット上の「アドフラウド」

2023年7月筆者による google trends(1) 取得

パーソンらに認識されたのかを確かめるために，ネット上の検索数などを相対的に反映した長期統計を公開している Google trends(1) を参照した。

　図4-2-1における2000年代のネット上の出現は，2015年以降のものと内容が異なると考えられる。ただし2000年代のそれが何であったのかは不明である（おそらくは上述の「広告を利用した詐欺」のことであったと解されるが委細は分からない）。なぜならば，日本語のカタカナでアドフラウドがネット上に現れるのは，リーマンショック（2008年）後，金融工学エンジニアが広告業界に流入し，日本でも影響を見せた早くても2010年代以降のことと思われるからである(2)。

　で，こうしたアドフラウドは，はじめは一部のインターネット広告，セキュリティ，ホワイトハッカー等のいわゆる IT 技術，とりわけ Web 技術の専門家にだけ知られたものだった。

　もっとも早く日本語のマスメディアでこのことを取り上げたものは下記の読売新聞である(3)。

　インターネットで配信される広告について実施には閲覧されていないのに表示回数を水増しするアドフラウド（Ad Fraud，広告と詐欺を合わせた造語。閲覧数を不正にねつ造，アメリカ広告主協会試算では2016年世界で72億ドル＝約8100億円の被害に上る）が年間100億円超とみられることが，広告関連会社などの調査で分かった。アドフラウドに関する国内データが明らかになるのは初めて。急成長するネット広告の信頼低下につながりかねず，広告主側は「監視の仕組みは必要だ」と指摘している。（中略）今回の調査は2015～2016年の約90万サイトに配信された運用型広告を対象に実施。データを分析し，広告がどのように表示されたかやクリックされたかを検証した。調査はアドフラウド対策を手がける IT 企業「モメンタム」（東京）とネット広告の配信

事業者大手 5 社が共同で実施した。その結果，約90万サイトには広告が約 6 億7000万回表示されたことになっていたが，実際には，表示がごく短時間で切り替わるなど，人が閲覧していないとみられるものが約1100万回あった。（中略）運用型広告の少なくとも約1.7％にアドフラウドがあったとすれば約105億円分が人に届かず，広告主側の損害となる。

（『読売新聞』2017年 2 月18日朝刊 1 面）

とはいえ，このような新聞記事と接触しただけでは，まだまだ「これは何のことか分からない」と漠と思った広告関係者が大多数だったのではないか。確かめようがないからである。

その後，一般のビジネスパーソンに詳しく知られる契機となったのは，『週刊東洋経済』の2017年12月の特集号であったと考えられる。東洋経済新報社はその後2018年 7 月に『GAFA 四騎士が創り変えた世界』の翻訳出版も手掛け，このネットビジネス関連にもっとも注力している出版社となった。2017年12月の特集号には同年の 1 月，アメリカで，世界最大の広告主である P&G（プロクター＆ギャンブル）の幹部がアドフラウドを一掃すべきと述べていたことも取り上げられていたが，日米の温度差は大きかった。

その後，地上波の NHK の番組「クローズアップ現代」の2018年 9 月 4 日のオンエア「追跡！ ネット広告の"闇"」，とそれに続くその番組をもとにした『暴走するネット広告 1 兆8000憶円市場の落とし穴』の出版（2019年 6 月）は一般社会へのインパクトはさらに大きなものだったといえる。

筆者は NHK の番組「クローズアップ現代」のオンエアの直後である2018年 9 月13日に（一社）大阪アドバタイジングエージェンシーズ協会という大阪の広告業の同業者団体のセミナーに関わったが，広告会社である多くの参加者は「まさか自分の仕事がそのような『闇』を持つなど知らなかった」という状態であった。

ちなみにその際に，業界のネット広告についての団体である（一社）日本インタラクティブ広告協会の常務理事であった講師の植村祐嗣氏から示された「アドフラウドの類型」を注釈に掲げる。この内容の技術的な専門性と，2018年というタイミングが多くの広告会社社員にとって驚かれた資料といえよう。

NHK 取材班（2019）には，オンエア直後2018年 9 月21日から，国内最大ネット広告配信業者ヤフーが，「安産性の確認できていないサイトへの広告配信を停

止した」旨書かれている。同様に電通は「電通のインターネット広告子会社，電通デジタルは7日，消費者の関心に合わせて内容を変える『ターゲティング広告』を，コンテンツの内容を厳格に管理している安全なサイトのみに配信する仕組みを始めると発表」(2018年9月7日付日経電子版)。博報堂はそれに先立って「博報堂DYメディアパートナーズは31日，安全なサイトのみにインターネット広告を配信するサービスを始めたと発表」(2018年5月31日付日経電子版)し，2018年が広告実務の世界で画期となり始めたことが分かる。

　で，肝心の「詐取された広告費の行き先」であるが，NHK取材班(2019)には，サーバーを手繰っていくとウクライナ，スウェーデンに行き着き「防弾ホスティング」と呼ばれる契約者情報の秘匿サービスに阻まれて，追及がそこで終わったという。技術，法制度，ほか国際的な知識と組織を持つ悪意の犯罪が推定される。

　そしてその被害額は年々増加し，日本だけで年間1000億円超(日本経済新聞，2022年4月1日)，約1300億円(読売新聞2023年8月22日)とも報じられるレベルにある。

　技術哲学が専門の齊藤了文(2019)には，複雑で巨大なシステムの事故は，いわば自然災害に似るので，保険で損失がカバーされうる，という論理がある。実際，損害保険ジャパン日本興亜はモメンタム社(この件の対応を行う専門サービス提供業の一社)と組んで「アドフラウド保険を開発」2020年から販売しているが，「広告代理店等は，アドフラウドを検出した場合に広告主に対して広告費用の払い戻しをする必要がある」ことの損失補填に主眼があり，反社会的勢力や後述のテロの被害には視野は及ばない。

2　「広告費の損失」であって「反社会的勢力あるいはテロへの資金流出」でないのか

• 広告業界の論調　2017年8月，日本インタラクティブ広告協会は，その組織である「技術委員会」の名前で下記の「ステートメント」を発表した。

> 　近年，広告費を欺瞞的に詐取することを目的とした不正なサイトやページが存在することが明らかになりつつあります。その運営主体として，小遣い稼ぎ目的の一個人

から，反社会的勢力との関連が疑われるような国内外の悪質事業者まで，様々なプレイヤーの介在が疑われています。私たちは，このような不正な広告費詐取の手法を「アドフラウド」と定め，アドフラウドのインターネット広告業界からの排除を進めることで，不正な個人や悪質な事業者への広告費の流出を防ぎ，市場の健全性を維持することが重要だと認識しました。（中略）「アドフラウド」は，広告主の予算を詐取するだけではなく，本来，正当な媒体社に費やされるべき広告費を，直接的あるいは間接的に，不当に横取りする行為であることも，改めて認識すべきであると考えます。

　先に挙げた読売新聞の記事同様に「広告主の予算を詐取，正当な媒体社に費やされるべき広告費を，不当に横取りする行為」と広告費の「被害」を強調する。
　一方で，ではその「詐取された金員がどこへ行ってどう使われているのか」については，先の損害保険の論理と同じく，損失は広告主の広告費であって「反社会的勢力あるいはテロへの資金流出」からは関心が逸（そ）れるのである。
・1000億円台の「日本の広告費」からの資金は，個人の小遣い稼ぎや小銃（ピストル）のオーダーか　アドフラウドが，インターネット広告費の数％であるという推計はたとえば図4-2-2のように，アドフラウドを防ぐ専門サービス（アドベリフィケーションという）を提供する各社から統計数字が出される。これを「日本のインターネット広告費」に乗じた数字が，先に挙げた年に1,000億円以上の数字となるのである。(5) 小銃（ピストル）は日本以外では数万円で容易に入手できる国がある。反社会的勢力が示唆する「指定暴力団」に毎年500万丁の小銃が供給されているのだろうか。もしそうならば，たとえば5年で2500万丁，日本の国民5人に1丁である。用意されるものの単位当たりの桁が違うのではないか。ありえない。
　ウエブ広告ビジネス全体が「国際的な犯罪組織への資金供給装置」となっている。このような未曾有の事態に，業界の自浄作用がいかに働くのであろうか。放置する訳にはいかないことは，善意のビジネス関与者すべての思いであるから，有効な対策が早く打ち出されることを期待せずには居られない。
　ザルのような広告装置が反社会的な資金源，それも国際的な組織が想定される事態となっていると考えれば，それは既に「手を貸すべきではない仕組み」なのである。

図 4-2-2　アドフラウドの比率（日本のネット広告費に占める比率）（%）

2017	2019	2021	2022	発表社
8.4	2.6 (DD)	2.6	3.3	IAS
	1.9 (MD)			IAS
9.1				モメンタム
			4.1	スパイダーラボ

DD はディスクトップディスプレイ，MD はモバイルディスプレイ
出所は各社の発表資料

・隠れ「死の商人」の存在正当化論理はあるのか　武器・兵器産業は「明示的に」それを存在使命とし，その上位に「国防」なり「平和秩序維持」といった価値を戴くことで，存在を正当化する論理を構成するのだろう。むろん，そうした建前はともかく，「戦争のどちらが勝とうが，長引くほど儲かる」といった非人道的な側面は否定できない。したがって「死の商人」の汚名を着ることになる。

　しかしながら，もともとは全体としても「平和時の消費生活に貢献する」広告においてはどうか。あまたの広告批判（「判断を誤らせる」「不要なものを売りつける」「合法的詐欺」等）は，広告をビジネスとする者にとっての「汚名」である。しかしながら，少なくとも全体として（つまり武器・兵器等の広告を例外として）は，その究極の目的「平和時の社会・経済への貢献」が，アカデミックな定義においても明文化されていない。広告実践の健全な方向性を指し示すのも広告研究の課題とは言えないのか。[6]

　社会の「広告観」が，企業の「自社広告」観が，正されないのである。

3　様々な認識の差異

・ニューヨークの世界貿易センタービル倒壊は「同時多発テロ」だった　テロについての知識は，日米間で大きく異なる（とりわけ日本では認識が弱い（注7）。

　なぜならば，2001年のニューヨーク・マンハッタンの世界貿易センタービルへの航空機衝突とビル崩壊，という「アメリカ本土への史上初の攻撃」と，その象徴と言えるマンハッタンの世界貿易センタービルへの攻撃であったからである。その後アメリカは「テロとの戦い」を宣し，「信書（メール，電話通話）の自由」という基本的人権，つまり思想・良心の自由にかかわることすら「国家による検閲」を受け入れたのである。

民主主義国家の代表（アメリカ人はフランス革命に3年先行する自国の独立を市民革命として誇る）を自認する，そのアメリカ合衆国が，である。

　これを日本社会の何にたとえるか。

　スカイツリーにテロを仕掛けられ，ツリーが崩落し多数の死者が出た，といったことになるか。あるいはワシントン国防総省（ペンタゴン）にも「同時多発テロ」が仕掛けられたのだから，同時に霞が関や市ヶ谷の防衛省にもテロが仕掛けられた，とも喩えられよう。

　アメリカ社会におけるテロが，「被害者の眼」と同時にそれに立ち向かう形でも受け取られることが確認されるのである。翻って日本のテロ観はISIS（イスラム国）であり，抽象的である。地下鉄サリン事件はカルトによる「無差別大量殺人事件」ではあるが，テロとはあまり見なされていないのではないか。

　つまり端的に言えば，テロを漠と「被害者からの視点」としてだけ見てしまうのが日本社会のバイアスではないか。このことは，（より上位の概念とも言える）戦争とも同形であり，原因結果で言えば「結果にウエイトが掛かり過ぎていて有効な対策を可能とする『原因理解』を阻む」という構図である。たとえば，第二次世界大戦の「空襲」について，いかに日本社会が「無差別殺人」を行ったアメリカ軍の戦争犯罪から（少なくとも一般社会では）目を逸らしているかが分かる。

　あるいはまた「テロはワルモノ」とするような勧善懲悪的な思考停止もそれにつながる。アドフラウドにおいてもテロ研究は「その原因側についての構造的・具体的な詳細な理解」が有効な対策には必須である。戦争と並行して捉えれば，アメリカには戦争研究所があり日本では平和研究所の名称が選択されることも象徴的である。

　アドフラウドにFBIが動いていて，日本の警察が未だ動いていないのもなぜか。[7]

　また，インターネット広告の実施の仕方の「分類」で，日本市場は「運用型（プログラマティック）」と呼ばれる1000到達当たりコストや1クリック当たりコストといった指標とリアルタイムの見積・決済を行う方式での実施がほとんどであるのに対して，アメリカ市場はPMP（プライベート・マーケット・プレイス）と呼ばれる実施が多いとされる。経済学的には「運用型」がネット広告を公共財と見るのに対し，「PMP」は準公共財のクラブ財として，コストは掛かるが

図4-2-3　2020～2021年　有価証券報告書の「広告宣伝費」トップ20

順位	社名	広告宣伝費（億円）	売上高（億円）	売上高広告比率（%）
1	ソニーグループ	2,600	89,993	2.89
2	日産自動車	2,325	78,625	2.96
3	イオン	1,705	86,039	1.98
4	リクルートホールディングス	1,417	22,693	6.25
5	サントリー食品インターナショナル	1,306	11,781	11.09
6	セブン＆アイ・ホールディングス	1,129	57,667	1.96
7	ブリヂストン	974	29,945	3.25
8	マツダ	925	28,820	3.21
9	資生堂	860	9,208	9.35
10	任天堂	844	17,589	4.8
11	三菱商事	744	128,845	0.58
12	花王	719	13,819	5.21
13	SUBARU	697	28,302	2.46
14	パナソニック	673	66,987	1.01
15	ファーストリテイリング	665	21,329	3.12
16	スズキ	551	31,782	1.74
17	アサヒグループホールディングス	543	20,277	2.68
18	イオンフィナンシャルグループ	533	4,873	10.94
19	住友化学	459	22,869	2.01
20	バンダイナムコホールディングス	452	7,409	6.1

東洋経済オンライン

特定のプレイヤーを排除できるとされる。なぜ技術的には同じ仕組みのネット広告に日米の差異が出来るのか，に関しては日米の広告主企業の価値観（安物買い），職業専門性（専門性は広告会社に任せる），広告業界の経緯（取引コストを引き受け円滑化しようとしたこと）などが複雑に絡み，詳細な議論は他日の別稿に譲りたい。

図4-2-4　2014～2015年　有価証券報告書の「広告宣伝費」トップ20

順位	社名		広告宣伝費 （億円）	売上高 （億円）	売上高 広告比率（%）
1	ソニー	S	4,444	82,158	5.4
2	トヨタ自動車	S	4,351	272,345	1.6
3	日産自動車		3,367	113,725	3.0
4	イオン		1,721	70,785	2.4
5	セブン＆アイ・ホールディングス		1,656	60,389	2.7
6	ブリヂストン		1,243	36,739	3.4
7	マツダ		1,224	30,338	4.0
8	武田薬品工業	I	1,132	17,778	6.4
9	NTT	S	1,012	110,953	0.9
〃	三菱自動車		1,012	21,807	4.6
11	パナソニック	S	981	77,150	1.3
12	花王		924	14,017	6.6
13	富士重工業		815	28,779	2.8
14	キヤノン	S	797	37,272	2.1
15	リクルートホールディングス		787	12,999	6.1
16	キリンホールディングス		771	21,957	3.5
17	ニコン		702	8,577	8.2
18	NTTドコモ	S	691	43,833	1.6
19	ファーストリテイリング	I	609	13,829	4.4
20	任天堂		548	5,497	10.0

東洋経済オンライン

・大手広告主の間でも，同業種でも分かれる「ネット広告」対応　東洋経済のまとめる大手広告主ランキングを2時点，図4-2-3，図4-2-4，として掲げる。

　当然ながら，図4-2-3が直近の「アドフラウド認知後数年が経った」時点であり，図4-2-4は，いまだ多くの日本の広告関係者が「アドフラウド認知前」の時点のものである。

　この図4-2-3と図4-2-4の間の6年間には，コロナ禍が生じ中国との輸出入も激減したし，またウクライナの戦争も勃発し，エネルギー価格や為替レートも大きく変動，半導体不足も生じた。それらはもちろんだが，それ以外にも個々の業界，企業ごとに広告費の増減と業績に及ぼした環境要因は千差万別であり，

一概には言えるものではない。

　ただし何よりもこの東洋経済作表の「広告費」の2つの表は有価証券報告書ベースであり，なおかつ「マス広告や交通広告チラシその他」も含む大括りな総額に過ぎない。

　さらに，現在までの時点で勘定費目上「インターネットまたはデジタル広告宣伝費」はない。先に触れた「日本の広告費　インターネット広告媒体費」も，あくまでも露出された広告の費用推計であり，その内訳の一部としても「大手広告主企業」別の支出金額は公にされていない。

　そうした限界のある数字ながらも，トヨタ自動車，武田薬品工業，日本電信電話公社（図中はNTT），三菱自動車，キヤノン，キリンホールディングス，NTTドコモ，ニコンの8社は，明らかにランク外に「広告費を減らしている」のである。

　むろんここではマスとネットの内訳は公表されていない。

　しかしながら，トヨタ自動車は同業他社にはない「自社ネットメディア」であるトヨタイムスを創刊，毎週月曜に内容を改稿，その告知をテレビ他のリアル媒体で行い，いわゆるインターネットでのPにあたる広告を行っていないのである。

　「手を貸すべきではない仕組み」という社内の意思決定が推論できるのではないか。

・メディア・サポートという形式（試案・例）　PESOのPがなくなれば，ネットサイトの運営が，「ユーザー課金」に絞られ，健全なジャーナリズムが立ち行かない，という意見がある。[10]

　ここで話は一見違うが，第3章で触れたネーミングライツにヒントを取って，メディア・サポートという寄付・協賛企業群にジャーナリズムサイトを支える仕組みがあるのではないか。

　ネーミングライツ（命名権の商業利用）が一般化したのは，少なくとも日本では，21世紀に入ってから，という短い歴史しか持たない（水野，2017b，2018a）。

　先に見たようにこの意味は実は深く，「オーナーシップ」の残滓を持っていた「スポンサーシップ」を，「ネーミングライツ」という「サポート」に脱皮させたと言える。つまり，スポンサーは，その遂行的行為として，オーナーのそれ，つまり「中身に口が出せる」「発注者」の意味を持っていたのに対して，「中身に

口は出せない」「応援者」に意味転換させた点が，広告史的には画期である。この件は意外とアメリカ語でも同様，近年，sponsored by よりも supported by の表現が目に付くことが示唆的である。

　ならば，ネットでの自動入札，自動決済（real time bidding）ではなく，デジタルではなく（オンラインでないという意味での）リアルの寄付・協賛行為として，たとえば asahi.com に，yomiuri. online にサポーターを付けてはどうか。何もデジタル取引しなくともサイト運営資金はデジタルでなくリアルで提供可能なのである。

　付言すれば，「広告の計画」におけるこの「広告費用の提供の仕方」は，商学部門で広告論の隣に位置付けられる「物流論（ロジスティクス論）」で，地産地消を謳うことと似ている。モノを運ぶこと（physical distribution）の計画にはSDGs を踏まえれば，「なるべく長距離運ばない」こと（実践）が意義を持つ。同様に，広告を計画・実施するにあたって「反社会的な資金提供を行わない」こと（実践）が謳われるべきである。

　広告計画の章に「広告をしないこと」を記すことは，一見妙なことと思われるが，人間の生命を奪うことへ加担するリスク（反 SDGs にもまして非人道的である）を冒して広告する論理などどこにもないのである。

・**従来の考えでは足らざる「広告実務」の課題**　したがって，たいていの場合文系である（ことは理系でも同じではあるが）デジタル広告コミュニケーションの責任者の技術に対するシビリアン・コントロールとは，社会に害をなさない経営とは以下のようなポイントになろう。

① **科学・技術についてのウォッチング，とりわけ自社の行動を起因とする社会への被害，リスク，影響について敏感であること**。経営環境の中に入るがこと多くの人の生命，生活に及ぼすコンスクエンス（よろしくないことも含めての結果）についての最新の知識。あまたのセキュリティ上のリスク，公害，原発を含む事故についての知識もこれにつながる。

② **所属企業を超えたシビリアン（市民であり公民である）としての視点と判断力**。言うは簡単だが，企業の社会的責任をいうなら，このポイントが決定的だろう。プロフェッショナリティ（専門職の専門性）はここに関わる。経営倫理，企業倫理もベースは同じである。

③　形式的・手続きに終わらない経営層へのスタッフとしての行動。PESO にいうデジタル P を行わない，といった大きな「意思決定」「社内ルール化」「社の判断」の重さや新しいメディアサポートの創意工夫などが視野に入らなければおかしい。

4　おわりに

一般にアドフラウドが世に警鐘を鳴らされた『週刊東洋経済』の2017年12月の特集から，今日まで足掛け7年である。その間，JICDAQ の発足が2021年にあったとはいえ，犯意を持つ原因への有効な対策はなされていない。コンピュータ・ウイルスと比較しても刑法である「不正指令電磁的記録に関する罪（いわゆるコンピュータ・ウイルスに関する罪）」が2011年に施行されているのに比べて，法的な手当ても2024年2月時点では未だない。

むしろ，コンピュータ・ウイルスにたとえれば「ウイルスとワクチンソフト」の併存が，社会的に続く，つまりは「ネット広告」と「アドフラウド」の併存である。そうしたおそれの方が，残念ながらも可能性が高い。年に1,000億円以上というべらぼうな広告費の流失と，テロ組織への流出が今後も続く，そういったおそれである。

であるならば結局，広告実践への警鐘乱打は広告研究の一大課題であり，足らざる「広告実務」の知識を批判し続け，啓発を試みること。これにまさる課題はない。

近代広告の歴史をウエッジウッドの頃の新聞広告からと考えても250年の中，1984年の初のバナー広告から考えてインターネット広告は40年の中で，おそらく最大未曽有の危機状況を，広告と広告業界は迎えている。犯罪，人命軽視，戦闘行為というインフラ構造を抱えつつ，ことが日々実践されているのである。

小さな音ながら，ここに広告実践への警鐘乱打を，叩き鳴らすものである。

注

（1）　Google Trends とは，同社によれば「Google が検出する検索，Google ニュース，または YouTube の3つを合成しトレンドを作成。トレンドは，Google のナレッジグラフテクノロジーに基づいて収集され，これら3つの Google プラットフォームから検索情報を収集して，ボリュームの相対的なスパイクと検索の絶対ボリュームに基づいて，ストーリーがトレンドになっていることを検出」「グラフの値は，絶対検索ボリュームを表さず，正

規化され，１〜100のスケールでインデックス付けされる。グラフの各ポイントは，最高点100で除算される」とされるグラフである。（https://newsinitiative.withgoogle.com/resources/trainings/google-trends-lesson/　2023年8月15日視認）。基本は Google 検索同様にその作られ方はブラックボックスであり，また図表内の「スパイク」の値がいかに計算されたのかも詳細は分からない。しかしながら，本文中にあるように2010年代前半までにおいて，日経，朝日両紙のデータベース上も「アドフラウド」は見いだせないため傍証に参照した。

（２）　ネット上の IT ニュースサイト CNET ジャパンの2015年03月05日の平澤新人氏（Criteo社）の記事等による。同記事中には「アドテク誕生の背景としてよく語られるのがリーマンショックとの関係です。2008年暮れに起きたリーマンショックによって職を失った金融工学エンジニアが広告業界に流れ，株式市場で適用されていたオークションシステムを広告においても実現したといわれています。」とある。

（３）　もっともマスメディア以外でのアドフラウド認知は，2014年か2015年には日本でも始まっている。ソネット・メディア・ネットワーク社は2015年7月28日付のニュースリリースで，すでに前年から日本でも事業を開始していたモメンタム社との提携を発表している。（https://prtimes.jp/main/html/rd/p/000000005.000013903.html，2023年8月24日筆者確認）

（４）　アドフラウドの類型として挙げられた9類型は以下である。

Ad Density（過度な広告領域）
・検索スパムと組み合わせて，広告しかないページに誘導して広告アクセス増を図るもの。

Ad Injection（不正な広告挿入）
・ユーザーが閲覧している正当な媒体ページの広告タグを，不正事業者（不正アドネットワークなど）が自社広告タグにすり換えることで，不正な収益を得るもの。

Auto Refresh（過度に自動リロードされる広告）
・高頻度で自動リロードを繰り返し，ごく短時間に大量の広告を表示させたりするもの。

Cookie Stuffing（不正な成果の獲得のためのクッキー汚染）
・ユーザーブラウザにプレミアムメディアやブランド広告主のページをポップアップで表示させることで，ユーザーブラウザに優良な閲覧履歴のクッキーを生成させる手法。

Falsely Represented（オークションの URL 偽装）
・アダルトコンテンツや違法ダウンロードの事業者が，広告オークションに対して，正当なサイトの URL を偽装して，広告の入札を受けようとする手法。

Hidden Ads（隠し広告）
・ブログパーツの見えない領域に広告を仕込んだり，CSS 等でユーザーに見えない形で広告を配信したりすることで，広告配信数を水増しするもの。

Imp/Click Bot, Retargeting Fraud（プログラムされたブラウザによる広告閲覧）
・ブラウザをプログラミングして，自動的に imp，クリックを発生させる手法。

Malware, Adware, Hijacked Device（支配権を奪われた個人端末からの広告リクエスト）

・ユーザーデバイスを不正プログラムに感染させ，自社サイトの広告を閲覧させたり，クリックさせたりするもの。

Sourced Traffic（By Traffic Exchange，トラフィックエクスチェンジ）

・ユーザーにページ内の自動リロードのコンテンツを閲覧させ，コンテンツ元にトラフィックを渡して対価を得るもの。

（5）　もっとも，この％には Google によるクロールボットが含まれているから，この％を広告費に乗じるのは過大となる，といった批判がある。しかしながら，業界は「Google クロール比率」を調査発表しようといった合理的な作業を（筆者は寡聞にして聞かないだけか）行っていない。

（6）　嶋村和恵による『新しい広告』（電通，2008）における（嶋村自身の執筆章での）「広告の定義は「明示された広告主が，目的をもって，想定したターゲットにある情報を伝えるために，人間以外の媒体を料金を払って利用して行う情報提供活動」であり，岸志津江による『現代広告論［第3版］』では（岸自身の執筆章での）定義は「識別された送り手が，選択されたオーディエンスに対して，製品・サービス・団体・アイディアについて，伝達・説得・関係構築を図るために，大量伝達や相互作用が可能な有料媒体を介して行うコミュニケーションである」とされる。いずれもミクロな「広告の定義」である。商学部門での広告の隣接分野である物流，ロジスティクスにおいては，「物流（physical distribution）は，物資を供給者から需要者へ，時間的及び空間的に移動する過程の活動。一般的には，包装，輸送，保管，荷役，流通加工及びそれらに関連する情報の諸機能を総合的に管理する活動」（日本工業標準規格（JIS Z 0111））とミクロな定義があり，加えて「ロジスティクスは，物流の諸機能を高度化し，調達，生産，販売，回収などの分野を統合して，需要と供給の適正化をはかるとともに顧客満足を向上させ，あわせて環境保全及び安全対策をはじめ社会的課題への対応をめざす戦略的な経営管理」（同上）とマクロな補完を行う。比すれば，広告の定義には「平和」や「社会・経済への貢献」が含まれるべきマクロ定義が欠けている。

（7）　オーストラリア，カナダ，EU，イギリス，アメリカ合衆国，インド，ロシアの7か国のうち少なくとも2つ以上（EU も1とカウント）で「テロ組織と認定されている団体」は55を数える（各国公式サイトによる）。アンサール・アル・スンナ軍（ISIS）はイギリスのみで認定，ターリバーンはロシアのみで認定でこの55の外数である。オウム真理教はカナダ，ロシアで認定されていてこの55に含まれる。

（8）　日本の官公庁では，首相官邸（内閣官房デジタル市場競争本部事務局）が2021年4月27日に「デジタル広告市場の競争評価最終報告」を発表，その中で大規模プラットフォーマーに「透明化法を適用する方向で，法制面での検討を進める」段階である。ハッカー対策は別途あるが，経済産業省は2023年6月30日に広告業界向けに啓発を開始という段階である。それに対し FBI は2018年にロシア人，カザフスタン人のチーム Methbot，3ev などを解体に追い込んでいるとされる（Fast Company 誌，2018年11月28日付）。ただしそれ以降の報道はない。

（9）　図中の S は米国会計基準（SEC），I は国際会計基準（IFRS）。

（10）　ここで言う P とは，10年代半ばから広告業界で一般化した PESO（Paid Media（広告），

Earned Media（パブリシティ），Shared Media（生活者のSNSやブログ），そして
Owned Media（企業ウェブサイトや公式SNSアカウント）を指す広告概念の拡張）のP
である。また，むろん言及した各社の判断は公表されていない以上，外部からは判断理由
を推論するしかない。その限りにおいてであるが，広告費を減らした武田薬品工業は日本
の自社サイト（オウンドメディア）に「世界に尽くせ，タケダ。革新的に。誠実に。」と
題する企業コミュニケーション特設サイトを設置，企業広告の動画もYouTubeではない
フォーマットで格納。キヤノンはデジタルニュースメディアNewsPicksに編集タイアッ
プ的なサイトを持ち，公式YouTubeチャンネル「Canon Imaging Plaza」と2つにデジ
タルコミュニケーションを集約しているように見える。国際的な業績を挙げる企業で，日
本語に限ってみてもネット広告（P）から企業ウェブサイトや公式SNSアカウント（O）
へのシフトがトヨタ同様に見られる。

(11) 2021年に広告業界が設立した「一般社団法人デジタル広告品質認証機構（Japan Joint
Industry Committee for Digital Advertising Quality & Qualify）」の略称JICDAQ。「アド
フラウドを含む無効トラフィックの除外」と「広告掲載先品質に伴うブランドセーフティ
の確保」に関わる業務プロセスの監査基準を制定，それに沿った業務を適切に行っている
事業者を認証して社名を公表する。しかしながら，個々の企業にはたしかに合理的で実行
可能な努力であり，アドフラウドのリスク低減策とはいえ，本稿の視点からは，例えばボ
ットによって広告メディアサイトに貼り付けられたアドフラウド・プログラムの発見・削
除という「結果」に対応し，「原因」に遡るような機能を持っていないと考えられる。ま
た，たとえば5％のアドフラウド比率を3％にする効果はあるが0にすることは保証され
ない。また当然ながら「広告スペース」を保有し税外収入を得る官公庁サイトや，各種広
報予算で行なわれるインターネット広告（P）は，税金の使途がテロ資金原資となりうる。
論外である。

第5章 広告の手段・手法

第1章冒頭，そして第2章で見たように，現代の広告，そして送り手のIMC
は「手段を問わない」。したがって，手段であるメディア別の解説も，少なくと
も本書の課題ではない。広告の「手段・手法」は，まさに個々個別の具体的な目
的次第だし，受け手の認知の構造と行動に「送り手の所期の狙い」に沿った変化
を与えること，これに尽きる。

本書が2004年の初版以来，受け手の認知の構造の変化（パーセプションチェン
ジ）に中心を置くのはこの視点である。

20世紀のマス広告全盛期には，他の広告論の著作には本書とは違って，必ずこ
の「広告の手段・手法」章に「新聞」「テレビ」「雑誌」「ラジオ」「交通広告」と
並んでいたことに比べれば，実に隔世の感がある。手段は状況と目的によって決
まるから手段のみの解説は陳腐である。

とはいえ，標準的なIMC手法リストの決定版は残念ながらいまだ存在しない。
なぜなら第1章の流れからは，広告は限りなく（多くのディスコミュニケーショ
ン＝和製英語だが，それを含めて）「影響志向の社会的コミュニケーション」と
いう大海原に溶解しつつあるし，第2章の流れからは，様々なモノ（メディア＝
媒体，媒介物）に，様々なメッセージが込められうる，といった「なんでもあり
（anything goes）」状況だからである。

本章ではその状況をまず「広告表現（クリエイティブ）の現代略史」に描く。
その略史の流れの中で「なんでもあり」あるいは「あの手・この手」を見てみる。

次にトピックスとなる論点となる「手段・手法」を見る7つの急所（英語では
tips，勘所，か）を指し示し，本書の主張を理解してもらう一助とする。

広告表現の現代略史
　　　——社会的コミュニケーションへの溶解

1　コンセプト——広告表現の大転回

　広告の世界では当然のことのようにコンセプトという言い方をよくするが，もともとは深くて強い意味がある言葉で，1950年代の終わりに「コンセプト広告」という言葉がアメリカでできた以降，おおむね1960年代にさかのぼる。これ以前の広告にはコンセプトはなかったと言われるほど，新しい広告の形という意味で使われ始めた広告業界の言葉だった。その意味は「大衆の既存の常識を打ち破る」という意味であって，現在，広告業界やマーケティングで言われるコンセプトとは，ほぼ無関係な概念である。

　ちなみにこの「コンセプト広告」は，ニューヨークのBBD（Doyle Dane Bernbach）という広告会社が提唱し，BBDの名前とともに有名になった。

　20世紀のアメリカは間違いなく歴史上マス広告の最も盛んだった100年間である。アメリカの広告の専門誌で『アドバタイジング・エージ（*Advertising Age*）』という雑誌がその「20世紀のアメリカで行なわれた広告」すべての中でナンバーワンを決めようと，どれが歴史に残るかいう，よく考えれば無限とも言える100年間の広告の中から選んで投票させる，という破天荒な投票を広告業界の内部の人にさせたことがあった。

　その企画で，第一位になったのがフォルクスワーゲンだった（the No. 1 campaign of all time in Advertising Age's 1999 The Century of Advertising）。非常に画期的，時代を区切ったという点でナンバーワンにされたのである。画期的なフォルクスワーゲンのキャンペーンがコンセプトという言葉を作った，そのことをアメリカの業界人は2000年時点でもよく知っていたのである。コンセプト広告とは何か，フォルクスワーゲンみたいな広告のこと，という業界の合意ができていたのである。フォルクスワーゲン，とは，カブトムシ，ビートルというあだ名が付いている，後継のゴルフが出てもなお根強いファンがいる名車である。4輪自動車としては当時世界最多の累計生産台数を販売した伝説の車である（このあとトヨタのカローラがこの記録を抜いた）。

図 5 - 1 - 1　1959年のフォルクスワーゲン新聞広告事例

　20世紀に広告を仕事として選んだ人はこうしたことを勉強して，大体日本でも
知られていた，それが Think small. に代表される一連のグラフィックの広告で
ある。

　図 5 - 1 - 1 を掲げる。一台だけが小さく写されている。

　そのボディコピーは以下のようなものである。

　10年前のこと，最初の 2 台のフォルクスワーゲンがアメリカに輸入されました。
1960年代にこういうことを言われたっていうのはどういうことかというと，戦争に勝
った国，T 型フォードって言われる量産された車を世界で初めて作った，今でもそう
ですけども，要するにマスプロダクションとしての自動車はアメリカが作ったわけで
ある。そういう国に戦争に負けてまだ何年かしか経ってないようなドイツから輸入さ
れた車がビートル，カブトムシに似た奇妙な形の小さな車，無名と言ってもよいほど
だったと。やがてリッターあたり13.5km も走ることが認められました。当時は，こ
れは充分に長いわけである。今はもうこれの倍とか走る車が当たり前になってますけ
ども，当時はこれでものすごく燃費が良いっていうことだった。

　さらに一日中時速100km で走ってもビクともしないアルミ製空冷エンジン，ファミ
リーサイズの適切さ，手頃な値段も認められてきました。ワーゲンはビートル並みに
増殖し，（カブトムシがいっぱいアメリカに居たのかな？）。1954年にはアメリカへの

輸入車のトップに立ち，以後，その地位を堅持し確立しています。1959年には15万台のフォルクスワーゲンが売れました。うち３万台は，ステーションワゴンとトラックでした。

で，ずんぐり鼻の，フォルクスワーゲンは，今ではアメリカ名物のりんごストルーデルのように50州すべてで見かけられますが，その鉄鋼はピッツバーグ製で，シカゴでプレスされています。工場の動力源すらアメリカからの輸入石炭です。つまり，鉄と石炭はアメリカから輸出して，ドイツでフォルクスワーゲンを作ってたっていうこと。

どのフォルクスワーゲンのオーナーにお聞きになっても，そのサービスのすばらしさと，どこへ行ってもうけられる充実ぶりについては褒め言葉ばかりでしょう。フォルクスワーゲンの成功は決して小さくはありません。部品も常備されて，しかも安価です。フォルクスワーゲンの成功の要因は決して小さいとは言えませんね。

今日，米国ほか119の国々でフォルクスワーゲンは着荷するなり売り切れていて，生産が追いつかない状態です。小さな車に全力を注いでいるフォルクスワーゲンの生産台数は世界で五番目に多いんですよ。一番から四番はアメリカ。もっと多くの人々に小ささを考えていただきたいものです。

グラフィックは同じでコピー部分だけが異なる別バージョンもあった。それが次のものである。

私たちの小さな車はいまや物珍しくなくなりました。

12人以上もの大学生が押しあいへしあい，つめこみ競争をすることもなくなりました。アメリカ人はこういうのを楽しんでやってるわけ。今で言うと YouTuber みたいなことですけども，そういうことを昔からやってたと。冗談でやるわけである。
車の外形に目を丸くされることもなくなりましたね。
じっさいのところ，私たちの小さな車はリッターあたり13.5km 走るなんてこともう気にも留めてないでしょう。

タイヤも６万4,000km はもちます。

ですから，私たちのエコノミーカーに乗れば，メンテの心配が殆んどなくなるのです。

駐車スペースは狭くてもいけるし，車の保険更新料も安くてすむんです。修理代も安い車を下取りに出して新車になさるときもお得です。

考えどころですよね。

　どこが驚かれたか，どういう大衆の常識を打ち破ったかというのが，当時のアメリカ人のココロの中を推し量った図5-1-2である。はじめは一番上の左側。ドイツは第2次世界大戦の敗戦国。

　フォルクスワーゲンのビートルはヒトラーが作らせた車である。作った人の名前がポルシェという人である。ポルシェも作って，ポルシェの大衆版がフォルクスワーゲン。フォルクスは国民，ワーゲンは車なので，ドイツ語では。国民車という名前のドイツ語となる。

　アメリカにとっては敵の車である。アメリカで100年間で一番良かった広告に選ばれたのは，やはり不思議なことである。車は大きいほど良いというのが基本的なアメリカ人の考え方。世界戦争に勝った国だから，世界で一番金持ちだから，アメリカン・ウェイ・オブ・ライフっていうのは世界で一番であると。国も広いし家も広い。それは今でもそうであるけども，大体，一戸建ての家にはでっかい車が二台ちゃんと入るような車庫が付いている。

　それが，もちろん戦争に負けたっていう事実は変わらないわけだけれども，ひょっとすると違う合理性を表わしているのではないかと。ウェブ・オブ・ライフはアメリカがナンバーワンと思ってるんだけども，実は，アメリカは1945年にもちろん第2次世界大戦には勝った，原子爆弾も世界で初めて作った，実用化した国なんだけども，じゃあ誰が作ったんだっていうと，大量に亡命してきたヨーロッパからの人たち。アメリカはヨーロッパと比べて若い国で建国150年目ぐらいの若い国。なので。結局19世紀，20世紀と，国の指導的な立場の人はヨーロッパに留学している。要するに，アメリカには学べる学者がいない，大学がない。その多くは，実はアメリカにとっての先進国，ドイツが留学先であった。

　科学とか技術の先進国に対して戦争に勝ったのが第二次世界大戦，コンプレックスが払拭された。でも，アメリカの有名な大学でちゃんと先生をやっているような人は，ドイツに留学していた事実を持っている。それから，移民でものすごくドイツ人はいっぱいアメリカには住んでいる。これは独立戦争のときの傭兵してたくさんドイツ人が来たっていうような経緯で，隣りに住んでいても構わないヨーロッパ系の国の人なら何系がいいかといった意識調査では，一番がドイツ系って言うぐらい，実はドイツ人が好きなのがアメリカ人。好きだし，第2次世界大戦の始まる前後もそうであるけども，アメリカにいるドイツ人はいっぱいいたので，アメリカにもナチス党があって，党大会とかやってたりしている。いずれ

にしても身近にいるきちんとしたドイツ人っていうのは，多くのアメリカ人は知っている。我々が知っている第二次世界大戦とは違う文脈がそこにはあるのだ。

だから，ずんぐりむっくりしたちっちゃい車，不格好な車が Think small. と広告にした。小ささを考えようといったときに，また違う価値観がヨーロッパにはあって，それを我々は知らないだけじゃないかっていうふうに思うことになる。左側がちょっと違うふうに見えてくると右側になる。

で，新しい価値を表す形に見える。

どういう人が大体買い始めていたかっていうと，医者とか弁護士だった事実もある。知的な仕事をやってる人から買い始めたっていうのが，ただ不格好な，ちっちゃい，貧乏くさく見える，アメリカのそれまでの価値観からすると，世界で一番豊かな国からすると，戦争に負けた国のちっぽけな，それもヒトラーが作った出来損ないみたいな車が違うふうに見えてきた。図の中断から下段に「ものの見方」を変化させたのが Think small.

自動車産業の中心地であるデトロイトの考えでは，でっかくて，ガソリンをいっぱい使って，燃費の悪い車がカッコイイ。無駄に尾ひれが付いてたりする。アメリカン・ウェイ・オブ・ライフだと。世界で一番豊かな国の人間はこういうのを作ることができるし，乗ることができるのだ，という価値観だった。そういう価値観に対して Think small. と。

しょっちゅうモデルチェンジという言い方で形が変わるというのがアメリカの考え方（計画的陳腐化，という批判もあった）。

広告研究者の西尾忠久（1963）によれば，「最初は『この広告にコンセプトはあるか，ないか』といったふうに使われた。つまり，その広告は，大衆の既成概念をぶち破るほどの新しい考え方をもっているか，どうかといった意味であった。それがさらに，乗用車は，大型で金ピカで年々モデルチェンジするほどよく売れるというデトロイト・コンセプトに対して，フォルクス・ワーゲンは，必要なだけの要素を備え，経済的で家族4人で乗れて，いつまでも使えるほうがよいというVW（フォルクス・ワーゲン）コンセプトをぶつけて勝利を博した，というふうにまで拡張され，そうした新しいコンセプトをもった広告のことを，コンセプト広告と呼んで重要視するようになった。（中略）コンセプトは，作るものではなくて，見つけ出し，強調されるべきものである。作りもののコンセプトでは，大衆に受け入れられない。大衆の心の中に，あるいは商品自体の中に潜んでいる

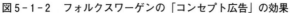

図 5-1-2　フォルクスワーゲンの「コンセプト広告」の効果

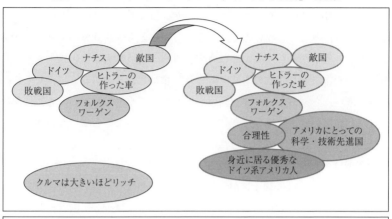

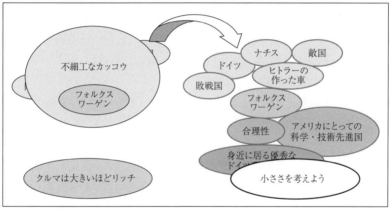

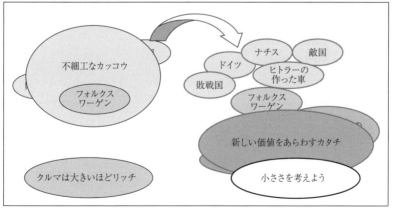

別の見方，考え方を引き出し，強調したものがコンセプトである。」としている。

　こうしたシリーズ広告をフォルクスワーゲンは10年ほど続けるわけである。モデルチェンジがほとんどないので，そういったこともアメリカの車とは全然違う。だから下取り価格が落ちない，という広告もあった。偉大な広告は人々がそれまで持っていた常識的な認知の構造，つまり，車はステイタスシンボルだから，でかいほど偉い，ちっちゃいクルマには恥ずかしくて乗れないという考えに異議を唱えた。だいたいアメリカ人は身体が大きいから入らないのではないか，という先入観をひっくり返す十分な合理性っていうのが小さくともある（見掛けと違って室内容積は大きい，何人乗れるか冗談に詰め込んでみた，等今の YouTube のような）ことをいうバージョンがそれである，そのほうが賢い消費者であるという価値観。そういった潜在的な魅力を広告に携わる人は十分に引き出して，つまり隠されている価値を引き出して利用するべきである。そのような職業であるという，ある種20世紀後半の広告業界のビジョナリーな，我々は価値をつくる，ものづくりはしないんだけども，広告によって価値を社会に打ち立てるんだっていう広告業界の思いと響き合って，このコンセプト広告っていうのは歴史に残った節もある。アメリカ産業の中にも残ったし，アメリカ広告業界にも残ったし，アメリカ広告100年の中で最も優れたというふうに，広告の専門家は投票したのである。

　本書冒頭から言う**「特定の認知を導く記憶の構造に変化を及ぼすこと」**の，**源流はここにある。コンセプト広告を，解説的に現代の心理学的な言葉，ボキャブラリーで言うと，このコンセプト広告はそう言える。日本では，広告は情報伝達だけではなく，価値転轍器（鉄道線路のポイントを切り替える機械）である解題が，社会学者の山本明（1969）によってなされた。**

　耳慣れないと思われるから，やや丁寧に解説すると，ここで強調されていることは① その広告に接する以前の受け手の既成概念を変化させるような強い「提案力」があるかどうか，という点であり，少なくともオリジナルには② コンセプトのない広告とコンセプト広告の2種類が想定されており，③ そのコンセプトは作るものであるというよりは，「商品」か「大衆の心の中」から発見されるべきこと，という3点である。その広告に接する以前の受け手の既成概念を変化させるような強い「提案力」があるかどうか，は，はたして現代の広告業界でいうコンセプトの要件であろうか。90年代以降着眼されるブランド論では「既存の

成功ブランドの維持・強化」が広告の課題となり，意図を形成することが多い。また，広告の課題内容や競合状況から考えて，画期的な強い「提案力」が必ずしも常に可能ではないし，適切な課題解決とも考えられないケースも多い。常に「既成概念をぶち破る」ような戦略が必要ともまた可能とも考えられないのではないか。温厚な老舗イメージを大切にするべき企業広告も少なくない。おそらく，60年代の新しい言葉の使い方としては「相当以上の画期的な提案力」が含意され，程度の問題である提案力が，そうであるかそうでないかの二分法で区切られたようである。高度成長期のアグレッシブなアメリカ広告業界の雰囲気も関係するであろう。したがって，広告用語としてのコンセプトは，初期の切先の鋭い使われ方から広告表現計画一般を説明する概念となったようである。この西尾の認識する事前事後の受け手の変化への着眼や認知の中身へのはたらきかけの観点は鋭く現代においても全く通じる。またコンセプトは「商品」か「大衆の心の中」から発見されるものであること，また広告制作・露出前に発見され，広告露出後の実現が予見される程度が「発見」の基準のひとつとなっている点は示唆深いのだ。

2 「コードのズレ」を示したベネトン

　その後，社会は物的にどんどん豊かになっていき，同じ製品カテゴリーの中でもどれを選ぶか，というブランドが重要となっていく（もっともブランドという概念が成立するにはかなり時間を要したが）。広告表現では「もの離れ」をしてくる。特に先進国ではそうなので，いつまでも Think small. が目指されるべき理念とも言えないのである。そのときの状況と，アメリカ人哲学者のパースが研究して，唱えた記号論が，思想界の話と現実の広告のありようが同期し，説得的となった。80年代から2000年までのベネトンの欧米での広告は，アメリカ人哲学者パースの記号論でよく解釈され画期的といえるものだった。

　意味と記号の組み合わせっていうのが Code（コード）をずらすところにコミュニケーションする動機が生じるという，ヨーロッパ流の記号論とちょっと違うアメリカ流の記号論を洞察したのがパースである。

　クリエイティブとは，それ以前には無かった Code をいかに作るか，作れるか，定着させうるかというところにクリエイティブの値打ちがある，今もこのことを考えている人は実は多い。要するに，ニューネスである。ニューネス，新しいことっていうのが広告なんだっていうことを言うクリエーターという存在が今にも

表5-1-1　1980〜2000年のベネトンの広告モチーフ事例

●戦闘で戦死した兵士の着ていた血に染まったTシャツと迷彩柄のズボン
●生まれたばかりでへその緒がまだ付いている赤ん坊
●人骨を持っている黒人の少年兵
●白い馬と栗毛の馬のセックス
●上半身裸の黒人の女性に抱かれて，授乳されている白人の赤ん坊

繋がっている。

　具体的にはベネトンというイタリアのアパレルブランドの広告が認識の先駆けであり，象徴でもあった。80年代から2000年までのベネトンの欧米での広告事例，広告物は，無数にあり，ここに掲出しきれる数ではない。ネット上には沢山あるので，是非「ベネトン　広告」で画像検索してほしい。

　表5-1-1はそのほんの一部の5つの例に過ぎないが，この中の3つをもとに解説していく。

●戦闘で戦死した兵士の着ていた血に染まったTシャツと迷彩柄のズボン

　これは当時のボスニア・ヘルツェゴビナ，ユーゴスラビアで内戦が起こり，そのときに死んだ人の着ていたもの，血染めの，死んだ人の着ていたものそのもの。それがビジュアル。で，UNITED COLORS OF BENETTONとロゴマークがある。これは結局何なんだ，と。

●生まれたばかりでへその緒がまだ付いている赤ん坊

　血まみれである。赤ん坊がそのまま，ものすごいでかい写真で，イギリスの歩道脇の屋外広告で貼り出してある。で，その前を人間が通ってる。日本ではこういうのは許されないだろう，撤去したほうがいいとか，見たくないとか，なぜなのかとか，いろんなことがあるだろうから実現しないと思われる，1980年代のイギリスの屋外広告事例。

●人骨を持っている黒人の少年兵

　我々はビジュアルによってものすごく大量の情報を受け取ることができ，この手の指とか，二の腕とか，肘から先を見るだけで，ローティーンの子どもだなと字で書いていなくとも分かるわけである。

　それと，これはちょっと知識がないと分からないが，彼が持っている骨は，人間の大腿骨，ひざとお尻のあいだの，人体では一番長い骨。それを持っている。なぜそんなものを持ってるのかよく分からないが，マシンガンも肩から掛けて持

図5-1-3　ズレが意味を呼び込む

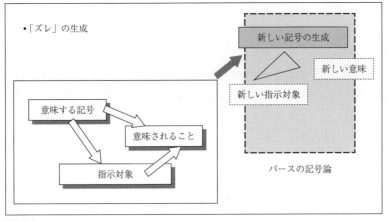

筆者作成

っている。だから少年兵と分かる。内戦状態の国で、少年が教育受けるとか受けないとか、そういう問題以前に、銃を打つ兵士になっている。その子が持っている人間の骨なんだから、肉親のものではないかなと推論させるところがある。

　このパースの記号論は図5-1-3の左の下のほうから出発する。そもそもコミュニケーションはどうやって発生するかというと、記号と意味が一対一対応してないからだと理解する。このとき、広告は意味する記号。指示対象は何かというと、ベネトン。ベネトンを指し示してる広告であるということになる。この広告何の広告かと問われれば、ベネトンの広告、となる訳だ。

　で、意味しているグラフィック広告と、指し示されているベネトン。

　ところが、意味されることが分からない。この図5-1-3の左下が三角形になると、記号と意味が安定するのだけれど、この意味されることが確定しないので、何を言わんとしてるかが決まらず、解釈する側は「宙吊りになる」、不安定な状態になる。なぜ生まれたての赤ん坊なのか、血染めの、死んだ兵隊の服なのか、内戦で親の骨を持っている少年兵なのか、なぜ白い馬と茶色い馬のセックスなのか、が腑に落ちないのだ。

　当時、ベネトンはイタリアのニット、織られたものじゃなくて編まれたニットを扱うアパレルメーカー。自慢は後染め技術で、カラーバリエーションが（糸から染めるのに対して）桁外れに多いというのが、もともとのブランドの魅力とい

うか，言わんとすること，強みである。

　それはそれとして，世界はベネトンとは関係なく矛盾に満ちている。ビジネスとは関係なく，よろしくないことがいっぱいあるわけである。そのような世界でベネトンが存在してるっていうことに，耳をふさぐわけではないと。生まれたての赤ん坊は主義主張，政治的信条，肌の色，宗教によって差はない。多様性を認めようと。馬は色でお互い差別なんかしない。我々も動物じゃないかと。我々は人同士で殺し合うよりもやらなきゃいけないことがあるんじゃないかと。それは，お互いの違いを認める，今で言うダイバーシティである。多様性，複数の価値観を認め合うということが大事じゃないかと。で，ベネトンはカラーバリエーションの多さをもって，一人一人の個性，多様性を認めるということを通じて，そのようなことに少しでも貢献したいと思っている会社ですというような企業ブランドのパーパスを，この広告とは別に発信する。アメリカでは裁判まで起きた。

　どういう裁判かと言うと，ベネトンを売っている人が，あんな広告やめてくれっていうふうにイタリアの本社を訴えた。ああいう広告は商売の邪魔だ。ベネトンが売れなくなる。血染めの死んだ人の服なんかは広告ではない。もっとカッコイイお洒落な広告でなければ服が売れないじゃないかとアメリカの小売業は言っても，全然イタリアの本社は言うこと聞いてくれない。で，広告の差し止めの裁判まで起こすに至った。で，裁判を通じて今みたいなこともわかってくる。ベネトンは，この服はおしゃれというような広告をしない。そんなきれいごとを言うような世界ではないじゃないか。そのようなことに目をつぶっているわけではないんだ。そのようなことにどうやって貢献できるかということを言いたいんだというようなことを法廷でも言うから伝わった。事後的にである。

　そうすると，図5-1-3の左下の三角形がようやく後から完成する。意味されることがわかる。多様性を認め合うことで世界がもっと平和になってほしいっていうようなことに，ベネトンはスローガンとしても，考え方としても，ポリシーとしても，哲学としても，クレドとも言う会社のコーポレートポリシーとしても，パーパスとしても，ミッションとしても持ってるんだというところが見えてくると，ようやく三角形が完成する。腑に落ちる。

　パース曰く，三角形になると新しい記号ができると言う。どういう新しい記号かと言うと，例えば「ベネトンみたいな広告」という新しい記号ができる。意味がすぐはわからないようなことを見たときに，「ベネトンの広告みたい」という，

新しい記号とか新しい意味ができてきて，三角形のコミュニケーションが次につ
ながって（図5-1-3では右の方に）転がっていくっていうのがパースの記号論
の骨子である。

　はじめは三角形が出来ていないから「ズレている」。ヨーロッパ流の記号論の
ように初めから記号と意味が一対一対応してるとズレがない。ズレるから宙吊り
になって，受け手が「何を意味してるのか分からない」状態になる，三角形が完
成しない状態，このズレが，コミュニケーションが発生するメカニズムなんだっ
ていうのがパースの洞察，ということになる。

　記号論は，このような込み入ったことなので，誤解のないように言葉を換え整
理してみれば，次のような言い方となる。

　記号論は1980年代半ば，一時期ブームとも言える「広告研究」ないしは「広告
分析」の新しいアプローチであると日本の広告研究者には期待されていた。しか
しそのアプローチは「ブーム」の名の通り一過性のものと終わった。この状況を
マーケティング研究者の王（1996）は「俗流記号論」と名づけ，記号と解釈され
る意味の二者関係に「閉じた」論理であったからである，と整理している。たし
かに広告（を含め多くのマーケティングにおけるコミュニケーション要素）は記
号であり，送り手の意図や受け手の解釈に関心を焦点づけた記号論のアプローチ
は新鮮であり洞察に満ちたものだった。しかしながら，王は次のような立論を行
う。「俗流記号論」は① 本来恣意的な結びつきである「記号表現（シニフィア
ン）」と「概念（シニフィエ）」を絶対視した。いわば記号実体論的な表層的な理
解があった，とする。②「記号表現」と「概念」の外側にある「指示対象」（こ
れとても恣意的な結びつきであるが）を関心の外に追い出した。コップという言
葉を聴いて水を入れるガラス製の容器の概念であるとしても，コップを見たこと
のない文化圏の人間には指示される対象がない。③ パースの記号過程論では
「対象（object）」を「解釈（interpret）」する過程をつなぐものが「記号（sign）」
である。人間の営みは全てここにあるとされる。そこでの解釈項は新たな「記
号」となり，3項間の過程は次の「対象」と「解釈」を続けさせる「記号」をヒ
ンジとして続いてゆく。④ 広告が新しいイメージをつくる際には，社会によっ
て共有された解釈コード（ラング）から「乖離する」発話行為（パロール）であ
る手法が自覚される。すなわち社会によって共有された既存の解釈コードに依拠
しながらも，意味解釈にズレが発生する。この際広告が新たな意味を生成したと

認識できるのである。王はこのズレの象徴的な事例として80年代中葉からのベネトンの広告を挙げた。「手錠を掛けられた同じような服装をした黒人と白人の男性」や「黒人の女性が白人の赤ちゃんに授乳する」といった広告が挙げられる。事後的にはもちろん，「肌の色の違い，人種差別といった買い手の差異を越えるユニバーサルなベネトン」とでも言った解釈（項）が成立するのであろうが，当初の（主として反発であるが）広告の受け手の反応は極めて大きな驚きがあった。既存の「広告解釈コード（ラング）」では解釈できなかったからである。

　要は，既存の「社会に共有されたコード」をずらせたとところに「新しい意味」を無理なく作ることで，アパレル，デザインというそれ自体が固定しにくいことをブランドにした，と。

　伝えにくいことなので，まわりくどくど解説を試みた。

3　広告表現の社会的コミュニケーションへの溶解
──「あの手・この手」

　コンセプト，ズレの生成，で，21世紀の今，広告表現はどうなっているか。こういった意味の創造の仕方もデジタル化によって変わらざるをえないところがある。それは別にデジタルが変えたというよりは，デジタルで変わってしまった我々のライフスタイルと情報処理の仕方に対応して変わってきた。要するに，「効果的な広告」が変わったのである。ネットによって人間が変わった。広告効果っていうのは人間の頭の中の問題であるから。

　中心は，処理のスピードが速くなった点が中心だと考えられる。スマホを見ていると，スマホで指でばーっとやると，大量の情報処理をしている。そうすると，一個一個に時間をかけていない，21世紀の広告の受け手は。一瞬で何か判断するから。そうすると，コンセプトとか意味のズレとかいうのは，たしかに20世紀，自分ごととして関与度が高い，自分の関係するかもしれないこととして考えてもらうにはしばらく時間が必要だったし，その時間をかけることが当然，また不可避だった。

　ワーゲンのグラフィック広告のボディコピーの小さな字を，読んでくれていた。広告の受け手は何分間か時間をそこで使ってくれていた。ベネトンもその点では同じ。それよりは短い時間だけれど，何だか分からないなっていうことはちょっと思ってくれるわけだった。で，その「何だか分からないな」っていう状態であ

表 5 - 1 - 2　20世紀後半以降の「広告表現の略史」

		タイミング	消費社会と広告	状況	ポイント	象徴的な事象
1	コンセプト	1950〜1980年ごろ	物的に豊かになっていく実感・明確な予期	モノの説明⇒価値転換（転轍）生活の中への意味化	市場創造・生活提案	3種の神器3C
2	コードのズレ	1980〜2000年ごろ	ブランド選好・多数の選択肢←ブランド構築	記号と意味のズレ差異化	ブランドに意味を与える	記号論マスマーケティングのピーク
3	広告の溶解	2000年〜	高圧的マーケティングの終焉とDX「あの手・この手」（将来を予測することが困難な状況）←ルーティン財への販売促進ウエイト高まる（クーポン，ポイント，キャッシュバック…）	全体を説明する論理がない（PESO，公告，ファンベース，ソーシャル・グッド）	ひとつひとつの広告物に費やす時間は一瞬	送り手／受け手二分法の崩壊，スマホ，YouTube，インフルエンサー，メルカリ，クラファン

筆者作成。

るとき，宙づりになってた，何だか分からないなっていうのが，その後腑に落ちたりするわけだから，自分ごととして頭の中でわかったりするわけだから，ちょっと時間が要ることになる。

　21世紀の，今，広告の受け手は時間を取ってくれない。だからもっと時間のかからない伝達，すぐにわかるための工夫っていうのがないと意味がない，広告効果に至らないというようになったのが，広告のデジタルシフトだ。

　デジタルシフトによって広告効果がどう変わるか。それは TikTok ができるようになったとか，そういう表面的な水準ではない。なぜならブログは SNS に置き換わったし，TikTok はすぐメタバースになるかもしれないし，また次の何かなのかもしれない。そういう表象的なことではなくて，すぐにわかる，時間がかからない，かけてもらえない伝達のための工夫のさまざまというのが，結局，三つ目の話となる。コンセプトでもない，意味のズレでもない。三つ目の現代の広告効果を生むような広告表現，クリエイティブっていうこととなる。
表 5 - 1 - 2 を掲げる。

　「コンセプト」の行を見てもらうと，市場創造（顧客の創造とここでは同義），

表5-1-3 「あの手・この手」の事例

誰が	何のために	何を
東京オリンピック組織委員会	コロナ下の2021年の延期開催への国民的な盛り上げ	聖火ランナー全国1万515人が47都道府県を114日で巡る
防衛省・自衛隊	隊員定員割れの解決	『シンゴジラ』等の映画への協力，協賛
熊本県	九州新幹線鹿児島延長に伴う観光客通過対策	くまモン
レッドブル	ブランドイメージの維持・活性化	多くの先端的な競技主催，協賛，アスリートサポート
グリコ	東日本大震災被災者への配慮	道頓堀ネオン消灯
ヤクルト	睡眠に良いYakult1000の新発売	マツコデラックス愛用，インフルエンサーによるPR，SNSプレゼントキャンペーン，口コミ誘発，スーパー店頭での「お1人様1本」の表示
国立科学博物館	電気代等の高騰による維持コストの不足を支えてもらいたい	国の組織がやむにやまれずクラウドファンディング
クロススペース	屋外広告の眼を惹く広告手法の広告	新宿東口4K 湾曲ディスプレイ「立体に見える猫」映像
ロート製薬	眼の愛護デーのPR	ドローン300機による夜間点灯による空中描画

筆者作成。

生活提案，そして2行目のブランド消費，記号消費という20世紀の後半50年が2行で指示される。1行目は「広告の中の表現」であり，2行目は（ベネトンがジャーナリズムに借りに行ったように）「広告表現が間メディア」であることも整理され，記号世界，ブランド世界からイメージを備給されていたことが分かる。テレビCMの全盛期も重なるし，POSに象徴される小売の情報化と両輪となってマスマーケティングを完成させた。

　それに対して現代は，「広告情報を処理するために時間を掛けてくれない」状況下，広告表現全体を説明する論理がない。

　いきおい「目を引く」ため「すぐに分かってもらうため」に「広告表現が広告の外に出てしまっている」のである。

　その証左が表5-1-3に言う「あの手・この手」（あるいは「何でもあり」）である。

表5-1-3はご覧頂くのが早い。

聖火を持って全国を走るのも広告，映画の協賛もエンドロールも広告（ヘリコプターも車両も銃器もプロダクトプレースメントという広告），ゆるキャラは第2章の通り広告，レッドブルは「さずける翼（自由）」の実体を広告，グリコはネオンを消したのが広告，ヤクルトはPESO（トリプルメディア，（Paid Media（広告），Earned Media（パブリシティ），Shared Media（生活者のSNSやブログ），そしてOwned Media（企業ウェブサイトや公式SNSアカウント）を指す広告概念の拡張））でいうEとSで広告，国立科学博物館は日本ではクラウドファンディング史上最高の5.7万人，9.2億円を集めた盛り上がりという広告，なのである。

日産スタジアム。これは第3章第3節で述べたネーミングライツという広告の大成功事例。それから，マーク。図5-1-4を掲げる。

一瞬で分かる，というのが目的である広告。

それからキャラクターである。これもデジタルになって処理スピードは速いっていうことで生き抜いている広告コミュニケーションの形である。

ゆるキャラグランプリは2010年以降毎年あってくまモンと，ふなっしーと，ひこにゃんの三つが断トツだけれども，もうそのほかに何匹あるのかわからない。これはもともと日本が八百万の神，多神教だから，いろんなものに人格，魂が宿

図5-1-4　米日中の「マーク」の事例

図 5-1-5　ミャクミャク

村上敬子氏撮影

るっていう価値観があるので，このようなコミュニケーションを自然とできる。だから，一神教文化では出来ないという解説がある。

　2025年関西大阪万博はミャクミャクっていうのが，ご当地ではないけれどキャラである。当然，着ぐるみバージョンもある。

　ワクワクもそうである。

　クラウドファンディングも行列も。行列はサクラを仕込んだら今はステマと言われてしまうが，自然発生の行列は，それだけで興味を持たせるワクワクさせる広告。ただただ踊るだけの「動画広告」も要はワクワクを示す。

　20世紀と比べてタレントのポジションも変わってきている。強い，一瞬にしてわかるタレント。

　だから，時間がかからない伝達のためには，驚かしたり，ワクワクしてもらったり，一瞬でわかったりっていうことのほうに広告表現がシフトしているとしか言いようがない。それが現代的な特徴，時間を割いてくれないコミュニケーションのための特徴ということになる。それが良いか悪いかというと，処理する時間がかからない伝達っていう三つ目に位置付けるのが，令和の，21世紀の「広告表

現が広告の外に出ている」という解説である。

4　「広告論理そのもの」の曲がり角

　こう考えてみれば，やはりはじめの「コンセプト」「ズレ」が広告業界によっ
て「良い広告表現」と見なされ，称賛され，目指されていた状況とは，広告の受
け手が「広告にきちんと接触してくれる」という前提があって，そこへ圧倒的で
高圧的と言われる広告物が押し付けられていたことに今さらながら気付かされる。
広告接触，内容処理が叶えばよし，そのためには（確率ではあるが）接触効果，
広告露出を増やす，という20世紀マス広告の広告論理である。

　本書の主張である「広告が受け止められたかどうかは確かめてみないと分から
ない」とは（2004年初版以来変わっていないが），この20世紀型の限界（単なる
接触効果，広告露出という数的広告論理）を，今となってみれば相対化しようと
していたのである。それが如実に今は表5-1-2のように現代史として分かる。

　とはいえ，送り手の視点から見ればその限界，あるいは壁にぶち当たってどう
なるか，というと未だ「広告論理そのもの」の曲がり角の先が充分見通せている
訳ではない。それが「あの手・この手」（表5-1-3）の混迷，混乱であり社会的
コミュニケーションへの広告の溶解なのである。

広告の手段・手法
──デジタルを中心に

1　新手法への挑戦

　たとえばGoogleの「検索連動型広告」あるいはSEM（search engine market-
ing）の最初の事例は卓抜に印象的である（村上憲郎，水野由多加，2021）。

　一番初めの「検索連動型広告」の広告主は2000年ごろの「ハンコヤドットコ
ム」（本社大阪市）である。必要とする人の近所の自営業のはんこ屋さんはどん
どん減って行く一方で，はじめて車を購入する人，不動産取引を行う人に実印は
今も不可欠という状況は今も変わらない。実印はオーダーメイドだから作るのに
日にちも掛かる。だから「実印」と検索して出て来る「ハンコヤドットコム」が，
ネット通販で全国から受注を取り突然注目されたという象徴的な事例である。

　次いで，ほぼ同じ時期，羽田の駐車場は「羽田　駐車場」で検索人が海外なり，
国内なりの旅行で数日以上車を預けたい人が検索する。その際に，ホームページ
を立ち上げていた駐車場にヒットする。周囲の駐車場は閑散としているのに，そ
こだけは満車，満杯になった，とされる。非ディレクトリー型検索（ロボットエ
ンジン型検索）のSEMとなっていた。

　このいずれの例も，特定のターゲットが，特定の機会に，特定のことを欲する，
そこへの働きかけである。またその仕組みが，広告の仕組みの利用者である広告
主にとって充分に経済性を持つ，という意味で従来の広告やマーケティングの
「手段・手法」である原理原則と連続している。また連続していたからこそ大成
功した事例である。

　この大成功が世界的に無数に生まれた。

　それがGoogleという広告業界最大の奇蹟の成立なのである。

　その後，00年代のブログを経て，より小規模事業者にも簡便な広告の仕組み，
つまり広告やマーケティングの「手段・手法」であるSNSが，10年代のスマホ
とともに急速に立ち上がったのも，充分に「検索連動型広告」とSEMの学習が
あったからである。

　Facebook（Instagramを所有するMeta社傘下）ひとつで世界30億ユーザー

関連事例7

筆者 PC の2022年12月画面キャプチャー。著名なネコは大企業とコラボする。

（月間利用者数［MAU］，同社の2022年2月発表29億3,400万人）に対し，5億のビジ
ネスが IMC に使う，という史上最大のメディア（ビークル）がこれまた奇蹟と
して成立したのである。

　ペイドメディア（Paid Media），オウンドメディア（Owned Media），SNS で
の口コミの拡がり（いいね，リツイート，シェアの類）などをアーンドメディア
（Earned Media），そしてメディア（Media）の M を合わせて POEM を日本で
はトリプルメディアと呼ぶが，このうち Earned Media を，口コミ「シェアード
メディア（Shared Media）」と，主として報道するマス・メディアによって取り
上げられる従来からの PR に相当する「アーンドメディア（Earned Media）」に
さらに細かく分類したものが PESO である。POEM もトリプルメディアも
PESO も広告ないしは PR 業界発の実務的認識であり，広告，IMC の概念拡張が
世界的に起きたと言える（日本語の広告は第2章で見たようにもともとトリプル
メディアである）。

　ビジネス書を自分で書く小規模事業主（健康，美容，教育，起業支援などの対
個人サービス）が増えたり，個人ブログで大量のトラフィックを持つ現象も，こ
うしたネット上の口コミ，PR を狙っての IMC である。

　Instagram は全部が「広告」とも言える。あるいは「消費情報」であり，その

後の TikTok とともにネット小売業，飲食業の IMC ツールとなった。YouTube（Google の所有），X（Twitter）とともに20年代の PESO のプラットフォームと呼ばれる，巨大広告ビジネスとなった。

デジタルの新手法の事例は，（実はマス広告の新手法もそうであったのであるが）言葉は悪いが「千三つ」かもしれない。以上挙げたいくつかの世界的なプラットフォームの影にはその何千，何万倍もの試行錯誤があった。あるいは，それらプラットフォーム企業内でも，拡大し損ねた新サービスも多数ある（ためしに各プラットフォームの Wikipedia ページを見れば，歴史的なそれらを記述している。）。しかし，世界を席巻した「検索連動型広告」の示す例のように実は，従来の広告やマーケティングの原理原則と連続，さらにそれがピンポイントになった「千の中の三つ」も奇蹟のように実在する。

マーケティング資源に余裕があり，当該業界で先行したいリーダー型の企業は，新手法を試すこととなろう。また，他業種の成功事象にも敏感であることとなろう。

2 「史上初」「日本初」

送り手の広告，IMC だけで何かの目的を達せられる事業，課題も多くはないけれども，本書の主張「意味を生まない露出は多数回であったとしても無駄」に照らせば，「初の試み」は意義を持つ可能性が高い[1]。

これは映画を含めて様々なニュース，創作，コンテンツに共通であろうが，「史上初」「日本初」とは，それまでの常識では考えられなかったような「ズレ」がそこには受け取られ，その「ズレ」から新たな意味が，巧妙に立ち上がる可能性がある。

20世紀のマス広告のクリエイターの中には「クリエイティブとは新しいこと」「ノン・クリシェ（フランス語でありふれていないこと）」を言う人が居たが，要はそれまでの常識からの「ズレ」がないと注目も，興味・関心も引かないことを言っていたのである。ただしこの「史上初」「日本初」は広告表現の中身にとどまらない。

第3章でも見たように，奇抜な組み合わせをしただけでは，「アイデア」にはならない。なぜなら，それだけではまだ「課題を解決する新しい価値が立ち上がらない」のである。

　掲げたネーミングライツの事例では「国立施設に初の民間企業名の冠」は，「日本初」であり，何百回「味の素は日本を代表する食品会社です」とか，「アスリートにさえ科学的な栄養サポートができる」と連呼するよりも「初の試み」の意義を持ったのであろう。

　たとえが，歴史となるが，ニュースとしては第二次世界大戦敗戦後，モーニングで正装の昭和天皇と軽装のマッカーサー連合国軍総司令官とが並んだ「初の写真」は「日本の平和的占領」を強く示すことに成功した。広告としては，1932年に「バレンタインデーにチョコレートを贈る」という新聞広告を出したモロゾフ（本社神戸市）が「日本初」のバレンタインデーキャンペーンを行ったことが，今に至る2月14日の風習を作った。

　「日本一」も同種である。日本一長い商店街として天神橋筋商店街（大阪府大阪市北区）は，観光資源となっている。次々と更新されるが「世界一」認定のギネスもメディア社会の大きなコンテンツのひとつだが，そもそもギネスはビール会社であるし，ミシュラン（タイヤメーカー）の「レストランガイド」も同種の権威となっている。

　「中小企業や，チャリティ，自治体から大企業・有名ブランドまで，様々なクライアントと向き合って来た私たちだからこそ，それぞれ異なる目的やニーズを皆様がお持ちでいることを理解しています。世界記録への挑戦を通じて，より広く視聴・拡散されながら人々の心に残るコンテンツを中心とした魅力的なキャンペーンや，社会に大きなインパクトを与えるようなイベント，集客に繋がる体験型イベントなど，様々なアングルでご提案をしています。」とはギネス（ワールドレコーズ社）の公式サイトの文章であり，実際様々にIMCに利用しやすいような仕組み，事例が多数掲載され提案がなされている。

　PRの種，核として現代では常識となっているとさえ言えるだろう。

　単に「インパクト」を金科玉条のように言う実務家は，そもそもこうした実際に「インパクト」を支える仕組みから考える冷静さが必要と言える。

　地域に根差す事業組織においては，当該地域ナンバーワン，を言うことにつながる。

　また，この「史上初」「日本初」も受け手が知る限り，事実上それに近く思えればいい。経済学者のシュンペーターがもともとイノベーションが「消費者の間でまだ知られていない」ことをもって「新しい」としていたことと同種である。

書籍を書く近所の鍼灸師は「事実上」そうしたこととなるのである。

3　オウンドメディア（Owned Media）とアーカイブス

　広告，IMC は「手段を問わない」から，20世紀的な標準的なペイドメディア
の順（テレビ，新聞，ラジオ，雑誌……）に「広告の教科書の章立て」がなされ
ていた時代とは隔世の感がある。その中で，あらゆる規模の NPO も含めて企業
組織に深く検討されるべきことは，自社の持つ経営資源の中から「メディア」と
なるものを見出す作業である。これは自社内部のことだから，シェアードメディ
ア（Shared Media），アーンドメディア（Earned Media）のような，送り手から見
ての「不確実性」がない。オウンドメディアの果たす役割は，非財務的な資源
ベースの経営の見方にも通じよう。先の「日本一」「地域一番」を言うことにも
つながる新たな事業目標にもなりうるのである。

　「企業博物館」は，日本は長い歴史を持つ企業が多いこともあり，世界的にみ
ても特に企業博物館が多く開設されているという見方もあるオウンドメディアで
ある。

　トリップアドバイザーの「旅好きが選ぶ！　工場見学&社会科見学 ランキン
グ 2018」では第1位となったのは「トヨタ産業技術記念館（名古屋市西区則武
新町）」である。もちろん，デジタルの意味でのオウンドメディアであるが，そ
のコンテンツは「モノ」である。このトヨタ産業技術記念館においては，その敷
地内に創業時の実にこじんまりした建物もある。

　圧倒的なのは自動織機群であり，延々（ラインの長さではなく，展示品ひとつ
の幅を数メーターとして）百メーター以上にもわたって何十，何百もの織機が発
明，改善，改良されてきたことが（いくつかは動態で）展示されている。何百回
トヨタの歴史は発明とカイゼン，と聞かされるよりもはるかにこのトヨタ産業技
術記念館に一度訪れることの価値がある。図5-2-1は，筆者が訪問した際に撮
った写真で，その入り口の一部だが，写真の右奥に延々と建物と展示は続く。自
動織機のなかった「富岡製糸場」「女工哀史」「野麦峠」の頃から製糸織布の工場
は「延々と長かった」ことを思い出すのである。

　そう考えてみれば，万国博覧会に大企業がパビリオンを出展したり，住関連の
業種が体験型のショールーム（モデルハウス，モデルルームの類）に，億単位の
金額にもなる投資を行う意味が分かる。キッザニアも同様である。リアルの体験

図5-2-1　トヨタ産業技術記念館の内部の一部

2023年3月，筆者撮影

が果たす役割は，子ども，インバウンドで日本に来た外国人等も含め，長くココロにその体験した記憶を留めることになる。

　オウンドメディアは，ネットを介するコミュニケーションに限らない，説得的な企業のストーリーを伝えるコミュニケーションの方法なのである。

　ことは現物遺産にとどまらない。

　筆者は，地方自治体の広報について，提案される「広報企画」の審査に関わることもあるが，自治体によって「著作権を自らのものにし自由に使える観光地等のフォト・アーカイブス」を持っている自治体もある。そうではなく，まったくそのようなものは持たずに，「落札した業者がその都度何とかするもの」と構えている自治体もある（数としては後者が圧倒的に多い）。

　デジタル時代の自治体広報（local government public communication）とは，何もSNSを使うことばかりではない。SNSは状況と目的によって決まるいち手段である。

　こうしたコンテンツのアーカイブスの有無は，あらゆるグラッフィク制作において雲泥の差をもたらす。地元の神社仏閣名勝であるから，自治体が勝手に画像，映像を撮っても良いというものではない。この21世紀の自治体広報の示唆するこ

とは，営利企業の「著作権を自らのものにし自由に使えるフォト・アーカイブ
ス」にそのまま通用する，魅力的なオウンドメディア制作，維持のポリシーと言
える。

4　PDCA は「工場の生産性向上運動」のツール

　製造業の経営学，経営工学で必ず触れられる QC（quality control，品質管理）
は，1950年に GHQ の手配・要請によって来日した，アメリカ人統計学者デミン
グ氏によって，日本の産業界に取り入れられ今もなおその名を冠した「デミング
賞」もあり，生産工学では著名である。第二次世界大戦敗戦直後の当時，粗悪で
品質の悪かった工業製品の品質向上を，要するに全数検査ではなく（たとえば日
に数千万個生産する部品等を思えば全数検査は無理である）サンプリングを統計
的に行うことで母集団推定をさせる，そういった経営の合理化努力をしないこと
に GHQ が警告して，無理やりに引きずり込んだのが生産性向上運動であったと
聞く。文字通り，手取り足取りでアメリカの経営思想・経営原理の指導が継続さ
れたとされている。一時期までの「made in Japan」が粗悪品の代名詞だった頃
の話である。

　ところが，どういう訳か21世紀の日本社会ではこの「工場の不良品削減運動」
（「歩留まりの向上」）を様々な工場以外の分野でも適用しようとし，今日に至る。
　その問題点は下記の３つである。
　ひとつは，PDCA（plan do check action）の目的外適用。
　パーパスの追求やブランド構築という大きく複雑で長期の利益に貢献する広告
というコミュニケーションの課題は，短期の広告管理指標（KPI）を PDCA で
回すレイヤー（層）よりも高次である別次元。それでも X（旧ツイッター）等の
「バズる」数が欲しいとする現場も多い。ただしその KPI は「いいね！」など
の即時的な数ではなくブランドに近い長期に保持されるものであるべき。広告は
世の人々のココロに掉さそうとするのだから，ポイント還元といった販売促進と
必ずしも相いれない。
　なぜかそれでもネジの生産よろしく PDCA を言う。多くは茶番である。
　２つ目に PDCA の中身。
　日本的というか本来の工場の生産現場を離れた PDCA には，P を C すべきな
のに D を C するケースが少なくない。無駄な分厚いレポートが積み上げられほ

こりを被って（今的には誰も二度と見ない大きな表計算結果となって），C をや
ったことにすることになる。それは 20 世紀の広告効果測定の陥穽がそのままとい
う「論理的な思考欠如」を呈する。実行（D）した予算は「すべて正しかった」
とされがちである。その証拠の分厚さが C という茶番である。

　3 つ目に翻訳文化の硬直。

　本来 PDCA の C は，目標数値が達成されてもされなくても，その検討からど
ういった示唆を引き出すか，が議論される，そうした議論を深め真の課題に近づ
くためのツールであると外資系企業経験者からは聞く。ところが，翻訳文化とし
ての日本的 PDCA の C は，業績評価（人事評価）であり，目標が達成されれば
二度と省みられることはなく，達成されなければ，その言い訳と別角度からの
「成果」を誇る場（会議）になりがちである，とも聞く。

　様々なレイヤーで日本でのマーケティング・コミュニケーションについての
PDCA は不幸な実践になっていることが少なくない。

5　MA，SFA，CRM もコミュニケーションである

　先の PDCA が適用されるものに MA，SFA（Sales Force Automation，営業支
援システム），CRM（customer relationship management）といった SaaS（Software
as a service，クラウド上のサービス・アプリケーションをネット経由で利用でき
るサービス）による顧客，見込み客とのコミュニケーションがある。

　「媒体費用が掛かっていないから MA（マーケティングオートメーション）は
広告ではない」と広告業界ではされるようだが，受け手から見れば，アプリの中
のコミュニケーションも Facebook ページもランディングページの自社サイトも
メールも，すべて顧客，見込み客に届くコミュニケーションだから広告である。

　しかしながら，担当者は宣伝部とは別途である場合も多い。その場合，広告コ
ミュニケーションの統合は道半ばとも言えよう。要は，頻度，形式，内容が「受
け手の眼」で統合されていないのである。

　MA，SFA，CRM，等のデジタルコミュニケーションが，実はカスタマージ
ャーニーと関連付けられておらず，単にレスポンス，クリック反応といった行
動だけで，心理と関係のないものにだけ立脚すれば，全体とは関連の無い効率化
がなされ流れを見失ってしまう。MA が導くカスタマージャーニーは，受け手の
パーセプションの望ましい変化に適切なコンテンツと手法でコミュニケートして

いくことの連続が所期の目的だったはずである。まさに90年代唱えられた IMC，one to one マーケティングの自動化による実現であり拡大版であるが，筆者の実感だけかもしれないが，その頻度が多すぎるし，内容も形式もピントがずれている。

たとえば，「重要なお知らせ」。事業者にとって重要かもしれないが，読めば自分は該当しないことが後から分かる。あるいは「年末年始の休業の決定」。あきらかに「休業決定」より重要なのは「年末の新規作業のご予定」を尋ねるべきなのである。

アメリカでの政治利用されたマイクロ・ターゲティングもその悪い側面。一般論はなかなか言えないけれども，同じ会社から1顧客あたり日に何通も届く同種のメールの開封の期待，印象はそれ自体妙な施策ではないか。数の論理のデジタル問題である。

6　新しい視野，価値との出会い，あるいは欲しいものと出会えそうな期待

まじめな学生から聞かれた。良い本が読みたいんですが，電車の中の広告くらいしか情報がないんでどうしたらいいんでしょうか，と。昨今は，学生は紙の新聞を読まないから，書籍広告も見ない。もちろん書評もとなる。図書館ガイダンスは大学は必ず行うけれど，どうも「出版後年月の経った本・教科書・参考書・学術書」の類しか置いていないし，図書館の蔵書はカバーを外してしまうから「装丁のシズル感」がなくなっている。自分向けの「良い本」は別にありそうな気がしているよう。

そのうえ身近に本屋がない。万単位の学生が通う大学のある私鉄の駅なのに，書店が駅近辺に一軒もない。生協は「教科書・参考書・学術書」ばかりと見えるよう。都心に行けば大型書店もあるが，足を向ける習慣もなさそう。

こういう風に言ってくれる彼は，実はとても「優秀」で，他の多くの学生はスマホで情報は充分，「良い本」への渇望は顕在化しないのか。と，ここに来ていよいよ「本と縁遠い」「アマゾン効果」のZ世代の「情報環境」観がここまで20世紀と様変わりしているに気付かされる。

こうしたエピソードは何を示しているのか。

ひとつには，エコーチェンバー，フィルダーバブルと呼ばれネットの及ぼす「人々の意見への影響」が有名だが，この件は意見ではない。その前提のはなし

図 5 - 2 - 2　欲しいものと出会えそうな期待

2023年 3 月大阪市北区の百貨店 1 階にて筆者撮影

である。リアルの書店との縁遠さ，アマゾンではできない「背表紙」を眺めなが
ら本を物色する楽しみからの隔絶が「世の書籍」全体についての認知の貧しさを
生んでいること，そういった「情報環境」観という前提の歪みが個人内部で起き
ていることが指摘できる。

　もうひとつには，改善の難しい「デジタル・リアル」の複合問題であること。
図 5 - 2 - 2 を挙げて具体的に指摘してみよう。

　この百貨店には「ご当地もの」「お取り寄せ」の菓子類が，地名表示メーカー
名を明示して大量に集められている「ショップ・イン・ショップ」がある。この
図は，その中のアイスクリーム売り場である。

　図版の精度が心配だが，高知，和歌山，大阪の文字がある。

　先の学生の「情報環境」観に照らせば「アイスクリームにまさかご当地もの」
があるとは思わない，そうしたことが一例，二例ではなく大量にあるのだ，とい
う認知の構図にいっぺんに変化を及ぼす，そうした売り場なのだ。

　実は「必ずしも人は欲しいもの」を自分では知らない。しかし，先の学生の例

のように「良い本」がどこかにはある，「『欲しいもの』が欲しい」のである。しかし一日100を超える新刊本の出版という日本の出版事情にもかかわらず，この学生の「本についての情報環境」は寂しいのである。

　良い小売りの店頭とは，この「欲しいものと出会える感じ」がする，ワクワク感がある。欲しいものと出会えそうな期待があるのだ。必ずしもスマホショッピングで満たせないのがこの種の出会いへのワクワク感のある期待である。

　そう考えれば，こうした新しい視野，価値との出会いは「販売促進ではない広告」の果たすべき，賑（にぎ）わい感なのである。なかなか言葉にして議論を焦点付けしにくいけれども，新しい視野，価値との出会いのある価値実現の場を演出する「広告機能（広告の働き）」がもっと自覚的に追求されるべきである。

　逆に言うと，自ら情報環境を悪くしているマス，デジタル両方のメディアの多さがいかに罪深いか，が分かる。メディアに知恵が無いからこそ，広告の送り手（広告主，広告会社）が知恵を絞らねばならない。

　そのための知恵とは次章，第6章に示すように高いレベルの社会，人間との向き合い方が必要で（アドフラウドはもちろんだが），単なる「何でもあり」「あの手この手」を言うような小中学生の思考ではないことも知る必要がある。

注
（1）　もっとも受け手にとって意味が分からず，具体的な実を結ばない「製法特許」の類は「史上初」「日本初」でも辛い。かつてガラ携の時代「世界最軽量」を謳うものが，ストラップをジャラジャラ付けるユーザーに意味のなかったことがあった。

広告はどのような社会問題と認識されているのか
　　　　——3つのビッグ・テキスト・データベースの三角測量から

1　「広告と社会」をいかに可視化するか

　広告が社会問題である場合がある。本書の読者にとっては，そうしたジャーナリスティックか，法学・行政学的な論究にはやや違和感を覚えられるかもしれない。けれども，21世紀を世界的にも象徴するようなGoogle，Facebook，Twitterの3社を挙げるだけでも，それらが「広告収益中心のビジネスモデル」を採っているように，広告の手法や内容が社会に受け入れられるか否か，は無視できない大きな社会・経営環境の論点である。とはいえ，具体的な問題（例えば特定財の消費者問題，広告が起因となるトラブルなど）は，実は財と人の組み合わせの数だけ起こりえると考えれば「無数」であり，その観察と分析は容易いものではない。しかしながら，その「無数」の適切な認識，抽象化が議論のためには必要で重要である。

　片や，ビッグ・データがコンピュータ・リソースの低廉化，操作簡便化，AIの実用化，ネット経由での利用可能化などによって，多くの分野で注目されているのも2010年代以後のマーケティング状況である。その中でも，「テキスト（自然言語）がデータとしてコンピュータ処理されること」が一般化し，マーケティング・リサーチ，ネット上の口コミ分析などで一般に扱われることも今日的である。

　本章は，広告がいかなる社会問題と認識されているのかについて，使用が公開されている「3つのビッグ・テキスト・データベース」の検索結果から帰納的に分析を試みようとするものである。無数の社会現象としての広告問題は，記事，

論文タイトルや消費生活相談といったテキスト・データベースに，何らかの「写像」を結ぶ。複数の「写像」から，より適切な認識を試みることは，地理学の測量に倣って，マーケティング・リサーチでも「三角測量（triangulation）」と呼ばれることがある[1]。本章はそのような今日にして可能な広告研究を行い，今日的な示唆を引き出そうとするものである。

2 作業の概要

・**対象としたデータベース** 今回対象としたデータベースは次の3つである。3つを選定した理由は，利用のオープンさ，相対的な理論負荷の小ささ，つまりは内容面での「公共性」の高さからである。

① 国立国会図書館が作成，公開する「雑誌記事検索データベース」（NDL-OPAC：National Diet Library Online Public Access Catalog の雑誌記事書誌部分）1981〜2010年の30年分の論題（タイトル）
② 国民生活センターが作成，検索・集計を公開する「PIO-NET」（Practical Living Information Online Network System；全国消費生活情報ネットワーク・システム）2009〜11年の3年分の「苦情相談事例」
③ 朝日新聞社記事データベース『聞蔵Ⅱ』[2][3]1981〜2010年の30年分の「記事見出し」

3 NDL-OPAC の観察と結果

　3つのデータベースのうち，まず国立国会図書館が作成，公開する「雑誌記事検索データベース」（NDL-OPAC の一部）を利用し，なかなか鳥瞰が難しい「社会と広告」の緊張関係に接近することを試みる。「社会と広告」の今日的な論点を同定・考察するうえで，その緊張や軋轢，許容や排除などが大きな手掛かりとなる，という問題意識である。

　とはいえ，表6-1-1の記事，論文の総数（表中の※の列）は9475件にのぼる。いわゆる「テキスト・マイニング」のツールを施しても，同じ論題（タイトル）に同時に含まれる確率の高い語は，出現頻度1％以上のものでは（（　）内は確率），新聞（.095），日本（.079），メディア（.063），効果（.054），会社（.054），ネット（.051），戦略（.046），マーケティング（.038），宣伝（0.38），時代

表6-1-1　国立国会図書館・雑誌記事データベース検索結果数

	1981〜1990年	1991〜2000年	2001〜2010年
雑誌記事検索データベース中の記事全体	1,132,255	2,000,597	3,966,943
「広告」を論題に含む記事・論文数※	483	2,755	6,237
「広告＋社会」を論題に含む記事・論文数	22(4.6)	46(1.7)	171(2.7)
「広告＋問題」を論題に含む記事・論文数	29(6.0)	45(1.6)	127(2.0)
「広告＋規制」を論題に含む記事・論文数	28(5.8)	90(3.3)	151(2.4)

国会図書館雑誌記事データベースの筆者による検索結果。
（　）内は「広告」を論題に含む記事を基数とした縦％。

(0.38)，テレビ (0.33)，規制 (0.29)，アメリカ (0.27)，社会 (0.26)，CM (.024)，問題 (.023)，業界 (.022)，経営 (.018)，経済 (.017)，電通 (.017)，表示 (.017)，雑誌 (.016)，東京 (.014)，屋外 (.014)，アート (.014)，中国 (.013)，国際 (.012)，販売 (.011)，地域 (.011)，文化 (.010) 等と分散的だが内容が推定できる。また表6-1-2に掲げた一部の事例を見れば，論文，記事等が「広告を取り巻く社会事象全体」に拡がっていて拡散的な内容を示していることが分かる。この状況では，文脈の補助や事象のウエイトづけは，単に出現頻度（共起）の機械的分析ではなく，プリミティブだが人間の眼での定性的な分析に分があると判断し，数理的な解析は今後の課題とした。したがって，以下検索結果を筆者が目視，製表，考察したものを掲げ考察する。

　具体的な方法は，1981年から2010年までの30年間の記事・論文の論題（記事見出し，論文タイトル）は1万件にのぼるので，「広告＋社会」「広告＋問題」そして「広告＋規制」の3つの検索条件で絞り込み検索を行い，その結果を観察しようとした（ここで言う「＋」とは，2つの言葉を共に含むand検索で引き出される「積集合」の意である）。表6-1-1がその概数である。

　まず，「雑誌記事検索データベース中の記事」自体が，次のような理由によって増加している，と推定できる。その理由とは，（少なくとも雑誌そのものの数，ページ数などが確実に増加した20世紀末までは）対象記事・論文自体が増加したこと，コンピュータ資源の低廉化・操作簡便化による採録数（タグ付数）が増加

表6-1-2　「広告」を論題に含む記事・論文事例

- ・「日本の広告会社の海外進出」『東京経大学会誌』
- ・「まちの活気と景観──広告の規制と誘導を例に」『都市問題研究』
- ・「広告における外国のイメージの変遷──日本の商標と広告における外国のイメージの機能と意味をめぐる一考察」『東北大学教養部紀要』
- ・「獣医療法施行規則の一部を改正する省令の施行に関する通達について（診療用放射線防護と広告制限の特例）」『日本獣医師会雑誌』
- ・「広告ほしさの『プルトニウム安全』記事のお粗末」『前衛：日本共産党中央委員会理論政治誌』
- ・「マンション立地を陳述した広告テクスト解析に関する研究」『千葉大学工学部研究報告』
- ・「現地レポート・'96大統領選挙と広告－3－ダイレクトマーケティングと世論形成」『宣伝会議』
- ・「インターネット広告　将来性大。が，まだ未知数」『週刊東洋経済』
- ・「ヘルシー宣言は最大の広告パワー，FDAのお墨付きで活気づくシリアルビジネス」『食品工業』
- ・「香港の広告事情と将来展望」『宣伝会議』
- ・「アジアにおけるタバコ広告規制の動向」『中央大学大学院研究年報』
- ・「条例コーナー京都市屋外広告物等に関する条例」『ジュリスト』
- ・「マールボロ広告の文化的意味」『同志社大学英語英文学研究』
- ・「花輪代にみる広告宣伝費と交際費の区分」『税務弘報』
- ・「50年の歴史が語る『認知心理学』特集　認知心理学と新広告表現」『ブレーン』
- ・「坪内逍遥作成の広告文」『坪内逍遥研究資料』
- ・「老舗の広告商法」『ブレーン』
- ・「広告を読むことの学習指導に関する一考察」『読書科学』
- ・「クリエイターのマーケティングデータ活用法」『宣伝会議』
- ・「ウェッブ広告に関する実験と考察」『商学論究』
- ・「広告社会の最新ウエブマーケティング手法　電通，博報堂，アサツーディ・ケイ」『宣伝会議』
- ・「オウム広告塔『鹿島とも子』のホームヘルパー暮し」『週刊新潮』
- ・「野村・サッチー夫妻が『悪質絵画商法』の広告塔になっていた」『週刊ポスト』
- ・「広告とディスクロージャー」『生命保険経営』
- ・「産業動向　多チャンネル化時代の広告業界の動向」『証券調査』
- ・「名誉毀損・プライバシー侵害とその法律効果の現状と課題──民法723条にいう『適当ナル処分』としての謝罪広告」『日本法學』
- ・「藤田晋　インターネット広告界の寵児」『中央公論』
- ・「eビジネスの広告戦略」『宣伝会議』
- ・「カジノ賭博広告の規制と営利的言論法理」『同志社法学』
- ・「消費者購買特性および広告が小売価格競争に及ぼす影響に関する基礎的考察」『高崎経済大学論集』
- ・「THE WALL STREET JOURNAL ヤフーに暗雲？ネット広告見えてきたお寒い現実」『日経ビジネス』

したこと，データベース化作業が，後年のものから手をつけられ，過去への遡及が（少なくとも同じ詳細さでは）後回しとなっていること等が論理的に推定される（国会図書館はその HP 内を観察する限り委細を公にはしていない）。1981年からの10年間の記事件数（全体）が，1991年からの10年間では「ほぼ2倍」とな

表6-1-3　10年刻みでの出現論題キーワードの差異

	1981～90年に特有	1991～2000年に特有	2001～10年に特有	
キ ー ワ ー ド	・意見広告(反論権) ・比較広告 ・個人広告 ・偽牛缶事件 ・広告課税問題 ・社会科教科書批判 ・子供向けCM	・酒類規制 ・掲載拒否（週刊誌 　が広告主） ・テレビの自主規制 ・PL法 ・賃貸マンション ・リスク商品／投資 　広告 ・カジノ ・走行景観 ・バーチャル広告 ・歴史的環境 ・ビラ貼り ・第三種郵便	・ソーシャル広告 ・広告の過剰 ・押し紙ビジネス ・CSR／コンプライアンス ・治験広告／DTC広告 ・CMスキップ／プロダク 　ト・プレイスメント ・プロバイダー／ADSL ・ネット上の口コミ／検索 　連動型広告／行動ターゲ 　ティング ・インターネット広告トラ 　ブル／迷惑電子メール広 　告／バイブル本 ・従軍慰安婦広告問題 ・健康食品 ・裁判員制度広報	・デリバティブ ・字幕CM ・喫煙マナー広告 ・家電・メガネ・量販チ 　ラシ ・新聞広告の旅行・通 　販・出版 ・電力・ガス比較広告 ・ネット再放送の出演 　俳優報酬 ・のぼり旗 ・選挙広告 ・不実証広告規制 ・イベント規制（パチ 　ンコ） ・車体広告 ・肥満 ・広告塔

国会図書館雑誌記事データベースの検索結果から筆者作成。

表6-1-4　3区分された時期を一貫する出現論題キーワードのテーマ

ぎまん的広告～おとり広告～広告塔／屋外性風俗広告／雇用機会均等法と広告／環境問題～車体広告／消費者金融～クレ・サラ問題／弁護士広告・司法書士広告・行政書士広告／医療サービス規制～薬局・薬店～クリニック

国会図書館雑誌記事データベースの検索結果から筆者作成。

ったこと，またさらに2001年からの10年間で「さらにほぼ2倍」となったことは，このような複合的な要因でそうなったので，それ以上立ち入った分析は本章の課題ではない。

　表6-1-3はその論題（記事や論文のタイトル）を，「広告＋社会」「広告＋問題」そして「広告＋規制」の3つの検索条件で検索した結果の10年刻みの3区分からの知見である。

　概観すれば，多くは「広告の外側」である社会変化に合わせての論点の変化でもあり，またネット関連が代表的なように，技術的な問題の社会的一般化もまた多い。したがって一見「移ろい行く」社会問題も多いけれども，それとは別途「移ろい行かない」問題もある。それが表6-1-4である。

例えば，不当表示（有利誤認，優良誤認），おとり広告，虚偽・誇大・誇張広告，ぎまん広告など，景品表示法，不正競争防止法等に触れる広告問題は，法が制定されたり「不実証広告」のように法的定義がなされ，認識する範囲が拡大したりしキーワードが揺らぎつつも，一貫して30年間議論される。このようなテーマの一貫性は見逃せない点である。総じて言えば「広告規制と消費者保護」の原点がこの論点にはある，と言えるのであろう。

　表6-1-3と表6-1-4を通じて見て，さらに大きく括れば，何らかの意味での「送り手の自由」と何かが緊張関係にある，と解することの可能な論点群も見ることが可能である。「送り手の自由」とは，多くは「営業の自由」であるが，そのほかにも「表現の自由（弁護士広告の事例）」「言論の自由（政治広告の事例）」があり，比較広告のように，形式・内容についての「広告の自由」もこれに含めて考えることができる。

　一方の「緊張関係にある何か」とは，規制であり，課税であり，子どもへの影響であり，POSデータ（より効果的な広告の実施・つまりは経済合理性）であり，名誉毀損であり，広告物条例（時代が下れば景観規制，環境権），広告教育（適切な広告倫理，消費者教育やメディア・リテラシー）などである。

　以上のように，雑誌記事や論文のタイトルだけを概観するだけでも，社会問題となる広告の外観的な構図がほの見えるのである。

4　国民生活センター相談データベース「PIO-NET」の観察

　次にPIO-NETの観察を行う。表6-1-5は，国民生活センターが公開する検索可能な相談事例データベースの2009年から2011年までの3年間の相談事例各20件，計60件である。

　むろん本来はもっと長期にわたって，もっと多くの苦情相談事例を観察，分析したかったのであるが，ネット上で一般に公開されているものは，直近4年分に留まった（2012年分は年の半ばなので今回は対象とせず）。また，各年の検索結果の事例も20件しか表示されない。消費者相談の行政執行目的のデータベースであるので，これ以上立ち入った検索等は，職務権限のない筆者には残念ながら無理だった。

　とはいえ，多くは財・サービスの取引の結果としての苦情や相談であるから，国会図書館データベースの「活字となったもの」のある種の形式知とはまた違っ

表6-1-5　PIO-NET「広告・表示」相談事例

「広告・表示」についての相談内容（2009年度）「国民生活センター」で受け付けた事例のみ。

1　娘が住宅リフォームの際、設置したシステムキッチン。扉や引き出し、取っ手等の不具合への対応がなされないまま放置された。
2　インターネットでアダルトサイトに入り、1度クリックしたら自動登録され、5万円を請求する画面になった。支払い義務はあるか。
3　配信停止のメールを送ったが、その後も同じアドレスから懸賞サイトの迷惑メールが届く。どうしたらよいか。
4　携帯電話のインターネットサイト等の運営業者は法律で電話番号の表示が義務付けられているが実際には使えない。改善を希望する。
5　携帯電話の予約方法に関するHP上の案内が不十分、初期不良に対する対応がショップごとに違うなど、電話会社の対応に問題がある。
6　アダルトサイトの年齢確認画面が出たので閉じようとしたところフリーズし、入会完了になった。画面が消えないが対処法はあるか。
7　当社と類似した名称の団体が当社の住所を表示して、融資するという内容のFAXを企業に送りつけている。情報提供したい。
8　携帯電話の検索サイトからアダルトサイトに飛び、動画を見ていたら登録完了になった。退会ボタンを押したが不可とのこと。対処は。
9　昨日息子がパソコンでアダルトサイトに入り、入会となり料金が発生した。どうすればよいか。
10　賃貸アパートの契約をした。他の都市ガスより料金が高いとわかった。広告に記載すべきだ。
11　飛行機の定期就航便が運行中止になる案内をHP等でしないのは問題ではないか。情報提供したい。
12　妻のスーツをネットショッピングで購入したがサイズがきつかった。返品特約の表示がわかりにくく、返品してほしいが断られた。
13　旅館のような広告の中に、公的な相談センターと誤解されるような名称の業者が書かれている。情報提供したい。
14　興味本位にアダルトサイトを開き、無料・見放題の画像の1つをダウンロードしたら入会になった。請求画面が消え困っている。
15　深夜にパソコンでインターネットをあちこち見ていてアダルトサイトに入った。年齢認証をクリックしたら登録され料金を請求された。
16　電話で自宅電波状況と料金を確認しネットから携帯電話機と通信プランの契約をしたが約束と違う。業者の対応にも不信感を持った。
17　2日前携帯からネットサーフィンし無料のアダルトサイトにアクセスしたら、登録になり3万9800円の料金が発生した。対処法は。
18　無料と書いてあったアダルトサイトに入り画像をクリックしたら登録完了になり5万円支払えと書いてある。表示が何度も出て困る。
19　携帯電話で動画サイトに入り動画を再生しようとしたら年齢確認画面が出て入力した。登録画面が表示され3日以内支払えとあり不安。
20　アルミのボトル缶入りの緑茶を購入した。グラスに移すと緑茶と謳っているが茶色い色だった。問題ではないか。

「広告・表示」についての相談内容（2010年度）

1　携帯電話で検索しアダルトサイトに入って年齢を入力したら登録されてしまった。料金を支払えと書いてある。どうしたらよいか。
2　インターネットで検索して探したアダルトサイトに登録となり、料金が発生した。また請求画面が貼りついたが、どうすればいいか。
3　ネットで調べた避難所の公民館の住所が違う。サイト運営会社に、正しく訂正するよう連絡をしてほしい。
4　今月のダイヤ改正で自分が使う特急列車が同一経路の列車に統合され車内で愛称も廃止された。復活を求めても事業者は応じない。
5　コミュニケーション能力を高めるセミナーを受講しているが、自分の動画と公表したくない情報をネットで公開された。名誉毀損だ。
6　芸能人の画像の下に表示されたURLをクリックして進むとアダルトサイトに登録になった。どうしたらよいか。
7　夫が携帯電話のアダルトサイトで無料だと思って進んだところ利用料を請求された。どうしたらよいか。
8　パソコンにアダルトサイトの請求画面が貼りついていた。小学生の子供が関わったようだ。業者に連絡したがどうすべきか。
9　放射能漏れ事故を起こした原子力発電所のことを調べていたら、アダルトサイトに飛んで登録になった。どうしたらよいか。
10　携帯電話の占いサイトに「無料」と書かれた広告からアダルトサイトに入ったら99800円の請求画面になった。対処法を知りたい。
11　自宅のパソコンでアダルトサイトに入り、うちに6万8千円を請求された。消えなければ、請求のメール等は来ないか。
12　携帯電話のサイトを見て18歳以上かとの問いに答えたら登録になり、99800円の支払いを求めるメールが届き困っている。
13　パソコンでアダルトサイトを見て20歳以上かとの問いに答えただけで入会となり請求画面が貼り付いてしまった。どうしたらよいか。
14　ネット通販でケーブルテレビ対応と表示されていたので地デジチューナーを買い、ケーブルテレビに入った。返品できるか。
15　昨夜、パソコンのインターネットでアダルトサイトに入り年齢確認をしたら登録画面が表示され、3分おきに表示される。
16　誰でも確実に稼げると広告で見て情報商材を購入・ダウンロードした。治験で稼ぐ内容だったが、女性で病弱なため収入はなかった。
17　パソコンで女優の動画を検索してみようとしたらアダルトサイトに登録してしまった。有料サイトであり請求画面が消えない。
18　パソコンで無料のアダルトサイトを見ていたところ料金が発生。サイトから裁判も起こされたり内容証明が届くことはないか。
19　パソコンで検索し、動画をダウンロードするボタンを押したら登録され料金請求画面になった。支払わないと個人情報が伝わるか。
20　携帯電話で無料と思いアダルトサイトに入り年齢を入力し登録をクリックしたら高額な料金を請求された。支払わねばならないか。

「広告・表示」についての相談内容（2011年度）

1　テレビで見て電話で申し込んだ健康食品を飲んだら皮膚が腫れあがった。業者は払わないというが納得できない。
2　インターネット上のウォーターサーバーのレンタル料の広告表示に問題ないか。
3　映像配信サービス会社とビデオオンデマンドの契約をしていたらワンクリックでプランがアップグレードされた。取り消ししたい。
4　広告を見て友人と無料でできると思い携帯電話のサービスプランをプラスした。料金が発生した。返金して欲しい。
5　テレビショッピングの案内は、宝石の採掘国や採掘鉱山名を偽っていると思う。消費者を騙していると思うので、止めさせたい。
6　通信販売で婦人コートを購入した。送料が600円とあったが、1000円請求された。500円請求するが決済した差額を返金してほしい。
7　携帯電話で無料アダルト動画を見ようとしたところ、登録され、高額な料金請求画面が出た。どうすればよいか。
8　データ通信の契約をした。定額使い放題のはずが他にも料金がかかる。事業者の説明も担当者により違い不満だ。指導してほしい。
9　昨日トイレの水漏れ修理のためにインターネットで探した業者に来てもらった。水漏れは直った。料金が妥当だったのかを知りたい。
10　テレビショッピングでバラの抽出液健康食品を販売していたが、希望小売価格の67%引きと表示していた。正しいか。
11　1ヶ月前に海外への往復航空券を代行サイトで予約した。出発まで3ヶ月以上あるのにキャンセル料がかかるのは納得できない。
12　FX自動運用プログラムを利用して海外FX会社に投資をしたが、短期間に大きな損失が出た。お金を取り戻したい。
13　スマートフォンでアダルトサイトに入り選択ボタンを押しただけで登録になり料金を請求する画面が表示された。どうしたらよいか。
14　スマートフォンでアダルトサイトにつながり料金の請求を受けた。支払うつもりはないが自宅に請求書が届くことはないか知りたい。
15　クーポンサイトで人間ドックのクーポンを購入したが、表示が判りにくく希望する時にドックを受けられなかった。返金してほしい。
16　スマートフォンでアダルトサイトに入り年齢を確認する画面で選択ボタンを押したら料金を請求された。対処法は何か。
17　スマートフォンでアダルト動画サイトにアクセスした。年齢確認をしただけで入会金を請求する画面が表示されたが払いたくない。
18　友人からのメールに張られたリンクからアダルトサイトに入り「18歳以上」をクリックしたら請求画面が出た。どうすればよいか。
19　パソコンのネットニュースのバナーをクリックしたらアダルトサイト画面に変わり、高額な料金請求画面になった。支払いたくない。
20　ネットビジネスでお金を稼ぐための情報商材を購入したが、広告されているようには儲からない。返金してほしい。

PIO-NET検索結果から筆者作成。

た意義もある，と考えて表6-1-5を作成，観察する。

　ここで一見して驚かれることは，人間（主として男性）の性（さが）とも思えるようなアダルト・サイト関連の相談の多さであり，サービス提供側の悪徳業者ぶりである。この点は時代を超えた部分もあるけれども，パソコンの画面に請求画面が張り付く等といった「悪意と新技術」が利用されることや，やはりネット，携帯の利便な時代における思春期以下の子どもが育つ情報環境の特殊さである。

　広告に引き付けて考えれば，送り手責任もあるが受け手責任も大きい。また，生起している事象が新たな技術（ワンクリック，ネットでの為替取引など）や仕組み（クーリング・オフ，クーポンなど）によって操作されているから，法も，社会的な常識も十分な対応をし得ていないことは強調されすぎることはない。

　例えば，通販業界は経済産業省のBtoC市場規模調査によれば2021年年商20.69兆円の市場となったといわれる⁽⁴⁾が，片やようやく「売り手責任の強化」が叶い，知られることとなり始めたクーリング・オフ制度が，テレビ，インターネット，携帯，雑誌，新聞折り込みチラシ，等のすべてにわたって「原則クーリング・オフ適用外」であることが，いったいどの程度理解されているのか。

　こういった消費課題が考察されるのである。

5　朝日新聞社記事データベース『聞蔵Ⅱ』1985～2010年の26年分の観察

　さて，3つ目の観察では，また前二者とは違った次のような知見が得られる。

　大きく捉えれば，広告は「当該の共同体が持っていた既存の価値との間でコンフリクトを引き起こした」り，あるいはまたその「既存価値の変化の指標や変化そのものを表す行為や現象」である場合が観察できる。例えば，ロシアや中国，アメリカのタバコ，日本社会党機関紙の大企業の広告掲載，大相撲不祥事における呼び出し着物広告の中止等は，皆，当該の共同体の既存の価値との緊張であり，変化であるから「新聞のニュース」なのである。

　規制が強化されているのか緩和されているのかについても，WHOのタバコとアルコール規制，景観規制の強まる一方で，病院や金融の規制緩和というベクトルもある。言論の自由か規制かといった規範間のコンフリクトもあり，一概に広告規制が緩和されているとも，厳しくなっているとも括れないところも観察できる。

　また，ここでは特に政治分野でのメディア社会現象も観察できる。それは，ニ

（5）

表6-1-6　1985～2010年の朝日新聞記事見出し「広告」関連検索一覧

	1985～2000年	2001～10年
広告＋社会	●21世紀は無煙社会，アメリカ20州で規制●『社会新報』が大企業の広告掲載へ／帝国ホテルの広告掲載●中国共産党，広告の波を推進●天野祐吉講演会告知●前田愛氏の遺作研究，広告や演説の文体を手掛かりに明治社会を研究●『出版広告の歴史』刊行●セミナー「情報化社会の広告と消費者」告知●コラム（3件）●金，暇，華，若い男性社会人の職業選択基準●ロシア新世相の中の広告●朝日広告賞の講評●面別広告接触率など全国44紙調査結果●介護広告を県の指定前に，群馬・桐生の社会福祉法人	●コラム●インサイダー取引，広告会社社長を起訴●NIE，広告から学ぼう●サントリーホールの社会貢献●「新社会人へ」エール広告
広告＋問題	●マルチまがい会社の広告入りタバコ●コラム●スポット広告の多さ●日本製品が多いという仏ルモンド紙に掲載された意見広告●アルコール広告ががんばれニッポンキャンペーンに協賛することに日本アルコール問題連絡協議会が良識をと申し入れ●インドネシアの広告事情／大統領写真広告使用問題●リクルート，求人就職情報雑誌別対策会議との会合出席拒否●肉体の強調●中曽根氏，朝日新聞に謝罪広告を求める，国際航業株問題●白夜ツアー問題●TBS，プルトニウム利用促進広報の匿名広告掲載問題，番組時間を短縮●イギリスの再処理施設稼働に日本から賛否の意見広告●TBS OBがTBS激励意見広告●割引航空券の広告問題●羽田氏，自民党広告へ反論／自民党法的措置も検討／自民が告訴●尖閣列島，香港の運動家，米紙に対日批判意見広告●CM間引き問題／FBS／広告主協会●韓国，戦後補償についての意見広告●ベトナン，パレスチナ問題へ焦点●クロレラ体験談想定問答集を営業員に／ニセ証明書●『マルコポーロ』回収●JR記事抜き雑誌中吊り広告，営団地下鉄が全線／都営地下鉄，文春の吊り広告中止●ガス協会，広告献金問題を否定●公益事業界はまず説明を／高額広告料は寄付に相当，橋本首相●米紙への「基地問題」意見広告カンパ，沖縄諮問団体●ノルウェイの航空会社の広告の中で日本人を笑うのは不適切●台湾総統選，名誉棄損で告発	●パジェロ欠陥お詫び広告『人民日報』へ●『ダム問題』だけではない，田中知事批判意見広告／広告塔ゆえ公私混在●コラム●自転車リサイクル問題広告●民主と永田議員謝罪広告へ，ニセメール事件●金融庁，みずほ銀行警告問題●ソフトバンク広告表示問題●フォーラム，謝礼を払って動員●韓国，牛肉輸入に理解を示す大手新聞社へ広告を出すなと広告主へ圧力をかける運動がネットで●食品偽装問題でお詫び広告●首相夫妻の登場する環境省の新聞広告が参院選1か月前で問題と国会で取り上げられる●拉致問題の意見広告にカンパ●債務整理の報酬明示を日弁連が検討●高額報酬問題●相撲の呼び出し着物広告中止●紀文もマードックのお詫び広告
広告＋規制	●就職情報誌，自主規制／基準強化案／補償制の案も●補償は筋違い／新聞協会など4団体規制強化反対／塚原労相「十分に尊重」／新聞協会反対●アメリカ下院案，無煙タバコ広告規制／禁煙運動／EC内／豪／フランスワインとタバコ／大統領命令／WHO全面規制は否定／タバコ条約で規制強化／原則広告禁止／条約の承認／広告禁止，製品に警告表示へ／ロシアも／広告，CM規制，厚生省来年中に結論／自主規制進む／喫煙の低年齢化誘う，ゆるい広告規制●健康食品「やせる・のびる」出版自主規制●中国広告規制はだ日本を目指ししたものではない／北京市企業広告全面規制／全面ではない●マレーシア粉ミルク規制，母乳推奨●琵琶湖岸の屋外広告規制／赤いネオンやめよう，臨海副都心●専修学校誇大広告自主規制●出版流通対策協議会，書籍広告規制反対／性描写規制反対意見広告●銀行広告自主規制緩和／'93年規制全廃●電話による広告の規制，アメリカ下院●旅行広告，業界自主規制規約●政治「広告献金」活用に拍車／広告費名目の献金には規制●動物病院広告，料金うたえぬ／病院広告規制緩和／質をどこまで／「適」マーク少ない●民放の規制緩和が地方局を脅かす●F1はアジアを目指す「金あり規制なし」／中国プロサッカーリーグのたばこ広告規制に抵触●体験談広告，商品名でなく一般名称のみの使用は規制できず●蒸留酒のTV広告規制，クリントン大統領が検討／WHO，アルコール規制指針案まとめる●インターネット広告も規制へ，公取／IBM，ネット広告の個人情報悪用に警告●弁護士の広告規制は独禁法違反と申立て●大新聞だから広告の拒否は疑問	●たばこ広告，車内広告禁止へ／原則禁止／広告縮小／14省庁の連絡会議／条約の発効●ダイエット食品の広告規制へ／「太り過ぎ」も誇大か●ネオン広告は政府規制を●医師・病院広告，専門医認定，手術件数可に／規制緩和と歓迎●HP，誇張ダメ，都●有料老人ホーム誇大広告規制強化，公取委／不当表示許しません●排除命令怖れ業界混乱●本も場合によっては広告扱い●090金融，禁止，ヤミ金対策／消費者金融も広告規制●違法看板，のぼり，すぐ撤去，規制拡大へ●韓国新聞法●医薬品広告規制を要望，薬被連／大衆薬業界「特保」台頭で規制緩和●意見広告規制，新聞協会反対●シンガポール進出の仏クレージーホース，1年で幕，広告規制も一因●迷惑メール規制，経産省方針

『聞蔵Ⅱ』検索結果から筆者作成。

セメール事件であり，自民党と新進党等との間での意見広告とそれへの反論・告訴であり，フォーラム（タウン・ミーティング）への謝礼を払っての動員等である。ネットが問題を観察させ，拡がらせ，あるいは草の根的な運動を顕在化させ，容易くさせた，という文脈もある。ユダヤ人からの抗議による雑誌の廃刊，拉致問題カンパ，広告主に広告を引き上げさせようとする圧力（不買運動）もニュースとなった。

　広告が既存の枠組みを超えて，例えば「公益企業の献金」として自民党等の機関紙へ広告を出稿する，といった（この場合は）「商業広告」と「政治的行為」の越境が見られた。この問題は，そもそも「広告」は何かを伝えるための手段なのか，そうではなく「言論」という自由行使の行為そのものなのかという点も，表現，出版，政治，言論，という磁場ではむしろ後者の色彩が強くなるようである。

6　考察と結語

　ここまでで見たように，雑誌記事や論文は形式知化の程度が高いだけに，かなりの距離を持って「広告と社会」の構図を見せたと言える。また消費生活についての苦情や相談では，事象がトラブルの当事者からの訴えであるだけに，受け手と送り手の間の（けっして片方からの見方では捉えきれない）相対的な消費課題や，新手法・新技術が，法制度や人々の常識の追い着かない事象を生起させていることを見せた。さらに，新聞記事の鳥瞰では，共同体の持つ既存の価値や様々な社会規範の間のコンフリクトや変化が「ニュース」となることが観察されたが，この視点も前二者とは違う論点と構図を指し示す。

　したがって，各々の知見はデータ源の開示動機（目的），契機，執筆・制作者側の目的，加工の程度などによりその内容に著しい違いがあるから，当初の目論見通り，「広告と社会問題」に関する「三角測量」の実が叶った，と考えられる。

　その上で，さらに帰納的ではあるがやや抽象度を上げると次のような考察がありえよう。

① 「送り手側の自由」対「受け手側の自由または権利」

　前者は見たとおり，多くは「営業の自由」であるが，「表現の自由」や「言論の自由」と解される。「営業の自由」は現憲法の「職業選択の自由」に基礎づけられるとするのが，憲法学の解釈でもある。したがって，それに加えて資本主義

自由市場という現在の経済体制において，もちろん時代的文化的拘束は否定できないけれども，これはこれで基礎的な枠組みである，と考えてよいように思える。

それに対して，「対」として認識されることの多い「受け手側の自由または権利」の論理体系は，不十分である。例えば，消費者基本法などには「消費者の自律」や「消費者教育を受ける権利」等が明示されるが，ではそれがいかに達成されるのか，を考えれば極めて難しいことが分かる。平易に「騙されない受け手」と解しても，ではどのように「騙されない受け手」となればいいのかは，簡単に説明のつくこととは思えないのである。あるいは，安寧に過ごしうる静寂権と言えばどうか。「自由」というにはあまりにも脆弱で，「権利」というにはあまりにも体系立っていない，したがって，消費者関連法規のいう保護も自律も簡単なことではないのではないだろうか。

② 「広告という経済制度で収益を上げる送り手組織の責任」対「情報弱者」

広告の送り手側は，「広告と言う経済制度で収益を上げる」。また「職業として広告を扱う」と言い換えることも可能である。意図して社会問題を生じさせるような悪徳ビジネスは論外であるとしても，こと広告と言う社会的コミュニケーションには「意図せざる結果」が随伴することが通例である。陰に陽に広告が起因となる社会問題が生じる原理的な仕組みがここにはある。したがって，「広告と言う経済制度で収益を上げる送り手組織」には集合的な責任を措定することが適切である。

「対」として考えやすいのは「情報弱者」である。「情報弱者」には，弱者というレイベリングを施す問題が指摘可能ではあるが，仮にそのように考えれば分かりやすく，また，誰もが弱者になりえる，という議論のためにここでは「情報弱者」の用語をカッコ付きで用いる。

例えば「ゼロ円」あるいは「タダ」を言う販売促進がある。これで「実際はタダではなかった」といって騙される方が問題か，そうではなくそのような広告を行う広告主が問題か。仮に「騙される方が問題」とすれば，その際にその受け手は，社会常識がない，まったく無料でそのような商品が手に入ると思う方がおかしいとされ，その意味で「情報弱者」とされうるのである。

多くの悪徳ビジネスに対しても，脆弱な人は，これに連なって「情報弱者」であり，ネット関連の新手法（フィッシングメールやブロックチェーン・仮想通貨取引などを想定してみればいい）に引っ掛かるのも「情報弱者」とされるのであ

る。あるいは，有名人の「広告塔」を信じるのも「情報弱者」である。このように，「情報弱者」は相対的であり，究極には「広告を信じてしまう弱者」と言いうる。「広告と言う経済制度で収益を上げる送り手組織の集合的な責任」は，往々にして JARO（（公財）日本広告審査機構）がそれを専らになうとされるが，はたしてそれで充分かどうかはまた議論の余地があるのである。

③　「新たな事象」対「枠組みの可能性」

「従軍慰安婦問題広告」「老人ホーム」「喫煙マナー広告」，また「カジノ」「治験広告」「デリバティブ」のように，広告の外側に問題の中心がある広告問題事象がある。あるいは「行動ターゲティング広告」「ネット再放送時の出演俳優報酬」「電子商取引」といった，広告の新たな実践・仕組みによって社会問題が発生するものもある。いずれにせよ，「新たな事象」ゆえに，社会，あるいはジャーナリズムがどのようにそれを扱って対処すればいいのか分からないゆえに警鐘が鳴らされる。

と考えれば，広告の社会問題にはまったくそれを考えるべき「枠組みの可能性」はありえないのであろうか。

少なくとも，上述の①②は稚拙ながらも，問題を考えてゆくための手掛かり，枠組みである。

• 広告規制の領域　軽々とは広告は規制するべきではないと考える一方で，30年記事観察でははじめの10年の資料的偏りゆえに顕在化しなかったけれども，規制が緩和された世の趨勢とは別途，一貫して規制が強まった広告の領域に「屋外広告」がある。景観法の制定，環境権との連関など，この部分では「受け手の自由・権利」が体系化した，と考えることが可能である。翻って「他のテレビ，新聞，ネット等あまたの部分（領域）」では，「広告の受け手の自由・権利」が体系化していないこともまた大きな示唆に富む。

また，（広告の領域ではなく）広告の種類としては，タバコ広告もまた，一貫して規制が強まった広告である。世界保健機構（WHO）は国際連合の組織であり，国連中心主義は現在の日本政府の方針でもあるから，（国内に適用されるスピードの速い・遅いはあるが）この変化も別途，広告規制を考える上では重要で見過ごせない。

加えて，詐欺に会いやすい，という「情報弱者」は相対的であるが，法学専門の記事の中には「判断不十分者」という認知症患者や高齢者を概念化した用法も

近年散見され，相対的に確定的な情報弱者が想定されると広告規制も前景化する。子どもはもちろん「判断不十分者」である。

・「広告と社会」の射程　往々にして，広告の社会問題は，新しい広告メディアや手法による結果であると認識されがちである。たしかに，アフィリエイトや携帯ゲーム「コンプガチャ」，スマートフォンのアプリなどの問題は，新技術，新手法によって社会問題化したから，因果関係においては，そうした「何かが原因」で「広告問題は結果」である，と認識できる事象群もある。このことは否定できない。

とはいえ，それとは別途，必ずしも「広告が結果」というよりは「広告が原因」と認識するべき事象群の存在は，強調されるべきであろう。このタイプの問題は，新技術，新手法とは関係がないから，いわば「いつ起きてもおかしくない」，言い換えれば「時代とは関係のない」ものである，と言えよう。例えば，消費者金融等の広告量の過重，健康食品の優良誤認，弁護士等（弁護士にもいろいろな人がいる）の広告のあるべき様態等がこれにあたる。

・結語　広告と社会を観察，分析するには対象の多様さに加えて，その視点にも多様なものがある。したがって，「三角測量」という手法的理念が，探索的であるという課題とも相乗的に意味を強く持つ。

それは，広告が起因となる社会問題を，「送り手の問題」（悪徳商法，悪意のある広告など），社会規範の対応の遅れ（法制度や業界規制の新手法や新技術対応の遅れ），といった一面で捉えさせるのではなく，もっとも正当化論理の弱い「受け手の自由や権利」（情報環境についての権利，情報弱者への対応）を加えた「三次元」的な認識が要請されるのではないか。これが本節の結語である。

注
（1）　林・上笹・種子田・加藤（2000，p. 227）には次のような記述がある。「複数の証拠源を利用すること／いろいろな方法論を併用して多く様々な証拠源を得て，あたかも三角測量のようにして探索を収斂させる。これをトライアンギュレーション（triangulation）という。」
（2）　朝日新聞社の「聞蔵Ⅱ（きくぞうツー）ビジュアル」は，オンライン記事データベースであり，公開されているが有料である。筆者が利用した聞蔵Ⅱビジュアル for Libraries は大学・学校・公共図書館を対象としたサービスである。
（3）　ここでの検索は「東京本社版」「記事見出し」に限った。注（5）も参照のこと。
（4）　経済産業省『令和3年デジタル取引環境整備事業（電子商取引に関する市場調査）』結

果，2022.8発表。

（5）　『聞蔵Ⅱ』の内容構成は，2012年９月のこの作業を行なった時点では，地域（例えば名古屋本社版，地域版など）の取り扱い，検索条件の多寡（キーワード，揺らぎ等），等の点で1984年以前と1985年以降で時系列に同じ取り扱いや検索操作が出来ない。したがって，例えば本来は国会図書館データベースに準じるなどもっと長期の観察が試みられるべき部分があるが，ここでは，現在につながる分析が確実に可能と考えられる26年分の「見出し」に限って観察の対象としたことをお詫びします。

情報環境権の構想

20世紀後半以降，環境権は確立した。しかしながらその並行的な理解も可能な「情報環境に関する権利や自由」の議論は前節での結論の通りほとんどまったくない。筆者はこの点について，広告と社会，精神分析，ウエブ・テクノロジー，環境論，民法学，情報法などの知見を手掛かりにアプローチを試みる。

1　はじめに

環境権が自然環境についての権利として20世紀後半，新たに確立し，世界的にも地球温暖化対策が象徴するような法制度にまで至った。その並行的な理解も可能ではないかと思われる「情報についての環境」にも同種の「権利や自由」が考えられるべきでありながら，あまりにも関心が焦点付けられていないのではないか。仮に法学研究にやや寄った言い方をすれば，本稿はそのような試みである。とはいえ，純粋な法学研究の議論の外側には，（法学研究者の言う）法外実践，つまりは，社会における「情報環境」についての知識や構築された意味の連関，そして行動や実践が拡がる。哲学，社会学，心理学，法学，広告研究など，この「情報環境」の周辺にあると考えられる議論同士も，相互にまったく関係付けられずにいることも残念である。

本稿では，そのような課題意識のもと，来るべき「情報環境権」についての序説的な構想にあたる予備的考察を，DIY（Do it yourself，ブリコラージュ）ともパッチワークともつかないプリミティブな形ながら，いくつかを掲げ，他日の議論に資す試みである。

2　広告の「社会問題」から「情報環境」への回路

・広告はどのような「社会問題」として認識されていたのか　水野（2012）では，広告がどのような社会問題であるか，どのように認識されてきたのか，に関して，1980年代からの30年間に公刊された書籍・雑誌記事論題の国会図書館の書誌データベース，（独立行政法人）国民生活センターの消費相談事例データベース（PIO-NET，全国消費生活情報ネットワークシステム）3年分の一部，朝日新

聞の記事データベース（1985年から2010年までの26年分）の３つから，表６−２−１．にまとめることができるような成果を得た（表中の番号は本稿での便宜上付したもので特定の意味はない）。これらはその観察対象資料である３つのデータベースの大きさが示すように「日本社会での近年の『広告が社会問題として扱われた場合』の基本枠組み」とも言えるマクロ的なものである。

　前節の議論である。

　しかしながら，粗雑ながらもこうした整理の結果浮かび上がってきたことは，むしろ「経済的な行為と被害」への問題の過度な論点回収であり，社会情報の構成要素としての広告への焦点付けの弱さである。マーケティングの言う「買い手」より広いのが広告の「受け手」なのであるから，買わない多数に何らかの認知を押し付ける，その社会情報の問題が常に先行するものの手薄になるのである。その構図では，資金で贖えるマス・コミュニケーションの時間なりスペースという広告の持つ特質から，常に受け身の「受け手」として認識される一般生活者の認識がある。そもそも消費者という概念構成体が，生産者を中心として認識される産業経済経営の「対象」であったことも関係する。マス・コミュニケーション研究も，少数の「送り手」対多数の「受け手」という図式を基本に持ち，陰に陽に「売り手」対「買い手」と重なるが重ならない場合も多い。

　つまり「良好な情報環境を保有・利用・享受する主体」が認識の中で追い出されがちで，容易にその論点がなかったかのように扱われがちである。虚偽やステレオタイプに晒されることで損なわれること，歪められること，成立してしまうこと，それらが自由や権利とどうつながるのか，その回路が見えにくい。こういった視点を得たことが「情報環境権」への焦点付けの弱さ，というのが前節の議論の結語であった。

　本稿はその中身へのアプローチの試みである。

・広告への過敏な反応についてのエピソード　精神医学者の中井久夫は，その浩瀚な著述の中，「アンテナ」という比喩で，統合失調症の症状を記述する（中井，1986）。専門的な用語では「徴候的認知」とされるようである。むろん，ここでの前提は「発症者と非発症者のあり様の連続性・同質性」（中井自身もそれを「自分はひょっとしたらなるかもしれない」「自分がならなかったのは僥倖であろう」「人類は皆五十歩百歩だ」と先行する精神医学者サリヴァンのパラダイム的な明言で言う。中井はサリヴァンの日本への紹介者である。）である。だから

表6-2-1　広告の社会問題の認識のための枠組み

	考察の枠組み	関係する制度（例）	顕在性
1	「送り手の自由」対「受け手側の自由または権利」	憲法（営業の自由，職業選択の自由，表現の自由），資本主義社会，消費者行政（消費者庁），消費者基本法，消費者教育法，景品表示法，薬機法，健康増進法，特定商取引法（通販など），環境法，景観法など	法制度，行政がそれなりに対応，コンフリクトは報道される
2	「広告という経済制度で収益を上げる送り手組織の責任」対「弱者保護」	JARO，日本広告業協会，日本インタラクティブ広告協会，日本新聞協会，日本民間放送連盟などの「送り手」業界組織。青少年保護法，メディア・リテラシーなどの研究・教育での議論。	送り手業界の自主規制が多い。聴覚障がい者のための字幕付き動画広告なども
3	「新たな事象」対「枠組みの不足と可能性」	個人情報保護法，消費者金融問題，アルコール健康障害対策基本法，IR（統合リゾート）で再認識されるギャンブル依存や多重債務者増加のおそれ，ネット利用の新サービス，新ビジネスなどが起因となる問題など	法制度，行政がそれなりに対応，ジャーナリズムの対応

水野（2012）を縮約して作表。

こそ，精神医学や病蹟学の著作が一般にも理解され，中井のものに限らず，より頻繁に広く読まれる。[(1)]

　中井の言う「アンテナ」とは，発病前後の微妙な時期の統合失調者の全ての患者が，自分の状態について即座に自然に了解する症状の客体化を指す言葉だという。急性期にはあらゆる妄想的言明がなされる，と中井は言う。具体例は次のようなものである（引用はすべて中井（1986）。）。

　　事例1：（中井）「不安になるとアンテナが立ってしまうのですね」（発症者）「今はまだ二，三本立ってるみたい。でも振り回されなくなりました。」（2か月後）（患者）「アンテナがなくなりました。もういらないみたいです」
　　事例2：（患者）「トキドキ，アンテナがびりびりふるえます」「どうも問題が解決するまでは（そう）なるみたい」
　　事例3：（家庭で緊張関係にある患者）「アンテナ，無数に立ってます」（中井）「安心しておろせない？」（患者）「いいえ，とてもとても」（中井）「相手[家族]は？」（患者）「あっちですか？」（中井）「こっちが立てればあっちも立ててるかも」（患者）「太いアンテナですね。アンテナか角（ツノ）かわからない。とても太刀打ちできません。負けです。」

そのほかの数多い変種の用例には「アンテナがささくれ立っている」,「このごろまた具合が変なのですよ」,「妙な震え方をする」などアンテナ自体への感覚が生まれる,とされる。中井によれば,アンテナは「患者と治療者がともに経過を追い,語る指標になる」とも言い,「アンテナは増えたり減ったり,ノイズをひろったり,あまりひろわなくなったり」する,とされている。

　中井の主張の通り,このアンテナは,統合失調症の「発病者」が,医師とのやり取りの中で使用する状況を説明するための用語であるが,発病に至っていない健常者にも理解可能な「過敏に他者の意図や思惑に反応してしまうこと」や「どうしても特定のコミュニケーションにいら立ってしまうこと」などと連続すると考えられる。少なくともサリヴァンと中井のパラダイム（発症者と非発症者のあり様の連続性・同質性）に依拠し検討の梃子にできると筆者は考えた。

　この「アンテナ」に,たとえば,「子ども向けの広告やマーケティング」を当てはめて考えてみたい。その理由は,天野（2016）に詳しいように「WHO（世界保健機関）による2004年の調査では,対象となった国のうち85％で子ども向け広告の規制がある」ことや,ISO26000,国際商業会議所（International Chamber of Commerce）などの国際組織が,子ども,児童に対する広告には「最善の利益をもたらすように特別な注意を払わなければならない」ことを言うのに対し日本では,特段の配慮が不足しているように思われるからである。

　具体的には,スウェーデン,ノルウェーでは12歳未満の子供に対するテレビ広告の禁止,EU では子どもとその親への購入働き掛け行為を「攻撃的取引方法」とし「誤認惹起的広告」などを不当な広告と規律,ベルギー（一部の地方),オーストラリアでの子ども向け番組の間やその前後での広告の禁止,などを天野（2016）は挙げる。また,国連は,ジャンクフードの被害はタバコを上回るとし,子どもの過体重,肥満の原因となっている砂糖を多く含む飲料への課税強化を呼び掛けている（WHO, 2016）。現在多国籍飲料メーカーは,この先進諸国の動向への対応（製品開発,CSR,ロビイングなど）を積極的に行っていることも,多くの先進国では観察可能である。

　こういったことに関心を持ち,知識があって専門的に考える人のことを想定してみよう。そういった人にとっては関連知識に支えられた認知反応が,多くの人が見逃すような件に対しても生起する。そのような人は,そうではない（関心が向かない人,関連する知識の少ない人,この場合は多くの日本人が当てはまるだ

ろう）人に比べて，あきらかに「アンテナが立っている」と先の例からの借用と
して類推的に考えられよう。この場合のアンテナの方向は「テレビの中の広告」
や「子ども向けのアニメキャラクターが描かれた菓子類のパッケージ」であった
り「自動販売機の中の製品」であったりする。つまり，あらゆるマーケティング
要素に触れるたび（一日に何十回にもなりうる）に「アンテナが立つ」のである。

　同様に，ギャンブルの広告（ギャンブル依存，多重債務の問題，主催公共団体
が経費としてテレビで CM をオンエアしていいのかどうか，未成年には馬券，
舟券が買えないにもかかわらず，未成年にもテレビ CM をアピールするなどと
いう問題，パチンコホール，広告ではないが，政府与野党財界が IR リゾートの
日本誘致や規制緩和を行うニュースも同様である），元本割れする金融商品等の
広告（かつてはテレビ CM がなされなかった FX，ネットでの株取引，ビットコ
イン等を一瞬の細かな文字の羅列でその「リスク」の説明），明らかに効果・効
能が謳えないはずにもかかわらずそれを暗示・誤認させる（薬機法上の違法のお
それの大きい）健康食品，化粧品などの広告，同種の CM 素材を一日に何十回
も繰り返し露出させる免許事業者，仮に消費者被害が出て民事訴訟になり，原告
側に支払い能力がない場合でも一切「受け取った広告費は返さないメディア」な
どといった様々なことに，「アンテナが立てば」どうなるか。一日に何百回と
「アンテナ」が立ってもおかしくないのである。

　ハードディスクレコーダーの普及にともなって，録画再生視聴時の CM スキ
ップも常態化した。20世紀後半の民間放送のビジネスモデルは，このような陰に
陽に受け手の側に生起した「アンテナ」を前提に，飛ばせるのなら飛ばそう，と
空洞化した（水野，2008，2016）。ただし，今も「リアルタイム視聴」を余儀なく
されているのは，テレビ視聴がもっとも長い高齢者である。これは「現役のもっ
とも豊かな人々（民放・広告関係者）」による高齢者への，隠された，しかし大
きな集合的問題行為ではないか[(2)]。

　もっと端的に言えば「嫌広告」を明らかに行動で示し，習慣化する生活者をど
う捉えればいいのか。

　ちょうど，20世紀から21世紀への移り変わりにおいて，それまでは自覚されに
くかったたくさんの「嫌 XXX 権」が，社会的に顕在化し，またその一部は「法
制度（男女参画，健康増進法）」に至った。それらは「嫌ポルノ権」であり，「嫌
煙権」である。はたしてこのアナロジーは「避けられる広告」に何らかの示唆を

与えるのであろうか。

「嫌広告権」を措定する広告論は，いまだに形を表していないが，たしかに説明するべき事象が進行し，認識用具だけが不足している。広告は情報コンテンツとして見ればその内容が，情報環境の一部として見ればその提示方法や総量が，一挙に顕在的論点になるだろう。これが本書の言う21世紀的に広告と社会を考える上で，正面と思える「情報環境権」議論の入り口である。

• <u>現代のウエブ広告現象</u>　情報環境の不適切さは，とりわけ急成長し，参入が容易なウエブ広告の分野でもはなはだしい。水野（2017）では，近年のウエブ広告ビジネスを支える「アド・テクノロジー」が起因となる場合がある社会問題の内，報道などによって，いくばくかの程度顕在化したものを記述し，今後の議論を準備するための素材とした。アド・テクノロジーとは，ネット広告の急伸長を支える，複数の広告ネットワーク，広告枠市場を結び，瞬時にデバイスの属性を判定し，リアルタイムに取引をさせ，適切な広告を配信・露出し，その効果性を判定させ，露出プランを修正させる。そのようなウエブ広告の実施を送り手に常時可能とさせる技術と取引自動化の仕組みである。

紙幅の都合もあり，近年のウエブ広告上の問題のうち，ほんの3例だけをここでは掲げたが，コンピュータの性能やAI（人工知能）とネットワーク，そしてハード面の低廉化などの進展から，おおよそ「個々人が自覚しないような」こと（テレビ視聴傾向，スマホ経由のリアルタイム情報，ウエブ上の訪問・クリック履歴からの傾向）までもが，広告の送り手側から扱われうる，そういったSF小説，SF映画のようなことが現実化する。

むろん，単純にたとえば夜中にパソコンで「ニュースサイト」を見に行くと，突然「トップ画面上部」の広告の動画の「音声が大音声で鳴りあわててスピーカーをOFFにする」といった広告表現の「静寂の妨害」といった問題もある。免許事業である法規制（規律という言い方が放送法ではなされる），自主規制のある地上波テレビとはまったく異なることがまま生じる。また，本稿冒頭で触れた悪徳商法，誤認利用，詐欺的サイト，ウイルスの送り付け，などといった伝統的な広告問題と連続しつつ，その参入障壁の低さから増大するものもある。もちろんそういった具体的，また伝統的なレベルでの問題認識も重要ながら，データによってターゲティングするネットならではの，見えにくい「広告システム」ゆえの問題が背後に根を張る点が，特徴的でより重要でもある。

表6-2-2　アド・テクノロジー問題の一端（報道事例）

記　事	テーマ	出　所
消費者保護法制を担う米連邦取引委員会（FTC）は昨年，「ビッグデータ──包摂の道具か，排除の道具か」と題したリポートを発表。ビッグデータ分析で保険リスクと人種の情報が結びついた場合，特定の人種の保険料が高くなるなど，プロファイリングが人種差別を助長しかねないという懸念を示した。 国内議論進まず　FTCリポートは業界の自主規制のあり方に影響を与える。リポートは，手続きの透明性確保や監視，異議申し立ての機会の必要性なども指摘しており，保険業界などで指針づくりがどのように進むかが焦点だ。 　これに対し，日本では個人情報保護法の改正論議で検討対象に上がったものの，優先度が低いとして積み残された。 　もっとも，今年5月施行の改正個人情報保護法では，病歴など特に取り扱いに配慮が必要な「要配慮個人情報」が新たに規定され，本人の同意なしの取得が禁じられる。この規定がプロファイリング規制の根拠になるかは専門家の間でも割れているが「個人の信条や持病などをプロファイリングであぶり出そうとすれば要配慮情報の取得に当たるとみなされ，規制の対象になり得る」（慶応義塾大学の山本龍彦教授）との見方もある。現在，総務省が改定を進めている放送向けガイドラインでは，テレビの視聴履歴を基に要配慮個人情報のプロファイリングをすることを禁じる規定を導入する方針だ。 　影響が大きい業界は準備を始めた。ネット広告の業界団体，日本インタラクティブ広告協会（JIAA）は個人データを扱う際の「プライバシー影響評価」のガイドラインを3月にまとめる。事業者が個人データを用いたサービスを展開する前に，考えられる影響を検討する手順の標準化が狙いだ。広告閲覧者の個人データを取得したときなどに海外居住者のデータが含まれる可能性もあるため「EUなど海外の動きも含めて検討する」（JIAA）。 　個人情報保護法制は各国の文化や歴史に根ざすため，欧米の規制を日本にそのまま取り入れればよいわけではない。しかしプロファイリングについては「国内では足がかりがなく議論がしづらかった面がある中，EUの法制度は示唆に富んでいる」（生貝氏）。日本でも議論を進展させる時期が来たといえそうだ。 山本龍彦・慶応義塾大学教授に聞く　AIに丸投げ禁物 　なぜ今プロファイリングが問題とされ，日本企業には何が求められるのか。個人情報保護法制に詳しい山本龍彦・慶応義塾大学教授に聞いた。プライバシーや個人情報保護に関する考え方は時代とともに変化してきた。現在のIT（情報技術）社会では個人データをいつの間にか取得され，別々の情報を突き合わせて，さらに情報を入手されるようになった。プロファイリングは予測をしているだけで直接情報を取得しているわけではない。日本では，情報を基に予測することは人間の頭の中でもしているのだから問題がないとの見方も強く，規制の空白ができている。ただEUが規制することで関係者の見方が少し変わってきたと感じている。日本でもEUのように，まずは事業者に対し，どういう目的でどんな手法で何を分析しているのか，透明化させることが大事だ。そのうえで消費者がノーと言ったり，規制機関が勧告を出したりできるようにすべきかを検討することになるだろう。 　データが少なければ分析精度は下がるので，事業者が多くのデータを使いたいのも当然だ。規制はもろ刃の剣であり，どう線引きするかの政策判断が求められる。少なくとも事業者は『人工知能（AI）だけで全てを判断しない』という心構えが必要だ。	テレビ視聴履歴の要配慮情報	『日本経済新聞』2017/01/16朝刊17ページ

あらゆるモノがネットにつながる「IoT」のデータを取引する新市場が27日に始まった。スマートフォン（スマホ）や家電からリアルタイムで得た情報をネット上で売買する。すでに博報堂系のネット広告会社をはじめ20社が参加を表明している。市場調査や製品開発に役立ててもらい，IoT 普及を後押しする。 　市場は IoT の研究開発を手掛けるエブリセンスジャパン（東京・港）が開いた。取引には同社が有料で発行するポイントを使う。買い手が「スマホの位置情報を100ポイントで」などと募り，企業や個人が応じる。エブリセンスジャパンは取引数に応じた手数料を受け取る。	IoT データの取引	『日本経済新聞』2016/10/27 夕刊 1 ページ
フェイスブックには，広告主が広告の配信条件を設定する「広告マネージャ」という機能がある。ここには，広告を見て欲しいユーザー層を，地域，年齢，性別などで絞り込むターゲット設定がある。この中に，「詳細ターゲット設定」として，「以下のいずれかの条件に一致する人がターゲットになります」という欄があり，「学歴」などと合わせて「民族」を選ぶこともできる。「民族」欄にあるのは「アジア系アメリカ人」「アフリカ系アメリカ人」「ヒスパニック（すべて／バイリンガル／主にスペイン語／主に英語）」の 6 項目。だが「詳細ターゲット設定」には，もう一つの欄がある。それが「以下のいずれかの条件に一致する人が除外されます」との設定だ。「民族」には同じく「アジア系アメリカ人」「アフリカ系アメリカ人」「ヒスパニック」がある。例えば，これらをすべて除外すれば，広告は主に白人だけに配信されることになる。 しかしながら，フェイスブックのユーザーの登録情報には，「人種」の欄はない。そこで，ユーザーの「いいね」などの行動履歴を解析して，フェイスブックが独自に "人種的傾向" を判断しているという。	SNS 内 広告の人種識別配信	ProPublica, Oct. 28, 2016, 7 a.m

　具体的には「スマホの ID，パソコンの IP アドレス」を手掛かりにして，ネット広告は，マス広告とは段違いに「ターゲット広告」が届きやすい。その宛先の稠密さは，受け手自身が自覚しないような複数のデータが「送り手側のコントロール」で統合処理されるところに一つの問題がある。

　表 6-2-2 に掲げた第一，第二の事例は，長らく「1 対他」と思われてきたテレビ放送が，アドレッサブル（addressable）になることと，その背後のデータ統合によって「視聴履歴でプロファイリングされうる」ことを言う。ネット広告が「同じサイトでも見る人によって違う広告が露出する」ことで象徴されるように，テレビにおいても，たとえば或る傾向が AI（人工知能）によって判定されれば，ある人には特定の広告（保険や GPS に基づく最寄り店舗情報など）が集中して露出するような可能性が絵空事ではない。

　また，Facebook は Google と並んで，その資本力と所有するデータの質量の莫大さから，特定企業として様々に先端的なビジネスが進行していると考えられる。しかしながらその私企業としてのブラックボックス性は，デファクト（事実上）として入手してしまった公共性の大きさと，どのようにバランスを図られる

のか，未知である。

　ようやく最近の全米広告主協会（NAA, National Advertiser Association）からの要請に応え，広告の閲覧時間について第三者検証の計測基準を受け入れていることをFacebook社は表明したが[3]，既に獲得した月間アクティブ利用者17億人（同社2016年発表）という史上最大メディアのパワーによって必ずしも多くの広告主に適切な運用がなされていない。また既存のニュース・メディアも，Facebookの「いいね」抜きにはトラフィック（記事の読者）が稼げないために，期待されるジャーナリズム機能に疑義が持たれている面もあるのである。

　さらに小笠原盛浩（2016）は，ソーシャルメディアユーザーは，社会的にアジェンダと思う争点の数が少なくなる，という実証を行う。ソーシャルメディアが果たす社会化への順機能がある一方で，隠されたデメリットを示すのである。こうしたことも，ソーシャルメディアが示す複雑な「情報環境」への影響と考えれば，むろん得られる大きな自由の一方で，見えにくい「環境の歪み」そのものの感知が簡単ではないことにも留意される（208ページに挙げたことである）。

　ウエブ，あるいはネットと広告の社会的な問題が「未承諾メール」という（いったん合法化，その後非合法化）受け手の許諾・拒否という軸で始まった，と考えられる点も象徴的である。受け手と社会が「何を許容するのか」，広告が資本の運動・挙動であるだけに，今後も議論が続くことが予想され，多くの人々を巻き込む重要事であることも再度確認されるのである。

3　「情報環境」についての自由と権利の考察

・<u>良好な情報環境を享受する自由</u>　現在はいまだ姿を現しているとは言えない（たとえばそれは「Wi-Fiが使えること」「無線LANが使える」といった曲解がむしろ一般であることが示している）「情報環境」についての自由と権利を構想するには，いくつかの困難がある。そのひとつが，自然「環境」を享受する権利に関しては，清潔な空気や水，騒音が何らかの意味で適切な水準以下，臭気についても同様，といった主観面と，長期にわたって接触しても「健康が損なわれない」「人体に危険な物質の含有が一定水準以下」といった（時代的な制約はあるとしても）客観面・科学面の限界値が措定できるのに対して「情報環境」についてはさほど容易くない，という事情があるように思える。

　むろんその主観面・心理面と環境の両者は完全に無関係という訳でもない。た

表6-2-3　2つの環境の主観面と客観・科学面の素描（事例）

	自然環境	情報環境
主観・心理面	騒音 臭気 ストレス	様々な情報の質（内容，形式，接触スタイル，メディアの所有権，送り手の意図，許諾・選択権の有無など）と量（一定時間内の頻度，同一素材の繰り返し回数，広告全体の量）がストレッサーになる場合
客観・科学面	騒音 臭気 大気 水質	体内に取り入れたり塗布するもの（食品，医薬品，化粧品） 頻度，量 繰り返し テンポ 他の要素との調和（番組，景観など）

　とえば，有吉佐和子の『複合汚染』がベストセラーとなった1970年代には，公害，汚染物質についての多くの報道がなされ，人々の不安が増大し，自覚が促され要求水準が上がった。環境や生態系についての多くの人々の意識が方向付けられたと考えられる。何より「地球から見れば有害物質の投棄などは，無視できるほどに少量・微量」とそれ以前の常識は形成されていたのだし，「水に流せばきれいになる」と考えていたので，河川や大気の汚染が今よりももっと悪かったのである。広告についてはどういった段階にあるのだろうか。

　「情報環境」の主観面は，ひとつには，先に中井久夫を引いて論じた「アンテナ」（より正確には，適切ではないおそれへのオリエンテーション，注意の先有傾向であろうか）に関わる。したがって，人によるし，同じ音量の音であっても自分の子どもが発する音と，近隣の他人の子どもが発する音は同じようには受け取られない。自分の興味のある音楽は大音量でもむしろ楽しいが，趣味ではないジャンルの音楽は客観的には同程度であっても騒音と感じられるだろう。経験的にはそう考えてもおかしくないように思える(4)。

　「情報環境」の客観面・科学面でのあり様はさらに記述が複雑で単純な理解が困難である。『人間の許容限界事典』という網羅的なハンドブックには，たとえば聴覚〜騒音〜ストレスという，物理的な刺激からそれが心理的・生理的に人体にどのような影響を与えるのか，が各々専門的にまとめられる。だだし当然ながら広告といった複合的な現象には言及がない。このことも単純な理解を阻む広告課題であることを示す。

　基礎的な整理となるが，同種のものを見掛けないので，自然環境と並行的に情報環境がいかに記述される（べき）か，を表6-2-3に掲げる(5)。

　とはいえ，自然環境権が確立するまでの苦渋の歴史を大まかに顧みるだけでも，情報環境が同列に扱われないことも分かる。足尾銅山，原爆症，水俣病，イタイイタイ病，四日市喘息，と思い浮かべるだけでも，あまたの生命・健康と引き換えに「環境権」がようやく生成，あるいは構築されたことが分かる。公害という言い方が隠した汚染物質の公共空間への排出責任を市民運動や法曹界，ジャーナリズムが促した。当時の科学知識の限界とはいえ，その人災の悲惨さは筆舌に尽くしがたいものがあった。こうした「多くの人の思い」が，法制度を促す政治運動や，因果関係を明らかにする科学的な研究，また被害を食い止める技術開発，身体・生命を守るための医療技術の進展，などあまたの救済や規制につながった，と大まかには理解することもできるだろう。

　方や，騒音のように「静穏な環境の中で生きる」という基本的人権としての環境権の中に認識される「環境情報権」もある。なぜならば，公共交通機関の車内広告放送は，「静穏な環境」かつ「広告という情報」であったからである[6]。

　たしかに広告の主観的な煩さ，と客観的な煩さは大いに違う。先の「アンテナ」にも通じる。「アンテナ」が立っている，あるいは立たせるような煩さは，物理的な煩さを超える別種の，輪を掛けた煩さである。同じ客観指標（音についてのデシベル値が象徴的な「物理的変数量」）と，人間が感じる主観指標（「心理的変数量」）は異なる。そもそも実験心理学はそこに心理学の心理学であるゆえんである。

　この理由は，客観的な「煩さ」に加えて（とは別に），いくつかの要因が考えられる。まず第一には，広告の「送り手の持つ『受け手への働きかけ』」という思惑」という煩さである。人の悩みの多くは他人の思惑・意図，それへの慮り，対応に発する。他人の「煩さ」は，客観的な「煩さ」とは次元の違う源泉であり，この位相の違うものも加えた複合的な「煩わしさ」を生起させる[7]。単なる騒音とは違って，人間が発する，とりわけ自分も名指された（受け手のひとりである）メッセージは，多くの社会生活において，けして無視できない。なぜならば，そこには「送り手の『伝えようとする意図』」があるからであり，無視することは通常，あとで受け手が「無視を糾弾される可能性」や「そのメッセージ内容を軽んじたことの報復」あるいは「メッセージ無視のリスク」を引き受けることにつながる。言語学では，相手のメッセージをもっとも適切に処理しようとする「関連性理論」が同種の様態を指し示すし，社会学的には，共同体的な規範・規律す

らもそこには強く負荷されるのである。

　第二に，第一の表現型でもあるが，広告における送り手の「手練手管」のあり様と効果が，単なるデシベル値，大きさ，明るさ，目立つ度合を超える。要は，効果を狙う広告そのもの，がこの「煩さ」である。広告表現（広告クリエイティブ）と広告メディア（露出の仕方）の二区分と各々の工夫もこの解題である。受け手にとって説得的なコピーライティングやグラフィックデザイン（広告クリエイティブ），とメディア・プランニング（たとえば端的には，普段は見掛けない場所に掲出される交通広告（駅の特設場所へのポスターの掲出，特別のサイズのポスターなどの露出の仕方）は，そうではない場合よりも効果的露出の仕方と言える）でもある。

　より中心的な「手練手管」とは，欲望に形を与え，競争相手とは違うイメージを構築し（ブランディングである），購買に刺激を与える，そういった広告効果の構造と過程そのものに関わる。その表裏が「煩さ」である。

　要は「誰かが」「誰（あなた）に」「何らかの理由で」（第一の理由），「どのように（いつ，どこで）か」「いかに言うかの工夫を重ねて」（第二の理由）発するメッセージは，客観的な「煩さ」とは違う次元で「煩い」。言葉を重ねれば，広告が説得的である，その表裏として「煩い」のである。

　客観（物理的変数量）的な「煩さ」に加えて，この二種の「煩さ」が重なる，三層の「煩さ」が広告にはある，とすれば，情報環境における広告の問題領域の中心は表6-2-3における「網掛け」部分に問題が生じると考えてよさそうである。むろん，右下の象限にも問題がないという訳ではない。テレビの中の狭義の広告であるCMですら10分以上が連続する免許事業への批判は別稿で行ったのでここでは繰り返さないが，送り手の価値観は完全に社会から乖離している（水野，2016）。「右下の象限」は，その状況自体が「忌避」できるのだ，するべきものなのだ，と受け手と社会から解されるものなのだろう。つまりは「広告の社会的な死」である。

　20世紀の広告研究が，電波メディア（ラジオ・テレビ）において，番組コンテンツと連続する形で広告を挿入し，リアルタイム聴取・視聴に場合，時間的に連続する広告を強制的に接触させる，というある種の「押しつけがましい（intrusive）」前提でなされてきたことも再度相対化される（intrusiveとは英文の広告研究文献にも当然のように頻出する）。

ヒトは「自分の興味のないことを聞かない権利」がある。

　先の「車内広告」についての自由権の言い換えのようなこのことを，20世紀後半，上記の放送広告ビジネス・モデルが「押し付けた」のである。ここでも「送り手の経済活動の自由権」が「受け手の聞かない自由権」に優越したのであった。そのことが録画再生視聴時のCMスキップを常態化させ，リアルタイム視聴を激減させ，YouTubeやAmazonプライムのようなデジタル動画視聴の一般化した今日には「はっきりした」のであった。その優越は，拮抗する際の比較衡量であったのが，もはや「比較されない」のである。

　広告忌避とはこのような状況に他ならない。

　であるならば，20世紀の莫大な実践に動機付けられた広告研究が，今，課題とするべきこととは，受け手を中心にした「情報環境権」の研究と，その理解の深化に基づいた新たなニッチ（棲む場所）の再定義なのではないだろうか。

　広告をコンテンツと考えれば，その質を高めること，広告を情報環境の一部と考えれば，接触の許諾を現在失っていること，その認識が21世紀的な広告理念へのアプローチの出発点であろう。少なくとも本稿の課題意識はそこにある。

・良好な情報環境を享受する権利　明治のボアソナード以来120年ぶりの大改正と言われる民法の大改正が行われ2017年ついに成立した。成立した改正法の文面には実らなかったが，その改正をめぐっては，法学専門の研究者の中で様々な議論が行われた。子細な議論は専門に譲らざるをえないが，まさにこういった千載一遇の機会だけに，一般にもひろく分かりやすい形で理解を求めた「改正私案」のひとつである大村敦志（2007）は門外漢にも興味深い簡潔さと骨太さを感じさせる（大村は消費者法の体系を作った泰斗でもあるが，根本は民法研究者の代表的研究者の一人である。）。大村の関心はその書のタイトル通り「民法0，1，2，3条」にある「個人の生活」と「社会の構成」の基本的な考え方にあり，通常専門的・具体的に議論される「物権」「債権」「相続」といった民法の各論のより基底に関する私論（試論であるが，大村をむしろ尊重し私論の方を採った）である。したがって，本稿のような「学際的な新たな自由と権利」に関する議論には，私論ながら好適な論考である，と考えられる。

　具体的には，「私権」には2つの考え方があり，表現の自由や思想・信条の自由などの市民的自由を含める「広義の私権」と，財産権・身分権に限って，市民的自由を含めない「狭義の私権」のあること，広義の考え方が多くの民法研究者

からは支持されていないこと，の2点を大村は言う（大村，2007，pp.36-46.）。「表現の自由」の中に他人の考えに自由に接しうる「知る権利」も入るとされることから，「物権」「債権」「相続」等に先立つ「私権」と（本稿に言う）「情報環境」についての基底的な議論を大村は行ったのであった。つまり情報環境権は「広義の私権」に位置付けられるのである。

　大村はさらに進んで，「民法はもともと財産権の保護を中心に構成されているものであった」が「手薄な領域にルールを作り出す際の手がかり」として第一条一項の「公共の福祉」を使う広中俊雄の「新しい考え方」を引き，「良好な環境（生活利益）」の集合的価値，公共財としての価値を示す。「私権」である職業上・営利行為上の自由を適合させるべき「公共の福祉」の中に，明らかに「情報環境」も含みうる「良好な環境」を書き込むべきと私案の第一条とする。大村は「公共の福祉」には「人間の尊厳」が含まれ，「権利の社会性・公共性を実質的・発展的に求めていく」ことにまで主張が至る（大村，2007，pp.94-99.）。さらに大村（2011，p.184）では「（平成民法で求められるのは）『人間』（人の多様性と尊厳）を尊重しつつ，『市民』が生きやすい・暮らしやすい社会を創り出すこと」と，民法の根幹に言を尽くす。

　しかしながら，極めて残念なことに，大方の民法研究者や立法関与者たちは，「営業の自由（＝私権）」がどのように「公共の福祉」によって制約を課せられるのか，についてやはり保守的であったようで，今回の120年ぶりの大改正においても大村の主張する部分は明治の民法通り手付かず，やはり民法は「物権」「債権」「相続」等の法のまま，「私権は狭義」のままとなった（改正は第4条以下となった）。

　先の「アンテナ」が立って許せないと広告に対して思う状況を再度考えてみたい。

　仮に「情報環境」が自分の周囲の占有の私物でその利用や処分がその人に委ねられている，と考える考え方がありうる。「表現の自由」という「市民的自由」という法理からそういったことが言えるかどうかは，筆者はやはり門外漢である。しかしプライバシーがその「表現の自由」から主張できるのならば，あながち妙な敷衍とも思われない。電波が国民の財産，という認識から放送局の免許は法源を持つ。であるならば，放送の内容であるCMは，誰にとっても「その利用や処分」について意見が言えそうである。ただし，どの程度の私権がそこに存して

表6-2-4 日弁連「ステマは欺瞞」意見

【意見の趣旨】景品表示法の中に，1．事業者が自ら表示しているにもかかわらず，第三者が表示しているかのように誤認させるもの，2．事業者が第三者をして表示を行わせるに当たり，金銭の支払いその他の経済的利益を提供しているにもかかわらず，その事実を表示しないもの。ただし，表示の内容又は態様からみて金銭の支払その他の経済的利益が提供されていることが明らかな場合を除く。
【想定される具体的違反事例】①なりすまし型：口コミサイト，ブログ，ウェブサイト，SNS等において，事業者自らが書き込みをしているにもかかわらず，そのことを隠して，顧客などの第三者が書き込みをしたかのように装うもの。②利益提供秘匿型：有名ブロガーへの報酬，研究機関への研究協力費，雑誌等の記事における取材協力費。①は欺まん性が高く禁止すべきことは明らか。②は広範に規制が及ぶ可能性があり，運用には詳細なガイドラインが整備することが可能。

日本弁護士連合会「ステルスマーケティングの規制に関する意見書」2017年2月16日 リリース。

いるのか，はまた別義ではある。

　いわゆるステルスマーケティングとは，「消費者に宣伝と気づかれないようにされる宣伝行為」を指す。日本弁護士連合会は，表6-2-4に示す意見を表明した。このことは，自分の周囲の「情報環境」利用が「良好な状態ではない」とする公憤であり，私憤ではない。その後ステマは2023年にようやく違法とされた。

　具体的にはかなり「運用には詳細なガイドラインが整備」されるように商業的実践の実際に譲っている。「記事と広告の際（きわ）」の分からないような情報環境が引き続くこと，そのこと自体の「公共の福祉」への違背や，良好な情報環境についての「権利の社会性・公共性を実質的・発展的に求めていく」大局に立った意見がそこにはまだ不足しているのである。

　プライバシーも，ネット上の「ターゲティング広告」においては，本人の了解，あるいは自覚のないままに「個人情報」「位置情報」「ネット上の購買・訪問履歴情報」その他「（誰が？）配慮したりしなかったりするあまたの個人にまつわる情報」が使われる。高齢者（近年の法学関係文献の中には「判断不十分者」の言い方があり，高齢者や子ども，認知症患者などが指し示される）に「オプト・アウト」を理解させようとするのには無理があり過ぎる。法の専門家は，プライバシーは「自己情報のコントロール権」と読み替えることを今日的，とする。しかしながら，もともとプライバシーとは「そのようなまま」にある権利，あるいは「あらまほしい」状態であるのに対して，「自己情報のコントロール」とは，その能力のある人間の行為であり，個々人にわざわざ何らかの行為（コントロールである）をさせることを強いている。あるいは「そうしようと思えば可能である

表6-2-5 「望ましい状態」と「行為が可能である権利」の違いから

	望ましい状態	行為の可能性
個人主義的な価値	プライバシー	自己情報のコントロール
情報環境	※	メディアリテラシー

筆者作成。

権利」や「実現可能能力」である。前者は好ましい状態でそのものであり，後者は行為可能性の話である。この2つはまったく内容を異にするにもかかわらず，問題のすり替えが，いとも簡単に起きている。

　このプライバシーの扱い方を梃子に，本稿の言う（プライバシーもそれに含まれうる）「情報環境」を並行的に整理すると，いわゆる「メディアリテラシー」は，メディア経由の情報を読み解き，適切に解釈し，真偽を判じる能力であり，その行為を可能とさせる知識や能力陶冶（学習）に力点があるとすれば，本稿の言う「情報環境」は，「望ましい状態」そのものを指すことになるのではないだろうか。行為を可能とさせる知識や学習の価値は決して軽んじられるものではないが，では，それが何を目指しているのか，それが失われていることの感知や認識，それがどのようなことであるのかについての記述などは，別途重要な議論を要請するのではないか。その重要さを指し示されながらも像を結びにくい，適切な状態を享受する自由と権利がある（表6-2-5中の※の象限）。それが本稿を駆動する問いである。若干の整理のために表6-2-5を掲げる。

　「そのようなまま」つまり「あるがまま」を認めにくいのも，大村の言う「良好な環境（生活利益）」の集合的価値，公共財としての価値が議論の前提となっていないからである。「良好な環境」は，人間的な尊厳ある生活のなされる場である。安心して道を歩いて，散歩を楽しむ権利とも言えよう。

　このように，実らなかった大村私案は，実らなかったから価値がないのではなく，むしろ，法外実践を適切に認識させ，いまだ定まっていない本稿の言う「情報環境権」に，適切かつ理論的な支柱を用意する。今回の民法改正という一回の問題よりもはるかに重要な理論的な課題への優れた指針である。

　こうして，表6-2-5のように，個人の「環境情報権」とは，従来の「個人情報のコントロール権」の表裏（対偶）関係に位置し，とりわけ現下の情報社会の中で，重要にして隠されていた基本的人権への新たな回路を指し示す論理と言い得るのである。

図6-2-1　社会の期待と広告の役割

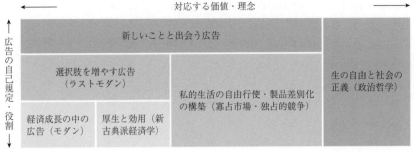

水野（2016）。

・**広告は「『新しいこと（考え方）』と出会う機会」だから社会に許される**　先の中井の「アンテナ」は，一部は，静けさを破られた怒りでもある。

　カント哲学者の中島義道（1998）は，静寂権を明示する。広告研究者ロッツオルとサンデージら（1976）も言及する「静寂主義」は，キリスト教文化の中の概念であり，表面的な理解をするべきものではないが，原語では Quietism である。Quietism とは，心の平和プライバシーあるいは静けさ，穏やかさ，無関心，無気力，冷静さ，邪魔されない状態，無為などを一般的な意味で表現する言葉としても使われる。キリスト教における様々な背景を持つ言葉である。しかし，現代的にはロールズの「正義論」の原則にも多大な影響を与えた思想的淵源と解釈可能である。なぜならば，それは「無碍（むげ）」（融通無碍の無碍，もとは仏教用語）の状態を指すからである。

　したがって，これらの論点をつなぐと「個人の無碍という自由を犯すうるさい広告への正義に裏付けられる怒り」ということとなる。

　どうしてこのような「良好な情報環境」といった，多くの人々の生活水準や文化的好ましさ，において重要なことが問題にならなかったのか。逆に疑問である。

　この理由は，図6-2-1のような理念的な整理で（多少は）記述できそうである。

　広告の社会的な存立は，やはり図中左下から発生したと認識されてきたのであろう。新古典派の経済学からは社会的な厚生（豊かさ）の実現を促進し，主観的な効用関数を変化させるのが広告であろう。広告の持つよろしくない面（外部不経済）も，経済成長のためならば正当化された論理だったのだろう。その後「不

完全市場」の認識の深化とともに，20世紀の経済社会，市場経済の中では「個人の消費の自由」や生産者のマーケティングに対応する「選択肢を増やす」（広告は，市場における競争手段であり，市場参入手段であり，市場内情報）というレゾンデートルが今につながった。

そして21世紀，そういった経済社会の正当化論理が終焉を告げたのである。もはや物的な豊かさも選択肢の多さも，豊かな社会の中では，少なくとも消費の論点ではない。

では，何が重要なのか。それは「現代社会の豊かさのアクチュアリティ」に関わる。

ヒトはもはや損得だけでも，既存の価値尺度だけでも判断も満足もしない。

高度な「ヒトとしての自由」と「社会的な正義（ロールズ）」の高いレベルでの関係付けが現代的なのである。ボランティアもクラウド・ファンディングもコーズ・リレイティドもソーシャル・グッドもそういった認知の中にある派生形であり，表現型である。個人のケイパビリティがもっとも発揮できる，望ましい「出会い」の自由がそこには中心的に認識できるだろう。無碍（何の妨げもない状態）でもある。

その高度な「情報」化した社会で広告に求められていること，あるいは存立を許される条件とは，**製品属性情報提供でも，購買促進情報でもない。「新しいこと（考え方）との出会い」**なのである。

本稿の目指すところは，広告の送り手における「広告観の脱構築」であり，21世紀的な広告を指し示す社会の成熟である。多くの受け手が，高い判断力をもって賛意を示す広告活動が世に顕在化する，そのような時代の実現には未だ至っていないことも認めざるを得ないとしても。

4 おわりに

21世紀も二十年余が経過した現在では，ネットも「マスとソーシャルの二大メディア」[10]といった言い方で位置付けられることも当然のステージを迎えた。予断は許さないものの，少なくとも「マス・メディアの支配的影響力」があった20世紀が相対化され，そこにそのまま戻ることは考えにくくなった。

そういった言い方に倣えば，第二世界大戦後の日本の放送制度は「NHKと民放の二制度」が，どちらかしかない場合よりも棲み分けられ，新聞と雑誌のジ

ャーナリズムも硬軟，左右，政治経済文化趣味教養と相当の多様性を持った，と言えそうである。それに昨今はSNSなどウエブ上にに既存メディアが入口（出店？）を持ち，コンテンツを供給する，という成熟現象も観察される。

　日本語以外の情報源，コンテンツへのアクセスも，相手国（相手文化圏）の政権の状態とネット開放度などの政治経済的な条件に依存するとしても，アクセスしたい当人の語学力と知識さえあれば，かなりの程度容易い。もともと「日本語では世界中の主要な著作物が翻訳」だから，英語等のヨーロッパ言語で高等教育が行われる国よりも「日本語で読める」。このことは多くのアジア・アフリカの国々と比較して情報環境の内容が豊かである，とも言い得る面である。(11)

　さらに，図書館サービスのデジタル化，ネットワーク化がいかに大きな恩恵を，広く調査研究と目される領域で達成したか，も忘れることができない。小さな引き出しから「図書分類カード」を繰った記憶のある人も，各種のデータベース検索に慣れれば当時の手間やスピードをすぐ忘れる。もはや天文学的な進展を経て現代があることは，この一点だけでも確認できる。

　その上でのネット接続の容易性，高速性，デバイスの手軽さ，性能，低廉性が急速に進化し，きわめて多くの人々がきわめて多くの情報に触れることのできる状況（デバイスの個人化と動画の選択肢の多様さは20世紀の夢想だった）が出現したのである。

　こう考えてみれば，（報道の自由やマス・メディアの資本集中の問題，そして電子ジャーナル使用料の高騰，また個人情報利用問題，さらにはAI（人工知能）など問題は山積でありそれらの重要性は全く否定するものではないが，ここでの論点から措くとして）相当程度以上の「『良好な情報環境』に現代の日本社会はある」と認識可能である。

　これらのある種のレベルの高い「豊かな情報環境」は，いかに「情報環境の良好さ」についての議論が難しいか，を語っている。「良好であること」とはどのようなことなのか，その定義は簡単ではないのである。認識そのものが論じる当人の姿勢にまるで「貼りつく」ように異なって立ち現れる中でいかにそれを構想するのか，が問われているのだ。

　しかしながら，アプローチが難しいからと言って，その問題に言及を避ける愚の方を本稿では考えた。稚拙な議論もいくばくかの「冷静な問題設定」や「現段階的課題」についての記述を含むと確信したからである。大方のご叱責を乞うも

のである。

　注
（1）　中井久夫は，阪神淡路大震災後の「兵庫県心のケアセンター」の中心人物。師に土居健
　　郎。他の著名な「精神医学者ないしは精神医学専門家でその専門を超えて一般に広く社会
　　的な影響を与えた」と考えられる人物には，フロイト，ユング，レイン，ガタリ，ドゥ
　　ルーズ，小此木啓吾，大平健，加賀乙彦，河合隼雄，神谷美恵子，木村敏，斉藤環，なだ
　　いなだ，野田正彰，山中康裕，岸見一郎など。中井（1983=1990=2001, p.72）では「小
　　規模な熟知者のみより成る社会の歴史が人類史の大部分を占めているのであり，今日でも，
　　人類の相当以上の対人関係が熟知者中心である。ここで熟知者とは『なんでも知っている
　　人』のことでは，むろん，ない。家族だから言えないことも数多くある。むしろある程度の
　　秘密を尊重することも『熟知性』の中に入っているはずである。」などのけして見過ごせ
　　ない記述が出所なしにある。むろんややエッセイ的な文献中ではあるが，けして学術的に
　　レベルの低い文献ではない。情報環境とは，完全に「外側」のことではなく，主体との相
　　互作用（あるいは相互浸透か）で立ち現れる。したがって，こうした熟知者（かそれ以外
　　か）との人間関係といった論点も，大きく「情報環境」の質を左右するだろう。ただし本
　　小論では，その全貌は描けない。ただ精神医学のひとつの洞察も，大きく関わることを注
　　記する。
（2）　筆者による在阪の民放での2016年秋のオンエア観察では，土曜日の午前中に，広義には
　　広告と言い得る「通販番組」を込みとして51分間 CM が連続したことを確認した。水野
　　（2016）でも，こうした状況を水野は10年以上にわたって問題視していたことを記述した
　　（たとえば，10年間365日毎日地上波１局あたり10本のフリーダイヤルを言う保険業の
　　CM が５局に流れた統計事実の指摘）。また筆者は2014〜2016年の間，朝日放送という在
　　阪民放局で，数少ない外部意見を放送局の行動に反映させる機会である番組審議委員（放
　　送法の定めによる）を勤めたが，こうした「広告忌避を招く広告過剰状況」を改善する見
　　通しを見失い任を離れた。
（3）　ネット上の業界誌 DIGIDAY 誌（日本版）2017年７月７日配信の記事「Facebook 動画
　　広告のビューアビリティはわずか20％？：困惑するエージェンシー幹部たち」には，スマ
　　ホ等の画面内の何％以上の面積で，何秒間以上の露出をもって「見られたか」と判定する
　　ビューワビリティ（viewability）についてその測定の低さが報じられている（http://digi-
　　day.jp/platforms/facebook-video-ad-viewability-rates-are-as-low-as-20-percent-agen-
　　cies-say/ 2017年７月16日アクセス）。たとえば，テレビ画面への CM の露出は「画面の
　　100％の大きさで15秒以上」であったが，ウエブ広告のビューアビリティは「100％以下で
　　も，きわめて短時間でも」あった，とされる。その判定が議論となっている。
（4）　騒音研究では，平松幸三（2010）による「騒音問題は『感覚公害』だった」という論考
　　が重要である。なぜなら，「感覚公害」とは，人による，個人のある種の敏感さの問題で
　　ある，と当該の問題（大阪空港騒音問題など）を，個人化し社会化させない考察を方向付
　　けるからである。したがって，情報環境問題も，（騒音問題の拡張問題でもあるから），こ

の個人化，個人差につながる論理を注意深く避けなければならない。

（5）　近年の「環境」問題の起因としての広告は，騒音と景観で顕在化した。本稿は言うまでもなく，騒音，景観も含めて「潜在的な『情報環境』問題」を提起するところに主張がある。

（6）　昭和63年12月20日に最高裁判例がある「商業宣伝放送差止等請求」事件。地下鉄の乗車客は，移動の途中車内から逃げられないという状況を「囚われの聴衆」として指す，アメリカでの類似の訴訟で使われた論理（放っておいてもらう権利，the right to be let alone）を援用した提訴事件（判例時報1302号 p.94）。この判決では，車内広告放送を行った被告側の大阪市営地下鉄側が勝訴したが，「聞きたくないことを聞かない自由」を裁判官（伊藤正己）の補足意見中に見ることができる。その精神的自由権（聞かない自由）を認めつつも経済的自由権（広告の差止め）に優越するとまでは言えない，とする。法学的解題が渋谷に詳しい（渋谷，1989）。

（7）　北田（2000）は，（難解な主張を一言で言うと）モノとしての広告とコトとしての広告の２つを問題の系譜が異なる，として分け，前者を「新聞記事」と広告のモノ的な区分，後者を「受け手のこと分け」とし，それらを「広告の誕生」と呼んだ。しかしながら，モノとしての広告は，そこに「送り手の意図」抜きではたしてあり得るのかどうか。仮に「送り手の意図」がないモノ的な広告が定義としてあるのなら，自然造形物やファインアート，あるいは人工物，造形物，と同列の情報源でしかなくなり，それ自体も，したがってその「煩さ」が扱えるのかどうか決定的に疑問である。この件については別稿としたい。

（8）　表現の自由，言論の自由は憲法学，近年では情報法研究である。ただし，本稿では，敗戦が契機となった憲法から参照せず，民法大改正を梃子に，広告の問題やあり様を考えた。とはいえ，対応だけを明示すれば，憲法13条（個人の尊重（尊厳），幸福追求権及び公共の福祉について規定）と民法の大村私案は呼応する。ただし大村はフランス法の淵源からそのことを押さえる。また情報法では浜田（1993, pp.5-7）が，「『情報の自由』は表現する自由，表現に先立って十分な情報を得る自由，社会の自由で透明な空気を守ること」であり「公共財としての性格を持つ」としている。本稿は当然ながら，この「公共財としての性格を持つ」「個人の拡大された私権である」情報環境権の中で広告の存立基盤を問う。

（9）　本人以外の第三者が個人の情報を包括的に把握すること自体が，私生活の平穏保護を不可能にする，という論理もある（棟居，2007）。言い換えれば「他者のまなざしの拒否」とも言いうる。ただしその拒否も社会の中では絶対的なものにはなりえないことを哲学者の仲正（2007）は言う。

（10）　橋元良明（2011）『メディアと日本人 変わりゆく日常』岩波新書

（11）　江戸末期から明治期，20万語の「翻訳語」が当てられたり，造語されたという（青山，2006）。広告もそのひとつである。西周，福沢諭吉などの行った造語は有名であり，その恩恵を現在の日本社会も享受する。加えて，カタカナが大量の外来語を扱えるようにし，20世紀の日本社会の「情報面での豊かさ」を叶えていることも否定できない。文系理系を問わず現在の日本の大学教育が日本語で行えている，その基盤がこの日本語の状態である。

おわりに

広告は「過渡期」である。

筆者が「過渡期」を言うと、「もう川は渡った」と業界人は筆者をたしなめることもある。

とはいえ、過渡期なのは本文の「アドフラウド」ひとつとっても、「個人情報の利用についての社会的合意」についても、20世紀のマス広告メディアが衰退することで健全なジャーナリズムの支えられ方が見えない点でも、新たな秩序が定まっていない。それへの「川」は渡り切っていないというべきである。

業界は間違いなく「過渡期」でアクセンチュア、PwC デジタルサービシーズ、デロイトデジタル、IBM ix といった IT に強いコンサルは日本でも広告ビジネスを行うが、その広告の日本での売上高を公表しない。各々広告を主要な収益とする多国籍企業の Google（Alphabet）も META も、これだけ浸透した日本での売上も（どう計算したのか分からない）納税額も従業員数すらも公開しないし、日本で上場していないから公表義務もない。

データ資本主義の下、AI に使われる広告ビジネスか、AI を使いこなす広告ビジネスか、という言い方もあったが、今は、生成 AI（generative AI）が、広告を含めた仕事を激変させ「大部分のホワイトカラーを不要に」しかねないのが、2024年という本書の執筆時点なのである（アドフラウドは生成 AI によってさらに容易に増殖しているとされる）。

広告の受け手も「過渡期」である。広告が嫌われるから「何でもあり」に勢い試行錯誤がなされ、有力なインフルエンサーは、あきらかにメディア（つまりは paid media である）であるが、「リツイート」を押したとたんに、受け手もメディア（shared media）に分類される。そうした受け手のデジタル生活に、メタバースも、AI も構わず押し寄せるのである。

こうした混迷の中、初版以来本書は一貫して「広告の肝心なところは物（理的）ではない」と「いかに（how）行うか（SNS かインフルエンサーか MA か）」よりもはるかに重要な「何を（what）行うか（受け手の認知・記憶の構造に変化を及ぼすこと）」を中心に据えて、広告を論じる。

無論この IMC のコンセプトは，送り手のリソースを「効果を基に統合する」ことであり，21世紀にも通用する統合ロジックだが，「何でもあり」と社会的コミュニケーションに溶解する送り手の作為と「数々の社会問題」や「受け手の情報環境権」がどう折り合うか，の今後の行く末は見通せない。

　ここで現時点でも言えることは，AI にできない「人間の尊厳，生命，身体，財産」を何にも増して価値を置く人間の仕事として，「商品・サービスを受け手と社会の『良きこと』につなぐ」広告は，人間の高い見識と判断を今後も必要とするであろうこと，その若干の補助線に本書はあること，である。

　世紀をまたぐ広告に携った巡り会わせに，本書をメッセージとして発する。

2024年 2 月

筆　　者

初 出 一 覧

第1章　広告の構造「IMC の一側面としての広告表現計画」1999年『季刊マーケティング・ジャーナル』74, 41-51ページ, (杜)日本マーケティング協会（平成12年度日本広告学会 学会賞（学術論文部門）受賞対象論文）を加筆修正。

第2章　くまモンは広告か？──「広告の定義的認識」の背後　2004年『日経広告研究所報』276, 10-17ページを加筆修正。

第3章　広告効果とは販売効果のことか

第1節「モノを買うとは簡単なことか」『広告効果論 情報処理パラダイムからのアプローチ』（仁科貞文編著, 電通, 2001年）所載「IMC と効果」, 144-163ページに加筆修正。

第2節「購買時点におけるニーズ──SDL パースペクティブ広告効果へのアプローチ」『広告効果論 情報処理パラダイムからのアプローチ』（仁科貞文編著, 電通, 2001年）所載「購買時点のコンテクストの中の広告効果」165-190ページに加筆修正。

第3節「ネーミングライツは21世紀の新現象」「ネーミングライツ（命名権）についての断章」,「同（続）」2017～2018年,『関西大学社会学部紀要』49 (1), 205-217ページ, 50 (1), 61-74ページに加筆修正。

第4節「ネーミングは広告である──ネーミングライツの意義と公共性」2023年,『都市問題』114 (1), 54-63ページを修正。

第5節「インテグレーションモデル」2004年, 本書「初版」80-99ページを修正。

第6節「ブランドと広告」2004年, 本書「初版」116-133ページを修正。

第4章　広告の計画

第1節「デジタルシフト」2019年「宣伝部長は今何を求められているのか──デジタルシフトと CMO は宣伝部のイノベーションを問うている」『BtoB コミュニケーション』51 (9), 14-21ページを修正。

第2節「インターネット広告計画の闇──アドフラウド問題への対応を」2023年,「「アドフラウド」に関する広告研究としての議論」『関西大学社会

学部紀要』55（1），41-53ページを修正。

第5章　広告の手段・手法

　第1節「広告表現の現代略史——社会的コミュニケーションへの溶解」書き下ろし

　第2節「広告の手段・手法——デジタルを中心に」書き下ろし

第6章　広告と社会

　第1節「広告はどのような社会問題として認識されているのか」2012年『日経広告研究所報』266号，2-9ページを修正。

　第2節「情報環境権の構想」2017年「情報環境権の序説的構想・その予備的考察：21世紀型の広告理念へのアプローチ」『関西大学社会学部紀要』49（1），87-111ページに加筆。

参考文献

著者の参考文献掲出についての考え方，学生の使い方，紙幅の費消を考えて，文献はやや古い主要なものを中心に掲げる。現在のネット検索等では，本文に示した著者名と執筆年，キーワードだけで容易にアクセス（本文現物，アブストラクト，所在）が新しいものほど叶う。したがって，本文には文献著者名と年のみが掲げられていても，以下のリストにはないものもあることをお断りする。

Ambler, Tim (1996), *Marketing : From Advertising to Zen-A Pre-Ambler to the Discipline*, Pitman Publishing.

青木貞茂（2014）『キャラクター・パワー』NHK 出版新書

青山忠正（2006）『明治維新の言語と史料』清文堂出版

東浩紀（2007）『情報環境論集』講談社

Checkland, P. and Scholes, J. (1990), *Soft Systems Methodology in Action*, John Wiley & Sons. 邦訳，妹尾堅一郎監訳／木嶋恭一・平野雅章・根来龍之（1994）『ソフト・システムズ方法論』有斐閣

Cohen, D. (1972), "Surrogate Indicators and Deception in Advertising," *Journal of Marketing*, Vol. 36, pp. 10-15.

Datka, Solomon (1995), *DAGMAR : Defining Advertising Goals for Measured Advertising Results*, 2nd ed., NTC Business Books. 邦訳，八巻俊雄（1998）『新版・目標による広告管理』ダイヤモンド社

Ehrenberg, A., Barnard, Neil and Scriven, Jhon (1997), "Differentiation or Sailience," *Journal of Advertising Research*, Vol. 37, December, pp. 7-14.

遠田雄志（1996）『組織の認識モード』税務経理協会

Epstein, Edwin M. (1979), "Societal, Managerial and Leagal Perspection on Corporate Social Responsibility : Product and Process," *Hashing Law Journal* [Symposium Issue on Corporate Social Responsibility], 30 (5), pp. 1287-1320. 邦訳，角野信夫「経営社会責任に関する社会的・経営的・法的展望――成果と過程」中村瑞穂他訳（1996）『企業倫理と経営社会政策過程』所載第3章論文，文眞堂，pp. 83-121

Fortini-Cambell, Lisa (1992), *Hitting the Sweet Spot*, The Copy Workshop.

古川一郎（1999）『出会いの「場」の構想力』有斐閣

古川一郎・片平秀貴（1995）「カテゴリー効果と動的効果を考慮した広告クリエイティブ効果の分析」平成6年度（第28次）吉田秀雄記念事業財団助成研究報告書

古川一郎・電通デジタルライフスタイル研究会編著（2001）『デジタルライフ革命――顧客達のeコミュニティ』東洋経済新報社

福山健一（2001）『宣伝部』日本能率協会マネジメントセンター

Gallup International (1993), *Advertising Study,* 邦訳，日本リサーチセンター『世界の消費者は広告をどのように見ているか』（ニュースリリース）

後藤将之（1999b）『マス・メディア論』有斐閣

Greenwald, A. G. (1968), "Cognitive Learning, Cognitive Response to Persuasion, and Attitude Change, in Greenwald, A. G. et al. (eds.), *Psychology Foundations of Attitude,* Academic Press, pp. 63-102.

Grierson, P. J. H. (1903), *The Silent Trade, A Contribution to the Early History of Human Intercourse,* William Green & Sons, Law Publishers. 邦訳，中村勝（1997）『沈黙交易──異文化交易の原初的メカニズム序説』ハーベスト社

Griffin, J. (1995), *Customer Loyalty,* Jossey-Bass, Inc. 邦訳，青木幸弘監修・武田純子（1999）『顧客はなぜ，あなたの会社を見限るのか』実務教育出版

芳賀康浩（2010）「マーケティングにおける間接的アプローチ──創造的環境適応への一試論」日本商業学会第60回全国大会口頭発表

萩原雅之（2011）『次世代マーケティングリサーチ』ソフトバンククリエイティブ

濱治世・鈴木直人・濱保久（2001）『感情心理学への招待』サイエンス社

浜田純一（1993）『情報法』有斐閣

原田尚彦（1986）「騒音防止と「静穏権」」『法律のひろば』第39巻，第1号，pp.40-45. ぎょうせい

畠山輝雄（2016）「ネーミングライツの導入の実態と金融機関の留意点」『信用金庫』第70巻，第8号，pp.3- 6

星野匡（1985）『コピーとネーミングの秘訣：商品をヒットさせる「ことば」の技術』PHP研究所

林英夫・上笹恒・種子田貫・加藤五郎（2000）『体系マーケティングリサーチ事典』同文舘

市川裕子（2009）『ネーミングライツの実務』商事法務

猪狩誠也編著（2011）『日本の広報・PR100年』同友館

池田謙一（1988）「『限定効果論』と『利用と満足』研究の今日的展開をめざして──情報行動論の観点から」『新聞学評論』37号，pp. 25-50

池田謙一（2000）『社会科学の理論とモデル5　コミュニケーション』東京大学出版会

池田謙一・村田光二（1991）『こころと社会』東京大学出版会

池尾恭一（1999）『日本型マーケティングの革新』有斐閣

池尾恭一・青木幸弘・南千惠子・井上哲浩（2010）『マーケティング』有斐閣

池内裕美・武田典子・瀬戸口香（2008）「広告における苦情の構造と適切な苦情対応に関する実証的研究」（平成19年度（第41次）吉田秀雄記念事業財団助成研究）未公刊

今村英明（2015）「チェンジ・エージェントとしてのCMO～日本のB2B多角化大企業におけるCMOヒアリング調査結果から～」『イノベーション・マネジメント研究　信州大学経営大学院イノベーション・マネジメント研究編集委員会』pp.1-13

井上章一（2009）「商品のネーミングには世界の人々が抱く日本のイメージが現れる」『をちこち』No.32，pp.70-72

井上優（1968）『マーケティングの作戦作法』誠文堂新光社

石井淳蔵（1993）『マーケティングの神話』日本経済新聞社

石井淳蔵（1998a）「マーケティング・インタフェイスのマネジメント」石井淳蔵・石原武政編著『マーケティング・インタフェイス』所収終章，白桃書房，pp. 315-316

石井淳蔵（1998b）「重量級広告マネージャーの役割」『日経広告研究所報』178号，pp. 2- 6

石井淳蔵（2022）『進化するブランド――オートポイエーシスと中動態の世界』碩学舎

石川栄耀（1951）『都市美と広告』日本電報通信社

石渡賢一・荻原寛（1975）「広告批判と消費者意識」小林太三郎編著『広告と環境』実教出版，所載論文，pp. 240-260

石崎徹（1997）「購買後における広告の役割」平成 8 年度（第30次）吉田秀雄記念事業財団助成研究報告書

石崎徹・水野由多加・広瀬盛一（2002）「消費者満足と広告表現記憶に関する研究」『広告科学』第43集，pp. 99-124

入江信一郎（2001）「イノベーション研究の新たな可能性――価値体系の自己改訂としてのイノベーション」石井淳蔵編著『マーケティング』第 6 章，八千代出版，pp. 103-124

岩田栄二（2018）「日本企業の CMO の存在と競争力」『日本マーケティング学会 カンファレンス・プロシーディングス』vol.7，pp.305-316.

川辺信雄（1996）「第三次産業革命における小売企業――セブンイレブンの事例研究」石原武政・石井淳蔵編『製販統合』第 2 章，日本経済新聞社，pp. 43-74

川島真（1994）「現代青年の心理的特質に関する研究――記述的データによる分析」『尚美学園短期大学研究紀要』第 9 号，pp. 87-102

Kaz, E. and Lazarsfeld, P. F. (1955), *Personal Infuluence*, The Free Press. 邦 訳，竹 内 郁 郎（1965）『パーソナル・インフルエンス』培風館

岸勇希（2008）『コミュニケーションをデザインするための本』電通

小林保彦（2007）「企業コミュニケーション（経営戦略）と広告」『平成19年版 広告に携わる人の総合講座』日経広告研究所，pp.1-22

小泉秀昭（2002）「キャラクター」恩蔵直人・亀井昭宏（2002）『ブランド要素の戦略論理』所収第 5 章論文，早稲田大学出版部，pp.81-101

國分功一郎（2017）『中動態の世界――意志と責任の考古学』医学書院

熊本県庁チームくまモン（2013）『くまモンの秘密』幻冬舎新書

Keller, Kevin Lane (1996), "Brand Equity and Integrated Communication," in Thorson, E. and Jeri, M. (eds.), *Integrated Communication : Synergy of Persuasive Voices*, Lawrence Erlbaum Associations, Publishers, pp. 103-132.

岸志津江・田中洋・水野由多加・丸岡吉人（1999）「広告とブランドの超長期記憶――その機能，構造，動態に関する研究」第32次（平成10年度）吉田秀雄記念事業財団助成研究報告書（未公刊）

岸志津江・田中洋・嶋村和恵（2017）『現代広告論 第 3 版』有斐閣

北田暁大（2000）『広告の誕生』岩波書店

小林保彦（1998）『広告ビジネスの構造と展開――アカウントプランニング革新』日本経済新聞社

小林保彦（2002）「広告『知』を考える——アカウントプランニング序論」『青山経営論集』第37巻，第2号，pp. 3-26

小林保彦編著（2004）『アカウントプランニング思考』日経広告研究所

小林保彦・疋田聰・和田充夫・亀井昭弘（1997）『新価値創造の広告コミュニケーション』ダイヤモンド社

栗木契（2003）『リフレクティブ・フロー——マーケティング・コミュニケーション理論の新しい可能性』白桃書房

李炅泰（2014）「スポンサーシップとコーズ・リレーテッド・マーケティングの効果——スポーツ・アイデンティフィケーションの視点から」『流通研究』第17巻，第1号，pp.51-73

MacInnis, D. J. and Jawarski, B. J. (1989), "Information Processing from Advertising," *Journal of Marketing,* Vol. 53, October, pp. 1-23.

松島廣美（2011）『ブランド戦略のためのネーミング事典』アトラックス

増川雄二・小松幸夫・李祥嗣・平井健嗣（2009）「ネーミングライツ（施設命名権）の実態調査——施設維持管理との関連分析を中心に」『2009年度日本建築学会東京支部研究報告集』，pp.493-496

南知惠子（2017）「イノベーションにおけるマーケティング論」『応用物理』第86巻，第1号，pp.61-63

水野博介（2012）「都市メディア論⑨地方都市の新たなシンボルづくり——『ゆるキャラ』などの意味や意義」『埼玉大学紀要　教養学部』第48巻，第2号，pp.211-218

丸岡吉人（2001）「動機づけとラダリング手法」仁科貞文編著『広告効果論』所載論文，電通，pp. 214-239（丸岡吉人（1998）「ラダリング法の現在——調査方法，分析方法，結果の活用と今後の課題」『マーケティング・サイエンス』Vol. 7, No. 1, 2, pp. 40-61. 再掲加筆修正）

中井久夫（1986）「関係念慮とアンテナ感覚——急性期患者との対話における一種の座標変換とその意味について」『精神科治療学』第1巻，第1号，星和書店（中井（2012）『『伝える』ことと『伝わる』こと　中井久夫 コレクション』ちくま学芸文庫，pp.216-pp.227. に再録）

中島義道（1998）『うるさい日本の私，それから』洋泉社

難波功士（2000）『「広告」への社会学』世界思想社

難波功士（2002）「広告賞の政治学」津金澤聰廣編著『戦後日本のメディア・イベント』第14章論文，世界思想社，pp. 290-313

Neisser, U. (1976), *Cognition and Reality Principles and Implications of Cognitive Psychology,* W. H. Freeman and Company. 邦訳，古崎敬・村瀬旻（1978）『認知の構図』サイエンス社

NHK取材班（2019）『暴走するネット広告　1兆8000憶円市場の落とし穴』NHK出版新書

㈶日本相撲協会（1964）『日本相撲史　中巻』ベースボールマガジン

新田洋平（2003）「日本初のネーミング・ライツ導入 東京スタジアムから味の素スタジアムへ」『都政研究』第38巻，第5号，pp.32-34

新田洋平（2003）「日本初のネーミング・ライツ導入 東京スタジアムから味の素スタジアムへ」『都政研究』第38巻，第5号，32-34ページ

仁科貞文編著（2001）『広告効果論——情報処理パラダイムからのアプローチ』電通

仁科貞文・田中洋・丸岡吉人（2007）『広告心理』電通

西尾忠久編訳（1963）『フォルクスワーゲンの広告キャンペーン』美術出版社

小川共和（2017）『マーケティングオートメーションに落とせるカスタマージャーニーの書き方』クロスメディア・マーケティング（インプレス）

岡智之（2013）『場所の言語学』ひつじ書房

恩蔵直人・亀井昭宏編著（2002）『ブランド要素の戦略論理』早稲田大学出版部

大村敦志（2007）『民法 0・1・2・3条 〈私〉が生きるルール』みすず書房

大の里万助（1932）『相撲の話』誠文堂文庫

音部大輔（2019）『マーケティングプロフェッショナルの視点』日経 BP 社

大串喜胤（2008）「広告における媒体事業者の法的地位と責任」中央大学大学院法学研究科博士論文

岡田米蔵（2007）『広告倫理』商事法務

岡田米蔵・梁瀬和男（2006）『広告法規 新訂第一版』商事法務

岡原正幸・山田昌弘・安川一・石川准（1997）『感情の社会学』世界思想社

岡正雄（1928）「異人その他――古代経済史研究序説草稿の控え」『民族』3巻6号，再掲，岡正雄（1979）『異人その他 日本民族＝文化の源流と日本国家の形成』言叢社，pp. 117-146

岡崎孝太郎（2007）「実践アカウントプランニング」『広告に携わる人の総合講座』日経広告研究所，pp. 203-218

王怡人（1996）「マーケティング・プロセスにおける広告の役割――積極的他者依存の発話行為」神戸大学大学院経営学研究科博士論文

王怡人（1997）「広告――積極的他者依存の発話行為」『季刊マーケティングジャーナル』Vol. 16, No. 4, 64号, pp. 68-80

Packard, Vince (1957), The Hidden Persuaders, Mckay. 邦訳，林周二（1958）『隠れた説得者』ダイヤモンド社

朴正洙・野澤智行（2013）「マーケティング・コミュニケーションにおけるキャラクターの活用実態と効果」『日経広告研究所報』第268号，pp.18-25

ぴあ（2002）『プロジェクトX物語 Vol. 1』ぴあ

Pollay, Richard W. (1986), "The Distorted Mirror : Reflections on the Unintended Consequences of Advertising," *Journal of Marketing*, Vol. 50, April, reprinted in Roxanne Hovland and Gary B. Wilcox (eds.) (1989), *Advertising in Society*, NTC Business Books, pp. 437-476.

Richards, Jef I. and Curran, Catharine M. (2002), "Oracles on 'Advertising': Searcing for a definition," *Jounal of Advertising*, Vol. 31, no. 2, pp. 63-77.

Rotzoll, K. B., Haefner, J. E. and Sandage, C. H. (1976), *Advertising in Contemporary Society*, Grid Publishing Inc. 邦訳，小林保彦（1980）『現代社会の広告――広告理解のための問題提起』東洋経済新報社

齋藤憲（2007）『企業不祥事事典 ケーススタディ150』日外アソシエーツ

真田信治編（1987）『命名の諸相』非売品

堺屋太一（1985）『知価革命』日本経済新聞社

榊博文（2003）「番組内CM提示のタイミングが視聴者の態度に及ぼす影響（上）（下）」『日経広告研究所報』211号，pp. 2-9，212号，pp. 34-43

坂本佳鶴惠（1997）『〈家族イメージ〉の誕生』新曜社

佐藤尚之（2011）『明日のコミュニケーション』アスキー新書

佐藤潤（2016）「日本におけるネーミングライツの可能性と課題についての考察」『イベント研究』第8号，pp.27-46

佐藤毅（1971）「記号環境と疎外」『現代思想』3号，青木書店

佐藤毅（1988）「戦後日本のマスコミ論の展開」『社会学評論』38号，pp. 214-229

Schmitt, Bernd H.(1999), *Experiential Marketing : How to Get Customers to Sense, Feel, Think, Act, Relate to Your Company and Brands,* The Free Press. 邦訳，嶋村和恵・広瀬盛一（2001）『経験価値マーケティング』ダイヤモンド社

Schultz, Don E., Tannenbaum, Stanley I. and Lauterborn, Robert F. (1993), *Integrated Marketing Communications,* NTC. 邦訳，有賀勝（1994）『広告革命──米国に吹き荒れる IMC 旋風』電通

Schultz, Don E. and Kitchen, P. J. (2000), *Communicating Globally,* NTC Business Books.

盛山和夫（2008）「公共社会学をめざして」『学術の動向』4月号，pp. 76-77

妹尾剛光（1995）『コミュニケーション主体の思想構造［改訂版］』北樹出版

泉水清志（1997）「ゴールによる広告認知の再構成について」平成8年度（第30次）吉田秀雄記念事業財団助成研究報告書

司馬遼太郎（1978）『街道をゆく1』朝日新聞社

嶋口充輝・石井淳蔵（1987）『現代マーケティング』有斐閣

嶋口充輝・石井淳蔵（1995）『［新版］現代マーケティング』有斐閣

清水英夫（1995）『出版学と出版の自由』日本エディタースクール出版部

清水幾太郎（1951）『社会心理学』岩波書店

清水公一（1989）『広告の理論と戦略』創成社

清水公一・木村有宏・新川三郎（2014）「『屋外広告指標推定システム』の構築」『日経広告研究所報』第276号，pp.38-45

高橋誠・創研ネームランド（1985）『時代のキーワードをつくるネーミングコンセプト51』日本コンサルタント・グループ

高橋雅延・谷口高士編著（2002）『感情と心理学』北大路書房

高広伯彦（2012）『次世代コミュニケーション・プランニング』ソフトバンククリエイティブ

高島元洋（2000）『日本人の感情』ぺりかん社

高田稔・竹中淑・仁科貞文（1975）「広告管理の現代的機能と方向づけ」小林太三郎編著『広告と環境』所載第8章，pp. 213-239

田中洋・安藤元博・高宮治・江森正文・石田実・三浦ふみ（2019）「日本型 CMO の現状と展望」『マーケティングジャーナル』第39巻，第1号，pp.24-42

谷本奈穂（2005）「〈イメージ〉の生成という視覚経験──読む・触れる・見る」『社会学評論』第55巻，第4号，pp.418-433

田中茂範・深谷昌弘（1998）『〈意味づけ論〉の展開』紀伊國屋書店

津田真澂（1994）『日本の経営文化──二十一世紀の組織と人』ミネルヴァ書房

津田真澂（1995）『新・人事労務管理』有斐閣

内田隆三（1997）『テレビCMを読み解く』講談社

内田樹（2010）『街場のメディア学』光文社新書

上原征彦（1999）『マーケティング戦略論——実践パラダイムの再構築』有斐閣

植条則夫（1993）『広告コピー概論』宣伝会議

植条則夫（2001）『公共広告は社会を変える』電通

梅田悟司（2022）『きみの人生に作戦名を。』日本経済新聞出版

梅津光弘（1997）「経営倫理学と企業社会責任論」『日本経営倫理学会誌』第4号，pp. 21-31.

宇野善康（1990）『〈普及学〉講義——イノベーション時代の最新科学』有斐閣

占部都美（1974）『基本経営管理』ダイヤモンド社

Urmson, J. O., ed. (1960), *Austin, John Langshaw : How to Do Things with Words*, Oxford. 邦訳，坂本百大（1978）『言語と行為』大修館書店

宇都宮健児（2002）『消費者金融』岩波新書

宇都宮健児（2009）「弁護士・司法書士広告の問題点」『消費者法ニュース』78号，pp. 91-93

宇沢弘文（1974）『自動車の社会的費用』岩波新書

Vacratas, D. and Ambler, Tin (1999), "How advertising works : What do we really know?" *Journal of Marketing,* Vol. 63, Jan, pp. 26-43.

WHO (World Health Organization) (2016), Fiscal Policies for Diet and Prevention of Noncommunicable Diseases. http://www.who.int/dietphysicalactivity/publications/fiscal-policies-diet-prevention/en/（2017年7月16日アクセス）

和田充夫（1998）『関係性マーケティングの構図』有斐閣

和田充夫・恩蔵直人・三浦俊彦（2012）『マーケティング戦略　第4版』有斐閣アルマ

若林幹夫（1998）「イメージの中の生活」内田隆三編（1998）『情報社会の文化2　イメージのなかの社会』所収論文，東京大学出版会

鷲田祐一（2015）『イノベーションの誤解』日本経済新聞出版社

Wells, W., Burnett, John and Moriarty, Sandra (1995), *Advertising Principles and Practice*, 3rd ed., Prentice-Hall.

Wheeler, Elmer (1937), *Tested Sentence that Sell*, Prentice-Hall. 邦訳，駒井進（1971）『ホイラーの法則——ステーキを売るな　シズルを売れ！』ビジネス社

山本明（1969）『価値転轍器』誠文堂新光社

山中速人（1999）「メディアと観光文化の多様性」吉見俊哉・大澤真幸・小森陽一・田島淳子・山中速人『メディア空間の変容と多文化社会』所載論文，青弓社

山中正剛（2000）「広告とライフステージ——広告の中の高齢男女像」石川弘義・滝島英男編『広告から読む女と男』所載論文，雄山閣出版

山下裕子・福富言・福地宏之・上原渉・佐々木将人（2012）『日本企業のマーケティング力』有斐閣

山脇直司（2004）『公共哲学とは何か』ちくま新書

山脇直司（2008）『グローカル公共哲学』東京大学出版会

山崎昌廣・坂本和義・関邦博編（1990, 2005改訂版, 2015新装版）『人間の許容限界事典』朝倉書店

チャールズ Y. ヤン（1973a）『広告　現代の理論と手法』同文舘出版

チャールズ Y. ヤン（1973b）『広告の科学──その発想と戦略』中央公論社

余田拓郎（2011）『BtoB マーケティング』東洋経済新報社

横浜市広告事業推進担当（2006）『財源は自ら稼ぐ！──横浜市広告事業のチャレンジ』ぎょう
　　せい

Zajonc, R. B. (1980), "Feeling and Thinking : Preference Need No Thinking," *American Psychology,* Vol. 35, No. 2, pp. 151-175.

全国過労死を考える家族の会編（1991）『日本は幸福か』教育資料出版会

事項索引

著者紹介

水野由多加（みずの・ゆたか）
関西大学社会学部教授

慶應義塾大学文学部社会学専攻卒業，青山学院大学大学院経営学研究科博士後期課程期間
　満期退学。
(株) 電通，京都工芸繊維大学を経，2004年より現職。博士（商学）。日本広告学会副会長
　（2007年〜現在）。
　［主要著作］
仁科貞文編著『広告効果論』（電通，共著，2001）
水野由多加編著『広告表現　倫理と実務』（宣伝会議，2009）
共編著『広告コミュニケーション研究ハンドブック』（有斐閣，2015）

統合広告論［新版］
——実践秩序へのアプローチ——

2004年 3 月20日	初　版第 1 刷発行	〈検印省略〉
2009年 1 月10日	初　版第 5 刷発行	
2014年 4 月10日	改訂版第 1 刷発行	
2023年 5 月30日	改訂版第 4 刷発行	
2024年 4 月20日	新　版第 1 刷発行	

定価はカバーに
表示しています

著　　者	水　野	由多加
発 行 者	杉　田	啓　三
印 刷 者	中　村	勝　弘

発行所　株式会社　ミネルヴァ書房
607-8494 京都市山科区日ノ岡堤谷町 1
電 話 代 表　(075)581-5191
振 替 口 座　01020-0-8076

© 水野由多加, 2024　　　　中村印刷・新生製本

ISBN978-4-623-09542-1

Printed in Japan

メディア・リミックス――デジタル文化の〈いま〉を解きほぐす

―――――――――――――― 谷島　貫・松本健太郎 編著　A5判　296頁　本体2800円

●デジタル技術が飛躍的に進歩した90年代以降に生じた大きな変動を一つの境目とみなし、デジタル文化をめぐっての〈ビフォー〉と〈アフター〉のコントラストに着目。その上で、いつ、どこで、どの領域でメディアをめぐるミクスチャーが成立し、それがリミックスされ、〈ビフォー〉と〈アフター〉を生成したのか。そのプロセスを追うことで、いま私たちの目前で起きているデジタル文化の変容を立体的に浮かび上がらせる。

コンテンツ産業論［第2版］――文化創造の経済・法・マネジメント

―――――――――――――― 河島伸子 著　A5判　324頁　本体3500円

●激変する環境のなかで揺れる産業構造とその課題を明らかにすべく、2009年刊行の初版を大幅に改訂。経済学や法学など関連領域の最新の研究成果を踏まえつつ、グローバルな視点からコンテンツ産業の全体像を平易に解説する。

ポストメディア・セオリーズ――メディア研究の新展開

―――――――――――――― 伊藤　守 編著　A5判　402頁　本体4000円

●ソーシャルメディアの浸透やAI技術の社会的利用は、メディア環境を支えるインフラストラクチャー、メディアと身体のインターフェイス、メディア行動の時空間的な編成を劇的なまでに変容させている。本書は、このポストメディア状況と呼べる現代的なメディア生態系の特徴をあきらかにするために、これまでの分析の視角や方法を抜本的に見直し、バージョンアップしていく。

――――――――――――― ミネルヴァ書房 ―――――――――――――

https://www.minervashobo.co.jp/